U0442733

圜则九重，孰营度之？
惟兹何功，孰初作之？
斡维焉系，天极焉加？
八柱何当，东南何亏？
九天之际，安放安属？
隅隈多有，谁知其数？

——屈原《天问》

NASA 围绕国际空间站开展的三个商业化项目（COTS、CRS、CCP）给 SpaceX 的崛起带来了关键帮助。图为当地时间 2017 年 3 月 19 日，SpaceX 公司执行第十次国际空间站补给任务（CRS-10）的"龙"飞船在国际空间站停留一个月后成功返回地球，降落在太平洋。（图片来源：视觉中国）

猎鹰重型火箭是猎鹰9号火箭的全面升级版，也是全球现役运载火箭中运载能力最大且最经济实惠的运载火箭。图为北京时间2018年2月7日凌晨，SpaceX公司的猎鹰重型火箭载着一辆特斯拉Roadster跑车首飞成功，并成功回收三枚助推火箭中的两枚。（图片来源：视觉中国）

星舰是 SpaceX 全力打造的下一代可重复使用运载火箭,也是马斯克"火星移民"计划的主要运输工具。图为位于美国得克萨斯州博卡奇卡的 SpaceX 星舰基地(Starbase),完全建成后将具备每天生产一艘星舰的能力。(图片来源:视觉中国)

铱星系统（Iridium）是人类历史上第一个推出的真正意义上的全球卫星移动通信系统，是地面固定电话网和移动电话网的延伸和补充。图为早期的铱星卫星电话手持终端（图片来源：视觉中国）

2004年6月21日,伯特·鲁坦建造的"太空船一号"完成首次载人飞行,成为第一架把普通人成功带到亚轨道空间的私人飞行器。图为工程师将"太空船一号"亚轨道飞行器连接到"白骑士"喷气式飞机的腹部(图片来源:视觉中国)

新世纪以来，欧洲航天局（ESA）积极探索与商业公司合作开展航天项目的新模式，其中以公私合营（PPP）模式为代表，HYLAS-1宽带通信卫星是ESA的首个公私合营项目。图为建造中的HYLAS-1宽带通信卫星，由伦敦阿万蒂通信公司与ESA合作研发。（图片来源：视觉中国）

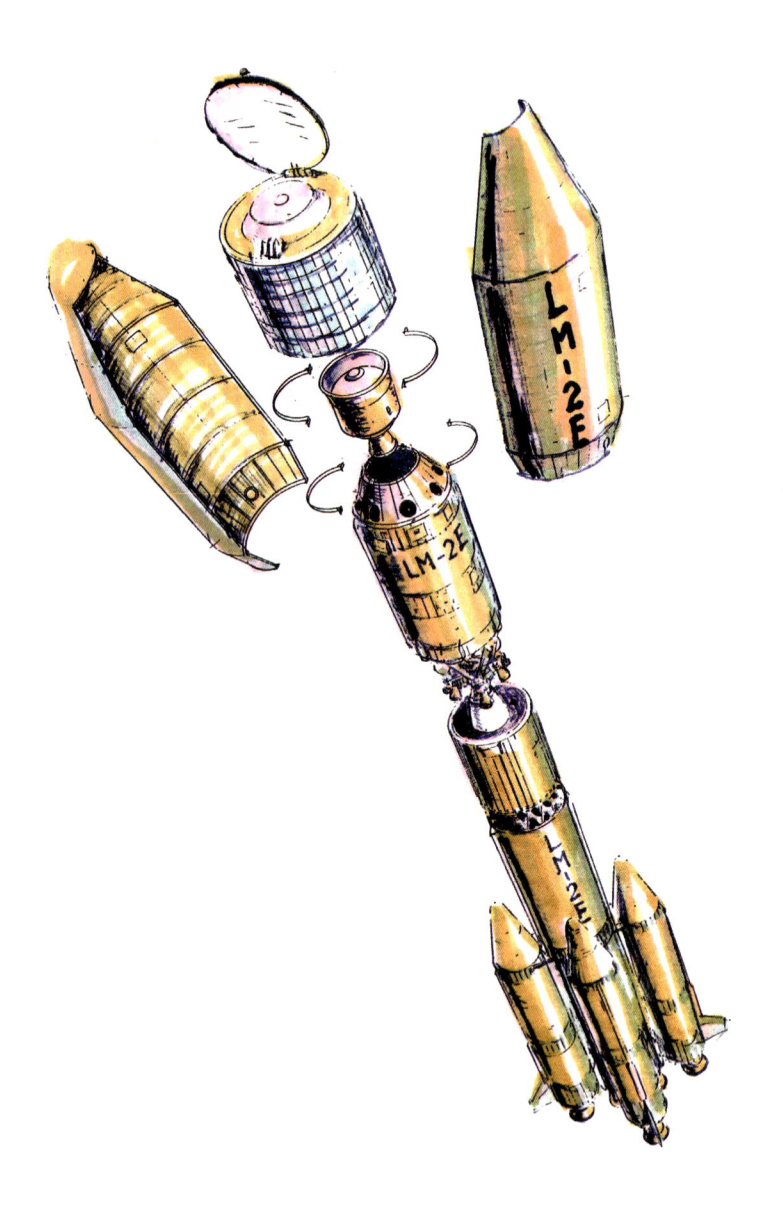

20世纪80年代，中国航天开始走出国门，努力开拓海外发射市场。1986年，由运载火箭专家黄作义与弹道专家余梦伦合作提出捆绑火箭CZ2-4L的方案设想，以直径3.35米的长征二号丙火箭为基础，增加4个直径为1.65米的并联液体火箭助推器，组成捆绑火箭，这个方案被拿到国际市场投石问路，得到了美国等西方潜在发射服务客户的积极反响。图为时任长城工业总公司驻美代表处总代表黄作义手绘的长二捆火箭草图。（供图：中国长城工业集团有限公司）

"亚洲一号"通信卫星是中国承揽发射的第一颗外国商业卫星,于1990年4月7日由长征三号运载火箭从西昌卫星发射基地发射成功。图为"亚洲一号"乘专机抵达西昌。(供图:中国长城工业集团有限公司)

1999年美国国会抛出《考克斯报告》，诬称中国非法"窃取"美国航天技术，随后对中国进行了严厉的航天技术制裁。图为1999年6月12日，长征二号丙改进型火箭以"一箭双星"方式发射摩托罗拉公司的铱星卫星。此后6年里，长征火箭再没有进行过国际商业发射，中国航天人不得不探索国际合作的新路。（供图：中国长城工业集团有限公司）

面对技术制裁,中国航天人克服重重困难,从卫星打开突破口,终于打破了美西方的封锁线,重回世界航天舞台。图为中国空间技术研究院为尼日利亚定制的"尼星一号"通信卫星,这是第一颗实现整星出口的中国卫星,也是我国首次以"火箭发射+卫星在轨交付"的全套餐方式为国际用户提供商业卫星服务。(供图:中国长城工业集团有限公司)

除了拥有"长征"系列的航天科技集团之外,航天科工集团也成立了自己的商业火箭公司,并推出了"快舟"系列固体运载火箭 图为2019年11月13日,快舟一号甲固体运载火箭携带"吉林一号"高分02A卫星准备发射中 (供图:航天科工火箭技术有限公司)

民营商业火箭公司在经过多年探索积累之后,终于在2023年迎来新一轮井喷期,高光时刻频现 图为2023年7月12日,蓝箭航天研制的朱雀二号遥二液氧甲烷商业运载火箭在中国酒泉卫星发射中心发射成功,这是人类首次甲烷火箭成功入轨 (供图:蓝箭航天空间科技股份有限公司)

星河动力航天是国内较早实现火箭批量化生产和高密度发射的民营商业火箭公司。图为2024年5月29日,星河动力航天在山东附近海域成功发射谷神星一号海射型遥二商业运载火箭,搭载发射的天启星座25星-28星顺利进入预定轨道。(供图:北京星河动力航天科技股份有限公司,黄雨桥 摄)

海上发射是近年来国际航天界兴起的一种新的发射方式，和陆地发射相比具有众多优点。图为2024年1月11日，东方空间研制的引力一号遥一商业运载火箭通过海上发射平台发射成功，创造了全球最大固体运载火箭、中国运力最大民商运载火箭、中国首型捆绑式民商火箭等多项纪录［供图：东方空间技术（山东）有限公司］

发动机是火箭的心脏,除了商业火箭公司纷纷开展新型发动机研制之外,也有一批专注于从事火箭发动机开发的商业航天公司。图为九州云箭开发的LY-70"龙云"液氧甲烷发动机在其安徽动力测试基地进行热试车的画面。2024年6月23日,"龙云"液氧甲烷发动机在甘肃酒泉发射场搭载航天科技集团八院抓总研制的重复使用运载火箭新技术验证箭,以3机并联形态率先完成了国内首次10千米级垂直起降飞行试验。(供图:九州云箭(北京)空间科技有限公司)

临近空间高超声速飞行器兼具飞机和火箭优势,有望重新定义未来出行方式。图为2019年4月27日,民营商业航天企业凌空天行完成天行一号飞行试验,为厦门大学、西安电子科技大学等单位研制的载荷提供高超声速试验环境,这是国内首次商业高超声速飞行试验。(供图:北京凌空天行科技有限责任公司)

商业火箭公司造出来的火箭最终需要发射上天并成功入轨，才算是完成了客户交付。面对国内日趋紧张的发射场资源，部分民营商业火箭公司选择了在现有发射场内自建发射工位。图为位于酒泉卫星发射中心的蓝箭航天液氧甲烷火箭发射工位。（供图：蓝箭航天空间科技股份有限公司）

卫星互联网可以给现有的地面通信网络形成有效补充，将在未来数字中国的建设过程中扮演重要角色。中国低轨卫星互联网星座的技术探索和建设也吸引了众多民营航天新势力的参与。图为在火箭整流罩内的银河航天02批卫星，该批卫星主要用于低轨互联网星座组网技术和服务能力验证，以及遥感技术验证。供图：银河航天（北京）网络技术有限公司

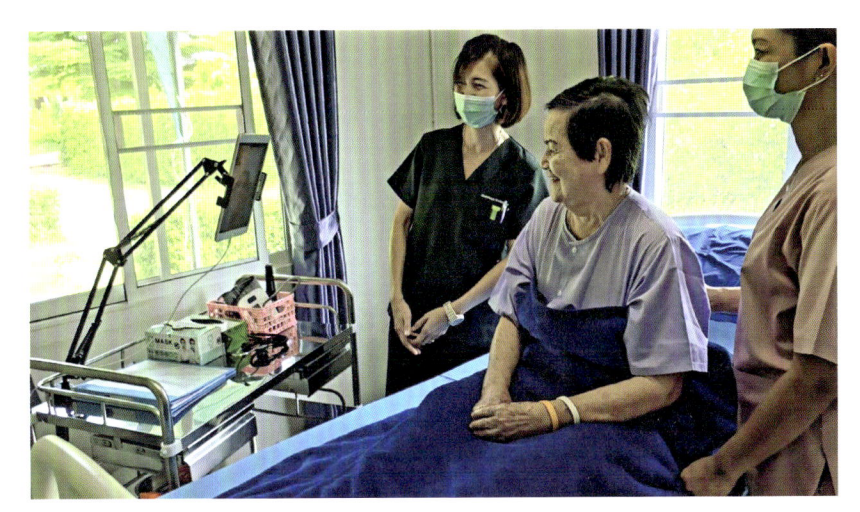

中国卫星互联网建设的一大重要意义是更加便捷地连通全球。除了坚持不懈地开展关键技术攻关和技术应用创新之外，中国商业卫星公司也在同时开拓海外市场，积极探索卫星应用出海。图为2024年6月，银河航天在位于泰国东部罗勇府偏远地区养老中心内，与马汉科理工大学联合演示卫星互联网在远程医疗场景中的保障能力。（供图：银河航天（北京）网络技术有限公司）

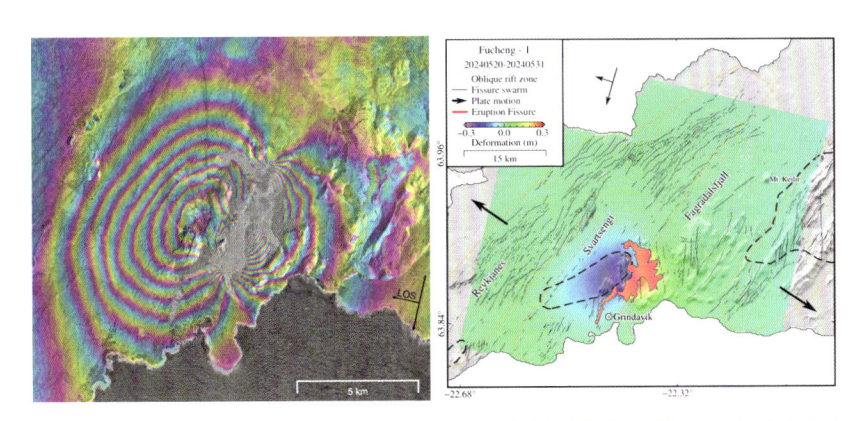

遥感卫星可以成为防灾减灾的"天空之眼"。除了对灾害在发生前进行预警，还可准确获取灾区实时影像数据，提供准确灾情信息，为防灾减灾提供强有力的支持，指导救援工作。图为中南大学火山与地震研究实验室利用天仪研究院研制的"海丝一号"SAR卫星监测的冰岛火山喷发，通过差分干涉图可以看出非常清晰连续的形变条纹。（供图：长沙天仪空间科技研究院有限公司）

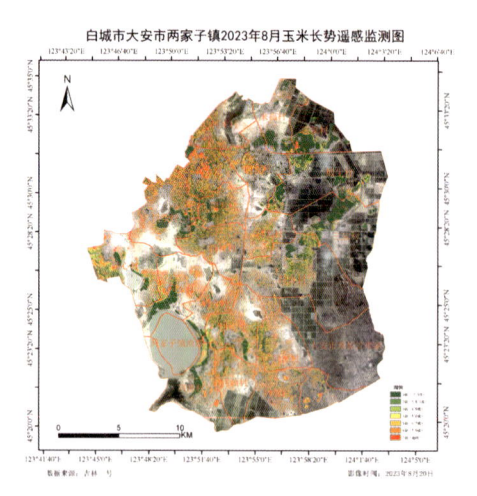

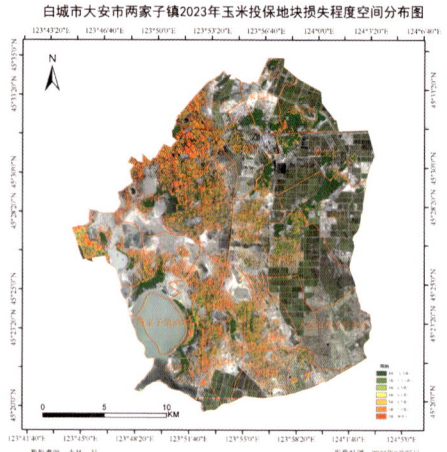

白城市大安市两家子镇2023年8月玉米长势遥感监测图　　白城市大安市两家子镇2023年玉米投保地块损失程度空间分布图

如今，农业保险公司可以通过高清遥感卫星数据精准计算农作物实际种植面积，实时了解农作物生长情况，以实现精准承保、精准理赔。图为长光卫星利用分辨率为0.5米的"吉林一号"宽幅01B高分辨率卫星，对吉林省白城市大安市两家子镇的玉米进行长势监测、病虫害预警、农业灾害监测等，助力农业保险精准承保理赔机制创新和数字化转型升级。（供图：长光卫星技术股份有限公司）

目前，卫星遥感技术已成为环境监测与管理的重要工具。与传统的地面调查相比，卫星遥感具有覆盖面广、更新速度快、成本效益高等优点，特别适合大面积和难以到达地区的监测。图为长光卫星与某地政府合作，利用高分辨率光学遥感卫星开展河湖"四乱"问题监测。（供图：长光卫星技术股份有限公司）

流水线、批量化生产卫星是近年来商业卫星领域流行的模式，可以大幅度压缩卫星的设计生产周期，降低卫星制造成本。以长光卫星为例，目前已建成光学加工、机械加工、卫星AIT脉动产线等多条批量化生产线，具备年产200颗卫星的生产能力（供图：长光卫星技术股份有限公司）

航天测控是商业航天产业链上非常重要的一个环节，随着商业发射次数和在轨卫星数量日益增多，一批商业化测控公司也随之兴起，它们通过投资建设测控网络，向行业客户有偿提供航天测控服务。图为航天驭星在宁夏中卫市建设的12米口径测控数传一体化地面站，支持多频段、多模式，可实现全空域跟踪。（供图：北京航天驭星科技有限公司）

位于海南自贸港重点园区——文昌国际航天城的海南国际商业航天发射中心是我国首个开工建设的商业航天发射场,由海南国际商业航天发射有限公司投资建设。图为海南国际商业航天发射中心一号发射工位,于2023年12月29日正式竣工。(供图:文昌国际航天城管理局)

依托商业航天发射场，文昌国际航天城正加快推进"三区三链"（发射区、起步区、旅游区、火箭链、卫星链、数据链）发展和"航天+"产业体系构建，推动文昌全域发展商业航天。图为文昌国际航天城全景鸟瞰，右下区域为建设中的海南国际商业航天发射中心（供图：文昌国际航天城管理局）

随着社会公众对航天活动的关注度和参与热情越来越高，航天主题也成为近年来文化旅游的热门IP，各种体验式、科普式文旅项目受到热捧。图为位于甘肃省民勤县沙漠腹地的"摘星小镇"，是利用优质沙漠和星空自然资源打造的以天文科普为主的文化旅游产业项目，集观光、科研、科普教育于一体，配有天文观测台、天文科普馆（图片来源：视觉中国）

中国卫星网络集团有限公司（简称星网集团）成立于2021年4月，是唯一一家中央批准的从事卫星互联网设计、建设、运营的国有重要骨干企业，也是首家注册落户雄安新区的中央企业。图为位于雄安新区启动区、建设中的星网集团总部大楼。（图片来源：新华社）

2024年8月6日14时42分,长征六号改运载火箭在太原卫星发射中心点火升空,将"千帆星座"首批组网卫星——千帆极轨01组的18颗卫星发射升空,并顺利进入预定轨道。"千帆星座"是中国正在建设的低轨卫星互联网星座计划之一,由上海垣信卫星科技有限公司主导规划、建设和运营。本次发射由中国长城工业集团有限公司作为总承包商提供发射服务。此次发射是我国低轨卫星互联网星座领域的一个重要里程碑,标志着中国商业航天进入了一个新的发展阶段,同时影响着全球卫星互联网竞争格局。(供图:中国长城工业集团有限公司,陈小龙摄)

大航天时代

逐浪变革的中国商业航天

刘畅 ◎ 著

图书在版编目（CIP）数据

大航天时代：逐浪变革的中国商业航天 / 刘畅著 . 北京：东方出版社 , 2025.1.
-- ISBN 978-7-5207-4042-5

I. F426.5

中国国家版本馆 CIP 数据核字第 202433E2W2 号

大航天时代：逐浪变革的中国商业航天

DA HANGTIAN SHIDAI：ZHULANG BIANGE DE ZHONGGUO SHANGYE HANGTIAN

作　　者：	刘　畅
责任编辑：	申　浩
出　　版：	东方出版社
发　　行：	人民东方出版传媒有限公司
地　　址：	北京市东城区朝阳门内大街 166 号
邮　　编：	100010
印　　刷：	鸿博昊天科技有限公司
版　　次：	2025 年 1 月第 1 版
印　　次：	2025 年 1 月第 1 次印刷
开　　本：	710 毫米 ×960 毫米　1/16
印　　张：	24.75
字　　数：	295 千字
书　　号：	ISBN 978-7-5207-4042-5
定　　价：	78.00 元

发行电话：（010）85924663　85924644　85924641

版权所有，违者必究

如有印装质量问题，我社负责调换，请拨打电话：（010）85924602　85924603

推荐序

使命共同体 + 利益共同体

在星辰璀璨、浩瀚无垠的宇宙中，人类对于太空的探索从未停歇。伴随着科技的飞速发展，商业航天作为新兴的产业领域，正以其独特的魅力和无限的潜力，引领着新的时代潮流。细品而"心赏"年轻而多有洞见的刘畅先生之新作《大航天时代》，不禁为之有"心赏"而不仅"欣赏"之感。这是一本由点及面，有历史的深度和视野的广度，更有科学性、故事性和鲜明人物个性的，值得用"心"去"赏"的书！

当人们骄傲于我国"新三样"（电动汽车、锂电池和光伏产品）展现中国制造迈向高端化、智能化、绿色化，在全球分工中形成新角色和新优势之时，请别忘了这项推动中华民族勇毅前行、跻身世界科技大国之列的航天事业。从军事航天到民用航天，再到商业航天，新中国航天事业的突飞猛进更令世人瞩目。从自立于世界民族之林的东方红一号卫星升空，到神舟五号载人航天，到神舟八号与天宫一号的对接，从嫦娥一号奔月到天问一号奔向火星之旅，数代人的砥砺与赓续，成就了惊天地泣鬼神的伟大事业。

基于人类命运共同体的视野，从新一轮科技革命催生满足人民群众对美好生活向往的重大新兴产业的视角看，更令人心动的正是这走下神坛、进入寻常百姓家的"商业航天"。顾名思义，商业航天是将航天技术与市场经济相结合，实现航天产业化的新型产业形态。在过去的几十年里，在中国航天事业取得举世瞩目成就、为中国赢得大国地位的同时，更有卫星通信、卫星导航、卫星遥感等领域的商业化应用，在更广阔的天地中造福全人类。而伴随着全球商业航天市场的迅速崛起，中国商业航天也迎来了前所未有的发展机遇。

《大航天时代》一书，正是对这一伟大时代的深刻洞察和系统总结。它从全球大视野出发，从钱学森、郭永怀等开创新中国航天事业的前辈们出发，在纵向梳理中国商业航天的发展历程的同时，又横向对比并深入剖析了商业航天的产业特点和发展规律，通过生动的中外航天事例，从一种特别的"商业"视角看中国商业航天的创新历程和成功经验。同时，该书还对未来中国商业航天的发展趋势进行了展望，提出了具有前瞻性和可操作性的建议，为读者提供了宝贵的参考和启示。

在我看来，中国商业航天的发展具有以下三个与西方不同的显著特点。首先，它在"基因"上有钱学森所建立的"三个层次一座桥梁"系统科学体系，即致力于融通"基础科学"、"技术科学"与"工程技术"三个层次，并以系统论在哲学层面架起与辩证唯物主义之间的桥梁。这样的系统科学观从底层逻辑上超越了基于单纯跟随的逆向工程技术路径，为我国自主创新体系的建立和发展奠定了重要基础，促使中国航天在起点上就有别于"欧洲模式"和"美国模式"，有自己的鲜明特点。其次，它由一群极具理想主义精神、卓尔不群的领军人物所推动。他们是技术极客与民族精神的集合体，在肩负中华民族伟大复兴之使命的同时，不断探索新的商业模式和服务方式，满足客户的不同需求，以期获得可持续的商业利益，并与国家形成坚定的"利益共同体"。最后，它是我国军、政、产、学、研、金、介、用"八位一体"新型国家创新体系的典型表现。这是在全球化竞争与合作并存的背景下，共同推动商业航天产业发展的新型国家创新生态系统。

与青年刘畅的相识，缘于郭永怀烈士的学生和助理顾淑林女士的介绍。当我的忘年交前辈顾淑林女士热情洋溢地向我介绍刘畅时，我能感受到一位"老矿工挖到宝贝"时的喜悦。刘畅就是一位典型的"破五唯"青年才俊。（"五唯"指学术界在评价人才时普遍存在的"唯论文、唯帽子、唯职称、唯学历、唯奖项"现象。）因为一些共同的兴奋点，很快我们就忘了年龄的差距而一起仰望星空，成了忘年交。在他撰写本书期间，我们有了更多的交谈，更多的交汇点，从超越追赶到穿越周期，从政、产、学、研、金、介、用"七位一体"到军、政、产、学、研、金、介、用"八位一体"的新型国家创新体系。他那未受"正规"训练所囿的理性、感性和悟性常常让人耳目一新。正是这些未被"训练"的第一性所看到、听到、悟到的人物、事实、故事和系统观，使得本书能以别具一格的广博视野、清新风格和前瞻创新的特质展现给大众。相信广大读者在阅读本书时会有赏心悦目的发现和感动！

最后，我要感谢所有为中国航天及商业航天事业作出贡献的人。正是你们的辛勤付出、不懈努力和敢为人先的勇气，使得中国航天事业进入通过"穿越周期"实现"超越追赶"的"大航天时代"。这是崭新的人人皆应担当之、人人皆可作为之、人人皆得分享之的"使命共同体 + 利益共同体"新时代。时值五四青年节，衷心祝愿祖国年轻的商业航天产业，就像早晨八九点钟的太阳，蒸蒸日上。让我们共同努力、共同期待中国大航天时代的辉煌！

吴晓波
浙江大学社会科学学部主任
浙江大学创新管理与持续竞争力研究中心主任
2024 年 5 月 4 日，于浙江大学求是园

绪论

太空不止诗和远方，更有眼前的美好

中国航天事业历经半个多世纪的发展，在国家战略规划和代代有志之士的求索下，取得了无数辉煌成就。数十年来，我国航天事业循序渐进，已突破运载火箭、人造卫星、载人航天、深空探测等多个关键阶段，形成基本完整的航天科技工业体系，具备自主设计、生产先进航天器的能力。

进入 21 世纪以来，世界航天领域正在经历新一轮变革浪潮，以商业航天为代表的"新航天"成为全球航天发展新趋势，出现了继冷战之后的第二个新高潮，商业航天成为继军事航天、民用航天后人类航天事业的又一重要组成部分。

关于传统航天和新航天的区别，有一个形象贴切的比喻：传统航天类似"郑和下西洋"，国家耗费巨资甚至不计成本投入，更多是为了达到政治、外交等方面目的，经济效益是次要考虑。新航天更像是"哥伦布航海"，探索新航路本身就是一种商业行为，哪怕是皇室资助下的航海计划，也是以经济回报为目的，事先按照商业逻辑谈好利益分配。后冷战时代，太空经济正在逐步取代大国博弈，成为推动新时代人类可持续探索太空的核心驱动力。较之传统航天必须依靠国家体制，新航天的商业化模式可以产生源源不断的经济效益，更能够推动航天科技探索的持续发展。

我们正在进入一个崭新的"大航天时代"。600 年前的大航海时代，航海家们手握罗盘、张开重帆，循着"地圆学说"的一点微光远涉大洋，驶向未知大陆；600年后的大航天时代，科学家和创业家们携手造梦，依托半个多世纪积累的航天科技工业体系铸箭造星、再问苍穹，推动人类对太空的认知和利用边界不断延伸。相比于欧美国家，中国的商业航天发展起步虽晚，但发展迅速，已经成为国家战略性新兴产业体系中快速崛起的新质生产力中的一支重要力量。

从创新驱动发展的角度来看，航天历来是国家科技工业金字塔的"塔尖"部分，是科技创新的领头雁、军民融合的排头兵。目前，中国科技创新正处于从模仿向自主研发转变、实现科技自立自强的关键时期，大量前沿技术领域的探索纷纷进入"无人区"。商业航天领域的创新者，经历多年摸着石头过河的阶段，以"变"求存，自下而上推动着传统航天管理体系的创新。此外，以民营企业为代表的中国商业航天新势力如雨后春笋般崛起，他们中的骨干成员中有相当一部分出走于体制，在市场化的土壤中再度创业。他们有航天系统工程的思维和经验，且不墨守成规。他们开疆拓土、创新破局、在夹缝中求生存的故事，也给当前科技体制改革、产业创新发展带来很多新启示、新思维。

建设航天强国，不能一直依赖国家不计成本地投入，太空不止诗和远方，更有眼前的美好。发展航天事业的目的不仅仅是提升国家战略科技层面的竞争力，更重要的是将先进技术转化为产业动能，让航天科技深刻融入国民经济建设中，造福社会的方方面面。在这个背景下，航天商业化是大势所趋，通过市场化方式配置要素，能够更加广泛地动员人力、物力、财力，引导社会资本充分有序进入，将航天技术转化应用到各行各业，和平开发和利用太空资源。当前商业航天正在与军事航天、民用航天一起，成为大航天时代的"新三驾马车"。

一、国家战略与经济效益：中国航天深入变革的两大驱动力

相比于传统航天由国家战略"单轮驱动"，商业航天的一大显著特点是国家战略与经济效益"双轮驱动"。参与的主体也更加多元化，不仅有传统航天院所承担国家战略科技层面的主力任务，还有混合所有制主体、民营主体等深度参与市场化竞争，形成开放共享、多元化发展的局面。

发展商业航天是国家需要，事关国家战略和核心竞争力提升

首先，发展商业航天是深入实施创新驱动发展战略的有力举措和生动体现。创新驱动是商业航天的显著特征，表现为航天技术与其他技术的持续融合创新与应用。在全球新一轮科技革命和产业变革浪潮下，互联网技术、人工智能技术、机器人技术、大数据技术、微系统技术、3D打印技术、新能源技术和新材料技术等正在深刻影响世界航天产业进步，带动航天制造、发射、运营服务、卫星应用等商业航天垂直产业不断发展和变革。例如近年来航天技术和人工智能技术的跨界融合，新兴科技公司运用大数据分析、人工智能等技术发展商业航天、借助手机平台提供应用服务、探索建立太空互联网等。此外，航天产业本身也具有巨大的技术转化和溢出效应，领域内的技术进步会通过多种途径"溢出"到其他相关产业，促进社会创新、知识扩散、工程技术进步和人才培养等，带动整个社会劳动生产率的提高。

其次，发展商业航天是巩固提高一体化国家战略体系和能力的有效路径。中国航天一直属于国防科技工业的重要组成部分，拥有完整的自主知识产权体系，但长期以来这个体系相对封闭且孤立。经过60余年发展，航天系统内部积累了大量的先进技术，但受制于技术二次开发周期长、转化风险大、收益分配机制缺乏、国家保密要求较高等一系列原因，绝大多数技术成果并未实现向民用领域的有效转化。剪断束缚成果转化的"粗绳

子"和"细绳子",支持通过商业化、市场化的方式发展航天产业,将有力促进这部分技术转移转化,为我国科技创新和核心竞争力提升提供强劲支撑。同时,商业航天也是我国航天事业的重要组成部分。众多民用先进技术和资源可以不断通过商业航天这条"纽带",反哺国防科技工业,支撑先进装备发展,有效巩固提高一体化国家战略体系和能力。航天领域有望率先形成全要素、多领域、高效益的军民商深度融合发展局面,对其他领域的融合创新也具有相当强的示范意义。

最后,发展商业航天是助力"一带一路"和"走出去"战略的重要力量。根据2016年国防科工局、国家发展和改革委发布的《加快推进"一带一路"空间信息走廊建设与应用的指导意见》,空间基础设施建设和先进航天技术的应用,是推进"一带一路"建设工作的有力抓手和深化国际合作的重要途径。中国与"一带一路"相关国家携手开发商业航天市场,共同架设"天基丝绸之路",针对具有广泛国际需求特别是涉及发展中国家国计民生的防灾减灾、智能交通等领域,创新联合研发具有竞争力的卫星通信、卫星导航、卫星遥感及其综合应用解决方案、系统、产品与服务,不仅能够提升中国卫星全球服务能力,还能有效支撑我国基础设施建设企业、资源类企业及重大装备和现代服务业"走出去"。同时,以"卫星外交"等方式支持国家总体外交,可以加强与"一带一路"沿线国家经济技术合作与交流,推动国际合作与共赢。

商业化推动航天技术与社会生活深度融合,带来巨大经济效益

首先,来自太空的万亿级市场正在形成。2007年9月,NASA(美国国家航空航天局)时任局长迈克尔·格里芬首次提出了"太空经济"概念,意味着全球航天活动进入一个崭新的阶段,航天活动的机制效益拓展到了经济层面。在各国政府和一大批新兴商业航天企业的联手推动下,太空资源得到前所未有的开发和利用,一个万亿级规模的新兴市场正在加

速形成。其中，空天信息产业近年来率先突破商业价值的临界点，并广泛应用于应急管理、经济建设、环境治理、大众民生等诸多领域，越来越显示出其广阔的市场空间。近年来，我国在此方面也加大了投入力度，2020年4月，国家发展和改革委首次将卫星互联网纳入"新基建"范畴。2023年年底的中央经济工作会议首次提出要打造商业航天等未来产业新赛道。随着国家对商业航天的日益重视和国内一大批航天新势力的崛起，中国正在以更加积极的姿态拥抱太空经济，迎接大航天时代的到来。

其次，民用领域多样化的应用场景有待深耕。随着航天技术的应用向着广阔、纵深和多梯度方向发展，一大批相关垂直产业正在形成。我国近年来也极为重视航天技术的二次开发和民用推广，一方面以北斗、高分等重大专项为引领，积极拓展行业应用；另一方面已开始向亚轨道飞行、太空能源、太空采矿等前沿市场探索进发。2024年，中国低轨卫星互联网星座即将开启规模化组网。卫星互联网一旦建成使用，将对地面网络形成有效补充，构建一个地面蜂窝网络与卫星通信集成的全连接世界，开启从"万物互联"到"万物智联"的新时代。同时，卫星通信与卫星导航、遥感等技术深度融合，结合大数据、人工智能、数字孪生等技术绘制的"时空一张图"，将深刻赋能各行各业，带动智慧城市、智慧交通、海洋装备、低空经济等经济形态快速发展，为城市乡村精细化管理、经济发展和公众生活提供普惠、实时、丰富的时空大数据支撑，搭建数字中国的时空基底。

最后，技术成本不断降低让航天技术普惠应用成为可能。先进技术要实现更大范围的普及推广，必然需要通过全面创新推动行业降本增效。20世纪90年代末，铱星公司的教训给后续商业航天发展留下深刻启示。在新世纪航天商业化的浪潮中，全球商业航天公司纷纷将降低成本作为技术创新和管理创新的重要目标，尤其是SpaceX等航天新势力在此方面率先垂范，成为行业新标杆。商业火箭方面，目前全新的一手猎鹰9号火箭向近地轨道发射报价为 6700 万美元①，折合每千克发射价格约为 1.7 万元人民币，若是回收火箭则价格更低。而随着猎鹰重型星舰等更大动力火箭的推出，单次发射成本还在进一步下降。随着大运力火箭越来越便宜，人类往返穿梭太空有望真正步入平民化、常态化时代。商业卫星方面，近年来由于通信技术、微电子技术的飞速发展，卫星的体积、质量、成本较传统航天时代有了明显下降，可靠性、集成度、在轨使用寿命逐年提升，目前"星链"卫星通过批量化、流水线生产的模式，单星制造成本已经可以做到 100 万美元以内②，而随着生产量的增大，成本还在继续下探。从卫星制造到发射各环节成本的大幅度降低，不仅让 SpaceX 构筑起商业竞争上的护城河，也让更多消费者可以用更便宜的价格购买到卫星互联网服务，享受到来自太空的技术红利。

二、商业航天：把握科技革命和产业变革机遇的重要力量

航天领域是中国把握新一轮科技革命和产业变革机遇，抢占未来产业竞争的重要制高点。习近平总书记在党的二十大报告中对加快建设航天强国作出重要战略部署，为我国航天科技实现高水平自立自强指明了前进方向。2024 年的全国两会上，商业航天作为国家提出要积极打造的"新增长引擎"之一，首次被写入政府工作报告。作为新质生产力的典型代表，商业航天在技术驱动与经济带动两方面均具有显著特征：

首先，商业航天肩负着以科技创新驱动高质量发展的重大使命。从历

---

① 6700 万美元为 2023 年 SpaceX 对外发射报价。由于 2022 年氢气等原材料价格的飙升，SpaceX 火箭发射不得不进行了一轮提价，在此之前一手猎鹰 9 号火箭对外报价为 6200 万美元。
② 根据摩根士丹利分析师测算，"星链"V1.5 版本单星制造成本约为 50 万美元；"星链"V2.0Mini 版本配备了性能更强的相控天线，并升级了霍尔推进器，卫星质量增加到 790 千克左右，单星制造成本约为 100 万美元。

次科技革命和产业革命的发展规律来看，整体上都是以科学和技术的新突破为先导，引发各学科领域群发性、系统性的突破，进而带动产业发生质的变迁。航天科技是科技进步和创新的重要领域，航天科技成就是国家科技水平和科技能力的重要标志。长期以来，我国航天活动都是以财政资金作为主要支持、以国家重大任务为牵引、通过金字塔式的组织模式开展。在国家的有力保障下，中国航天事业坚持走出了一条独立自主、自力更生的发展道路。然而，传统的以任务为导向的航天模式虽然有利于最大限度地集中资源，不断攻克关键技术，却由于体系的高度封闭和缺乏市场化机制的激励，一定程度上排斥了更多外部力量的参与，某种程度上束缚了整个产业链的协同创新。相比于"大树底下难长草"的传统航天模式，商业航天以市场需求作为牵引，通过开放式的产品开发平台吸引更多市场化主体参与创新，同时推动发展机制从政府投资向多元化、商业化发展，进而培育一种全新的"丛林生态"。在这种全新的组织模式下，创新成果也有利于通过更短的路径回馈市场，发育成为更多新质生产力，成为驱动高质量发展的新引擎。

其次，商业航天是促进经济模式转型和可持续发展的重要力量。商业航天作为技术创新性强、经济质量效益高的新兴业态，是我国经济发展十分重要的新型增长极。航天商业化在我国科技工业领域不断深化改革，实现经济模式创新中发挥着重要引领作用。商业航天对促进社会经济可持续发展主要表现在三个层次：一是航天活动的产出物（如火箭、人造卫星、返回设备、地面测控设施和空间站等）构成国内生产总值（GDP）的一部分，对国民经济产生直接贡献；二是航天作为典型的资本和知识密集型产业，能够对产业链上下游相关产业的创新发展产生很强的带动效应；三是航天技术成果与产品应用所产生的间接经济效益，如通过卫星数据应用赋能各行各业，借助航天相关技术开发新型医疗器械、航天育种等。随着商业化进一步拉近航天先进技术与市场应用的距离，还将持续孕育更多的新技术新成果，这些新技术新成果将持续、深刻地改变我们的日常生活和社会经济的方方面面。

三、大航天时代：抓住变量背后的确定性

时代的车轮滚滚向前，商业化已经成为我国航天事业发展不可阻挡的趋势，新一轮产业变革的大幕正徐徐拉开。然而，在我国深化科技体制改革的过程中，尚且存在很多不确定性，如何处理好这些变量因素，发挥新型举国体制优势，让众多"X因素"实现最优解，成为大航天时代政府、资本、企业需要共同面对的重要问题。

首先，民营企业和社会资本入局是新一轮航天商业化发展的最大变量。美国的商业航天几乎全部由市场化公司承担，NASA只作为一个基础研究和管理协调机构存在，大量技术和资源可以无保留地共享给市场化公司。相比于美国，中国的两大航天集团都是国有企业，目前仍然是发展商业航天的主要力量，民营企业和两大航天集团之间的合作与竞争关系就显得十分微妙。一方面，两大航天集团兼具承担国家重大任务和企业经营的双重身份，就在产业链上一些关键资源形成绝对甚至垄断优势，民营企业获取这类资源的难度要远远高于传统院所；另一方面，民营企业对社会资本的依赖程度很高，而航天是一个周期长、门槛高和风险高的行业，需要持续投入和容忍失败。市场化资本的逐利特性对企业来说是一把双刃剑，从积极角度来看，可以鞭策企业快速发展、提高资金利用效率；但是也容易出现部分企业为了迎合资本市场节奏，而去做一些违反科学规律的事情，譬如为了快速跑到下一轮融资而不得不缩短研发和测试周期，仓促推出产品导致任务失败。

其次，商业航天持续发展，必然要求现有航天政策法规作出相应调整和完善。在短短几年内，中国商业航天蓬勃发展，已经在诸多领域对原来的航天规则形成了挑战。例如，以前完全由国家单位承担的航天任务和投入的基础设施建设，现在民营企业和社会资本也开始逐步参与；商业航天企业在原属于军事管理区的发射场内进行发射活动，甚至自建发射工位，致使原来适用于传统航天的诸多管理办法已难以满足现阶段商业航天的发展需求，如何制定更加完善的政策法规、扫除监管盲区，成为各方呼吁的重要举措。相比于目前美国、欧洲在商业航天领域已经出台相对完善和细致的法规法案，中国在这方面还有大量空白需要填补。可以预见的是，短时期内国家支持鼓励民营企业和社会资本进入商业航天的态度不会变化，但一定会朝着更有序、更规范的方向加以引导。

最后，商业航天将对现有航天活动的组织模式、技术创新、生产方式带来冲击和影响。出于历史等多种原因，我国现行的航天科技工业体系是基于以不同产品和装备划分的纵向平台结构和金字塔式的配套模式，整个体系完整但封闭程度很高。在当前体制下，一些原本定位于从事航天科学技术研究的院所被划归航天集团管理，失去了面向社会的服务职能，也客观上削弱了政府主管部门对航天科研业务的统筹和主导能力，难以起到带动和支撑整个商业航天领域技术创新的作用。民营企业和社会资本入局，打破了原来两大航天集团之间如同"友谊赛"一般的竞争默契，成为刺激改革和推动全产业链创新的"鲇鱼"。民营商业航天企业拥有传统航天院所不具备的优势，例如不受体制束缚，可以更多元化地广纳人才；也可以打破传统航天工程的产品开发模式，以完全市场化的方式采购和开展协作；民营企业对市场的天然敏锐性和灵活性，让其在日益开放的商业航天模式下，可以更广泛地调用创新资源，带动更广泛的市场主体参与创新，为产业可持续发展注入新的动能。

商业航天与传统航天的目标导向有着很大不同，以营利性为第一目的，决定了企业的经营思维、管理模式、生产方式都需要做出相应改变，才能更好地适应市场竞争。商业航天的持续蓬勃发展，必然给现有航天科研和生产模式带来冲击，给整个产业体系造成影响，并有望推动形成一种全新的产业生态。

四、缘起与致谢

作为钛禾智库的创始人，我从 2018 年左右开始关注商业航天。在几位前辈恩师的启发下，在有关领导和专家的鼓励支持下，我和钛禾智库团队开始围绕中国航天改革和商业航天领域开展持续和系统的研究工作。几年下来，我们访谈了国防科技工业主管部门和中国科学院、航天科技集团、航天科工集团、中国星网集团等相关单位的百余位领导专家；实地调研了北京、上海、重庆、天津、陕西、广东、山东、吉林、河北、四川、浙江、江苏、湖北、湖南、海南等地 50 多个科研院所、100 余家商业航天产业链上下游企业、十余所知名高校和数十家投资机构，获取了丰富的一手资料和行业信息。加上团队通过各种公开渠道查阅的大量国内外资料，让我们渐渐对这个新兴领域有了越来越多的思考。

在这个过程中，我们也不断产出了一些阶段性的研究成果，包括发布在公众号上的系列文章、撰写的几份内参读物，以及给相关机构定向提供的一些研究报告，几年下来，大概也有了几十万字的创作积累。同时，随着我对行业了解从模糊到深入，从刚开始的"摸不着门"到与众多航天专家、商业航天创业者成为朋友，并不断被他们所影响、所感动，逐渐坚定了要"写一本书"的决心。

虽然我自认为已经掌握了不少资料，但距离写成一本可以公开出版的书仍然遥远。尤其是在新冠疫情防控期间，商业火箭公司在发射遇挫、融资遇冷之后纷纷转入低调，商业卫星公司在中国互联网星座计划尚未明朗之时选择了集体沉默，愿意对外披露的信息少之又少；2023年，又恰逢航天系统进入改革和整顿并行的多事之秋，也给我们进一步调研访谈带来了一些困难。好在有众多专家前辈、行业好友的大力协助，我们才最终得以克服各种困难，完成本书的写作。

在此书稿付梓之际，要衷心感谢所有中国航天改革的探路者和商业航天的拓荒者们，正是有了你们坚持不懈的创新探索，才让书中有了大量可以写进去的精彩故事。还要感谢中科院战略咨询院的顾淑林老师、力学所的谈庆明老师等中国航天界和科技界的老前辈，并同时缅怀已经故去的国家最高科学技术奖获得者、中国力学学科建设与发展的组织者和领导者之一郑哲敏院士——正是有了你们的启发、鼓励和精神感召，才有了这本书的诞生。另外，还要特别感谢浙江大学的吴晓波教授，在本书的酝酿和写作过程中，我曾经无数次向吴老师请教和寻求帮助，吴老师每次都不厌其烦地给我这个"非正式学生"细致入微的指导与点拨，才能让这本书除了能装进一些鲜活的故事案例之外，还能支撑起一些理论的"骨架"。

本书的撰写过程聚集了我们团队多位年轻的分析师和实习生，包括熊雅芳、王佳敏、沈琼、向依蒙、任碧萱、张锦程等，他们在资料搜集、访谈调研、观点讨论、文稿修改的过程中不断学习和进步，感谢他们的倾心投入，也为他们的成长祝福。

最后，要感谢东方出版社的编辑们。其中，孙宇靖、申浩两位老师早在四年前我们写"钛禾产业观察"公众号的时候就已经相识，并一直鼓励我们将碎片化的内容完善成书。编辑部主任王学彦老师更是多次在深夜和休息日与我们沟通书中细节。正是在各位编辑老师的鞭策、支持和辛苦工作下，这本书才终于得以面世。

栉风沐雨,薪火相传;筚路蓝缕,玉汝于成。谨以此书,向推动中国航天发展和变革的老航天人、新航天人致以崇高敬意!

目录

导言

001 / 大国之问：我们需要建设什么样的国家创新体系？

001 / 一、钱学森的"遗憾"：从一次鲜为人知的内部争议说起

002 / "钱杨之争"：一段尘封往事

006 / "三落三起"的技术科学

011 / 从系统工程到系统科学

016 / "两弹一星"点亮了中国科技树

019 / 二、新时代的科技体制改革：让众多"X 因素"实现最优解

01

风起对岸：时代为什么选中了马斯克？

024 / 一、"被迫下海"的 NASA

025 / "面子高于一切"

029 / "我们为什么要花这么多钱搞航天？"

033 / 顺水推舟的 SpaceX

039 / **二、把真经传给这个"外行人"**

040 / 国会山上的"圣战"

043 / 第一块试验田

048 / 扶上马，送一程

052 / 关键的中间人

055 / **三、"下一个臭鼬工厂"**

056 / 马斯克靠什么赢得 NASA 青睐？

058 / "打破常规"与创新协作

064 / 从蚱蜢、猎鹰到星舰

02

全球角逐：抢占太空经济制高点

069 / **一、五个亿万富翁的太空生意**

070 / 高尔文的"铱星"败局

073 / 维勒和马斯克的超级星座

077 / 布兰森和贝佐斯的太空船票

081 / **二、新航天，新经济**

082 / 太空经济

084 / 开辟新场景、孵化新产业

088 / 新需求、新融合孕育新技术

089 / **三、抢占全球航天价值链**

090 / 俄罗斯：一波三折的航天商业化

094 / 欧洲："4.0 时代"的航天一体化
097 / 以色列：专注"小而美"和"高精尖"
100 / 日本：亚洲科技强国的突围
102 / 巴西：资源换技术陷入尴尬
105 / 印度：野心勃勃的南亚大国

03

再问苍穹：迈向商业化的中国航天

108 / 一、什么是商业航天？
109 / 按市场化方式配置要素
111 / 更高效的政企资合作模式
112 / 做蛋糕与分蛋糕
113 / 二、初探商业化
114 / 几张草图卖火箭
117 / 风雨兼程"长征"路
120 / 来自中国的卫星套餐
123 / 民间资本初入局
126 / 三、政策破坚冰
127 / 从"加快开放"到"规范有序"
131 / 久有凌云志，重上井冈山
134 / 风雷动，旌旗奋
137 / 九天揽月，五洋捉鳖

04

奋楫者先：九天竞技的商业火箭

141 / 一、商业火箭公司的晋级赛

143 / 八仙过海，"国民并进"

147 / 抢占动力制高点

152 / "玻璃做的天花板"

155 / 拨开迷雾见九霄

159 / 二、解剖一只造火箭的"朱雀"

160 / 先把试车台建起来

163 / 仰望星空，先站稳地面

166 / 穿了新鞋，就不走老路

169 / "慢就是快"

171 / 三、高超声速飞行

172 / "飞"出来的颠覆性技术

174 / 商业化的飞行试验

177 / 一小时全球抵达

179 / 弥合空天裂隙

05

超级星座：商业卫星与中国星网

182 / 一、新轨道上的角逐
183 / 从高轨走向低轨
186 / 新一轮太空圈地运动
190 / 中国星网蓄势待发
195 / "天地一盘棋"

197 / 二、太空中的新基建
198 / 星地一体，万物智联
201 / "北斗+"和"+北斗"
206 / 时空一张图
209 / 通导遥一体化

213 / 三、从卫星作坊到卫星工厂
215 / 从"大哥大"到"智能机"
219 / 像造汽车一样造卫星
222 / 我们和"星链"的差距有多大？
225 / 小卫星带动大生态

06

逐浪变革：在市场的海洋里学会游泳

229 / 一、商业化的航天发射

231 / 勇敢的拓荒者

233 / 商业航天发射场

236 / 驭箭牧星的商业测控

239 / 新模式衍生新商机

242 / 二、资本助推新航天

243 / 从国家投入到市场投入

246 / 押注"中国马斯克"

249 / "火箭大街"和"卫星小镇"

252 / "长钱"携手，价值接力

255 / 三、按下成果转化加速键

257 / "不务正业"的航天人

259 / 剪断"粗绳子"和"细绳子"

262 / 打通"最后一公里"

07

超越追赶：重塑的创新生态与价值网络

267 / 一、从"航天科技"到"航天工业"
268 / 从"全程买单"到"服务采购"
270 / 重构、融合与创新
273 / 与时俱进的系统工程
276 / 二、从"航天事业"到"航天产业"
277 / 融合创新的"破冰利剑"
280 / "丛林生态"：重塑价值链
284 / 从"科学家竞赛"到"产业家角逐"
286 / 新航天，新秩序

08

八位一体：新时代的国家创新体系

290 / 一、欧美国家是如何给好马套上"缰绳"的？
291 / "胡萝卜"与"指挥棒"
295 / 华尔街的"政商旋转门"

298 / 欧洲的分歧和裂痕

302 / 普京的"铁鞭驭马"

306 / 二、使命共同体：勇攀高峰的中国科技工业

307 / 两个时期的"举国体制"

310 / 解题新思路

313 / "八位一体"的新型国家创新体系

317 / 共同利益、共同使命、共同命运

结语

322 / 高质量发展需要"硬科技"，也需要"软制造"

326 / 后记　航天精神的新时代价值

331 / 参考文献

导言

大国之问：我们需要建设什么样的国家创新体系？

一、钱学森的"遗憾"：从一次鲜为人知的内部争议说起

20世纪50年代，新中国航天事业在刚刚起步时几乎是一张白纸：一无技术基础，二无组织基础。

1955年9月17日，经过中国政府的不懈抗争和艰难营救，钱学森和家人终于登上"克利夫兰总统"号邮轮，踏上回国的旅途。9月27日，中国科学院（以下简称"中科院"）召开会议，决定邀请尚在归国途中的钱学森担任力学研究所（以下简称"力学所"）的首任所长。

回国后的钱学森决心抢回失去的时间，随即马不停蹄展开了调研工作。调研结果却让钱学森感到十分沮丧。百废待兴的新中国，既缺研究工具，也缺研究设备。他在笔记中写道："我从乐观一下变为悲观，真是觉得寸步难行……不知道在艰苦的环境中奋斗、找出路，怎样白手起家。"

设备短缺尚可以通过各种办法克服，人才匮乏却是更令人头疼的问题。这一时期，虽然有梁思礼、朱光亚、邓稼先、郭永怀、华罗庚等流落海外的科学家陆续归国，但是钱学森清楚地知道，光靠几位科学家是造不出导弹卫星的，新中国迫切需要建立科研机构，加快培养出一批自己的技术人才，让众多科研和技术人员在一个有层次、有效率的组织系统内各展所长，发挥作用。

1956年10月8日，在北京西郊空军466医院的食堂里，聂荣臻元帅宣布国防部第五研究院（以下简称"国防部五院"）正式成立。首任院长钱学森在简单的成立仪式后，走上讲台为参加仪式的人们讲授导弹概论。而此刻台下坐着的100多名年轻科研人员，绝大多数连一枚真正的导弹长什么样都没见过。

身兼中科院力学所所长和国防部五院院长两职的钱学森，殚精竭虑描绘着新中国航天事业的远景蓝图，但是不久之后，一场发生在中科院力学所里鲜为人知的内部争议，却打乱了他最初的规划。

"钱杨之争"：一段尘封往事

在那个"大跃进"的年代，科技战线上同样充斥着"大干快上"的思想。1958年，中科院力学所原来按学科建制的6个研究组全被推翻，改为以"上天、入地、下海"的任务目标重新编组，其中"上天"作为重点，由力学所联合化学所在北京怀柔建立二部[①]作为研究基地。

改组方案由中科院力学所所长钱学森、党组书记杨刚毅、副所长郭永怀三人共同拍板。然而，在二部的建设思路上，钱学森和杨刚毅之间却产生了明显分歧。钱学森希望二部主要承担新型火箭燃

---

① 力学所二部对外称为北京矿冶学校。

料方面的基础研究，杨刚毅则主张直接研究固体火箭、地对空导弹等产品。

1964年某天，力学所科研处处长姜伟来到钱学森的办公室请教问题。谈到力学所的发展方向时，钱学森袒露了自己的真实想法："国家太穷了，搞不起那么多的试制和生产。既然五院负责航天，就让五院研究火箭，力学所配合他们做前瞻性的预先研究，做他们不会的东西。"

钱学森并不认同力学所也要搞火箭的做法。一个原因是当时在国防部五院的主导下，我国已经成功突破了东风二号导弹技术，钱学森认为力学所没必要再搞重复研究。而此刻他更担心大型火箭的燃烧稳定性问题——未来大型火箭所用的新型液体燃料，需要经过雾化、气化、和氧化剂均匀混合，以及燃烧等一系列复杂过程，对于如何精确掌控这一过程，以确保大火箭续航和燃烧稳定性，我国科学家还一无所知。

钱学森不主张力学所直接研究火箭的另一个原因是，力学所连一位工程师都没有，即使研究出来也未必能用："我不相信的，我不敢用，也不会用的。"

钱学森的一席话让姜伟茅塞顿开，随即跑到杨刚毅的办公室去阐述钱学森的主张。他没想到，杨刚毅拍案而起，当即给中科院党组书记张劲夫打电话："钱学森反了，不搞先进武器，不搞小火箭，反而要去搞什么燃烧稳定性；拦着力学所为国家做贡献。"

这一时期，正值国内"四清运动"火热开展，大批知识分子被再度戴上资产阶级的帽子。所长必须服从党组书记领导，钱学森也不例外。最终，经过张劲夫等人的斡旋和做工作，这场鲜为人知的"钱杨之争"最终以钱学森的妥协而告一段落。事后得知全部经过的钱学森感慨:"听了这段话,我觉得很难受。但作为一个力学所的基层组织党员,我选择服从组织。"

在那个举国攻坚、举国协作的环境里,无产阶级革命者出身的张劲夫、杨刚毅等人的考虑也不无来由。当时中国科学界的现实观念就是"唯结果论",不做最终产品的,即使在基础研究方面作出重大贡献,也很难得到荣誉,甚至会失去资源。直到 20 世纪 80 年代,还有领导人批评中科院"不冒泡儿",并一度考虑解散中科院。

按照钱学森最初的设想,有中科院力学所这样的工程院所负责基础和长远研究,国防部五院这样的设计机构负责工程设计,后面再通过高等院校和选派留学源源不断培养青年人才,就能既顾及眼前需求,又符合长期发展规律。

早在 1956 年 2 月,钱学森在写给国务院的《建立我国国防航空工业的意见书》[①]中,开篇就写道:"健全的航空工业,除了制造工厂之外,还应该有一个强大的为设计服务的研究及试验单位,应该有一个作长远及基本研究的单位。"[②]

[①] 当时为了保密起见,以"国防航空工业"一词代表火箭、导弹工业。
[②] 钱学森在 1956 年 2 月写给国务院的《建立我国国防航空工业的意见书》中详细解释了自己的考虑,他指出为设计而服务的研究和长远及基本研究的分别在于:一是研究的性质有所不同,为设计而服务的研究有很强的计划性,必须在某一时期内完成某一工作,因此重点往往是放在解决一定的问题上而不是完全了解这些问题的机理上;相反,长远及基本研究的重点放在完全了解一定问题的机理上,因而我们不能把时间限制得过于严格;也必须把工作定得灵活些,可以随机应变,探索新方向。二是这两种研究工作在所用的工具方面也有所不同,为设计而服务的研究需要大型及重型设备,例如大型风洞、大型结构实验台、大动力的推进机试验设备、高速推进机实验风洞等;长远及基本研究不需要大型设备,但需要性能比较突出且精细的实验设计及计算工具,例如高温及高超声速风洞、二元低骚扰风洞、高温金属融变机等。三是这两种研究中的工作人员也有些不同,为设计而服务的研究需要对生产过程有彻底了解,对研究能大力推进,按时完成不怕时间上有压力的工作者;长远及基本研究需要能完全掌握基本科学(如数学、物理、力学),能对一个问题进行深入探讨的工作者。自然,有的科学家两方面的能力都有,两方面的要求都符合,这些人就是重要的关键人物。

表 0-1 钱学森最初对中科院力学所、国防部五院的组织设计

中科院力学所	运筹学组、物理力学组、弹性力学组、塑性力学组、高速空气动力学组、化学流体力学组①
国防部五院	六室（总设计师室）、七室（空气动力研究室）、八室（结构强度研究室）、九室（发动机研究室）、十室（推进剂研究室）、十一室（控制系统研究室）、十二室（控制元件研究室）、十三室（无线电研究室）、十四室（计算技术研究室）、十五室（技术物理研究室）②

钱学森认为，想要在短时间内克服困难，快速建立新中国的国防航空工业，除了需要积极争取苏联及其他兄弟国家的大力帮助之外，还需要建立研究、设计和生产三面并进的原则——刚开始时把重点放在生产上，再兼及设计，然后兼及研究。

理论先行、试验接洽、工程实现，这是钱学森在其导师冯·卡门那里习得的经验。燃烧稳定性是火箭研制的核心问题，冯·卡门的解决方案是：先安排一部分人进行燃烧稳定性的理论研究，用科学理论做预研，预研成功后再转给工程组交付实现。鼎鼎大名的JPL［喷气推进实验室，美国国家航空航天局（NASA）下属的一个机构，由加州理工学院管理］当时采用的也是这种研究方式。得益于此，JPL的固体和液体火箭发动机、探空火箭技术水平迅速发展，日后更是成为NASA的核心实验室③。

作为JPL创始人之一的钱学森也想在中国沿用这种模式。然而，钱学森"三面并进"的建议并未得到完全落实。"钱杨之争"后不久，

---

① 中科院力学所的6个研究组：运筹学组，由许国志负责；物理力学组，由钱学森负责；弹性力学组，由郑哲敏负责；塑性力学组，由李敏华负责；高速空气动力学组，由林同骥负责；化学流体力学组，由林鸿荪负责。

② 国防部五院的10个研究室，分别由任新民、屠守锷、梁守槃、庄逢甘、李乃暨、梁思礼等专家担任这些研究室的主任和副主任。

③ "歼-8之父"顾诵芬院士曾评价JPL的这种模式："他们在解决具体问题时，善于运用理论分析的力量，通过探索问题的本质，找出解决问题的物理实现方法。JPL在液体燃料燃烧不充分、效率低以及燃料燃烧不稳定两大关键问题的最终克服都是通过这种方法解决的。"

"文化大革命"开始,大批科学家被打倒,成为"白专""右派""特务",青年人才培养严重断层,力学所已经开展的"有关工程的长远及基本研究"几乎全部中断,只剩下郑哲敏等人还在偷偷研究爆炸成型理论。

钱学森虽然失落,但是仍然选择服从组织,随后把更多时间放在了国防部五院的工作上,将更多精力放在工程技术方面。力学所那些被迫中断的基础研究工作,也成为钱学森的终身牵挂。

1990年,曾经在力学所担任郭永怀助手的顾淑林教授在访问印度班加罗尔时,印度国家科学院负责人用带有嘲讽的语气问道:"你们的力学所,现在大概什么研究都做不了了吧?"

在许多中科院老一辈科学家的回忆里,这段辛酸无奈的往事,也成为时代留下的遗憾。这些由钱学森、郭永怀等人早在新中国成立初期就谋划好的研究方向,一中断就长达二三十年,有些甚至直到今天还在回头补课。

"三落三起"的技术科学

钱学森希望由力学所负责的"有关工程的长远及基本研究",实质上具有明确的概念,在国外称"工程科学"(Engineering Sciences)[1],在国内被翻译为"技术科学"。

早在1947年,钱学森就曾回国讲授"技术科学"概念。那一年,刚刚被破格提升为美国麻省理工学院终身教授的钱学森回国探亲,分别在浙江大学、上海交通大学、清华大学做了题为"Engineering and Engineering Sciences"的学术报告。报告中他首次提出了存在

---

[1] 一般认为,技术科学发端于19世纪末20世纪初的德国哥廷根大学,数学家克莱因竭力促进数学、力学和其他基础学科在工程技术中的应用,并和普朗特一起开创了直接服务于工程技术的应用力学学科,成为早期技术科学的代表。

"基础科学—技术科学—工程技术"三个结构层次的观点。

钱学森的技术科学思想的形成，得益于其在美国期间丰富的理论研究和工程实践经验。还在麻省理工学院执教时，钱学森就发现，通过"2年自然科学+2年工程技术"方式培养出来的工程师，一旦到了实际工作中，很快就把学过的自然科学都忘记了，数学也不大会用，无法做到以"科学的理论来推演他们工作中所需要的准则"。

钱学森由此认为，自然科学应用于工程技术，并不是一个简单的推演，而是非常困难、需要高度创造性的工作。"自然科学"、"技术科学"和"工程技术"构成一个体系，它们之间存在紧密的反馈关系。[①]技术科学科学原理和工程研制之间不可或缺的桥梁，是介乎两者之间的、有组织的知识系统总和："是化合物，而不是混合物。"通俗一点说就是，只研究工程技术，通过逆向工程等办法，虽然能够做到"知其然"，但是很难"知其所以然"；只研究自然科学，虽然可以洞悉事物规律，但难以做出为人类所用的工程产品。而技术科学则是打通二者的一类全新学科体系，研究者需要做到"既知其然，更知其所以然"。

1957年，回国一年多的钱学森在全国首届力学学术会议上作了《论技术科学》的主题报告，全面系统地论述了技术科学的基本性质、形成过程、学科地位、研究方法和发展方向，自此形成了关于技术科学的完整观点。在日后与"两弹一星"工程有关的关键技术攻关过程中，这一思想发挥了巨大作用——采用技术科学研究与组织管理的方法，成功突破了许多重大关键技术，有力推动了一些新

[①] 钱学森认为，一方面要看到自然科学作为技术科学的基础的一面；另一方面也要看到技术科学对自然科学的贡献。因为自然科学是不可能尽善尽美的，不可能把工程技术完全包括进去，而技术科学却能把工程技术中的宝贵经验和初步理论精炼成具有比较普遍意义的规律。这样，对技术科学的成果加以分析和提高就有可能成为自然科学的一部分。

兴领域研究。①

1960年11月5日，中国仿制苏联P/R-2导弹制造的第一枚近程弹道导弹东风一号发射成功，但此时中苏关系已经破裂，继续走仿制路线的可能性已经丧失。钱学森和国内的科研人员，及时转变了逆向工程思维，开始自主设计研制后续的导弹型号。

以东风二号导弹研制为契机，1961—1964年，随着国内反思"大跃进"教训，执行中央"调整、巩固、充实、提高"八字方针，国内技术科学发展经历了一个短暂的黄金时期，直到"钱杨之争"和"文化大革命"的开始。

此后十余年里，技术科学在中国的发展一直荆棘塞途。"文化大革命"结束后，随着1978年"科学春天"的来临②，在邓小平的关心和支持下，一大批科学家被平反，研究院所的科研工作恢复正常，一批技术科学的研究学科重新开设，中断长达十多年的技术科学迎来了第二次发展机遇。

1978年，强调重视基础研究的"八年规划纲要"③出台，掀起了国

---

① 1961年5月，钱学森主持召开国防部五院与中科院力学所的协作会议，确定中科院的五大协作任务：液体火箭发动机燃烧、传热理论与实践研究（101任务）、导弹气动力学问题研究（102任务）、导弹弹体结构强度的研究（103任务）、冲压喷气发动机的关键理论问题（104任务）、金属薄板典型零件爆炸成型的基本理论研究（105任务）。在钱学森、林鸿荪的指导下，力学所的科研人员用了两年多时间，在位于北京郊区的高能燃料推进剂和火箭发动机实验基地，完成了氢氧发动机总机方案的探索性研究，建立了液氧在超临界压力下传热实验系统和液氢液氧火箭发动机燃烧试车系统。在郑哲敏的领导下，力学所在4年里进行了上千次试验，得出"爆炸成型相似律"理论，并进一步研究了无模自由成型法，解决了大型模具浇铸难题。

② 1978年3月，邓小平在全国科学大会开幕式上提出了"现代科学技术正在经历着一场伟大的变革"的著名论断，并对此进行了三方面的具体概括：第一，现代科学技术不只是在个别的科学理论上、个别生产技术上获得了发展，而是在几乎各门科学技术领域都发生了深刻的变化；第二，新技术带动了核工业、航天工业、计算机工业、信息工业等许多新的产业出现和形成；第三，科学和技术的紧密结合、技术和经济的紧密结合使得科学技术成果非常快速应用到经济领域，促进经济的发展。

③ 八年规划纲要，即《1978—1985年全国科学技术发展规划纲要》。

内重点发展基础科学的新一轮高潮。正是在这个高潮中，1986年3月，国家出台了"863"高技术研究计划。"863"计划包括1997年出台的"973"计划，为中国科技奋起直追积累了大量基础性研究成果，培养了一大批学科人才，在众多领域取得了丰硕成果。但事实上，从20世纪80年代末到整个90年代，我国技术科学研究都处于一个低潮期。

关于"863"和"973"计划的历史争议主要集中在科研导向的最终结果上。有人认为，国家财政大包大揽、成果评价单一机械也导致了产学研严重脱节。美国工程院院士李凯甚至尖锐指出，"从科研创新的角度而言，'863'计划是失败的"；"很多科研人员打着研究的幌子来获得研究经费，但大都是以论文形式结束，并没有什么实质性的产品"。

结合20世纪末的大环境来看，这一时期正值国内经济高速发展，但是经济建设和科学研究明显不在同一条轨道上——下海经商的企业普遍处于原始积累阶段，更愿意选择资金周转快的行业或者商业模式；投入大、回本慢、风险高的自主研发属于奢侈品，更不用谈基础研究了。从事科研的人员则大多数在高校和院所的编制内，写论文、评职称、要经费成为日常主旋律。

在科技工业的众多领域，"造不如买，买不如租"的论调也一直不绝于耳，高端设备大多是通过进口，自主研发在众多领域约等于逆向仿制——连工程技术都不吃香了，"费力不讨好"的技术科学更乏人问津。

航空发动机、芯片制造、工业软件、新型材料……如今我国工业发展中面临的众多"卡脖子"问题，都可以追溯到同一个根源：技术科学长期缺位，科学技术教育"理工分家"，导致理论研究和工程研制之间缺乏衔接型人才，科学和技术出现断裂。

例如，钱学森20世纪50年代在美国提出的"物理力学"，正是技术科学的代表学科，也是钱学森毕生花费精力最多的学科之一，然而在中国却历经"三上三下"[①]，至今也未得到应有的发展。

这一时期，大洋彼岸的物理力学发展却突飞猛进，其研究成果广泛运用于纳米技术、集成芯片、生物科技等领域。美国科学家肯尼斯·威尔逊因建立相变的临界现象理论而获得1982年诺贝尔物理学奖，而这正是物理力学的研究范畴。

进入21世纪，钱学森的技术科学思想再度得到中国科学界的重视。学术界围绕技术科学的热烈讨论就有数次，党和国家领导人也多次在不同场合强调重视技术科学[②]。人才评价方面，破除唯论文、唯帽子、唯职称、唯学历、唯奖项的"五唯"和"立新标"成为深化科技体制改革的核心导向；推动技术科学发展逐渐成为科技政策研究的重要命题。

2005年，已到暮年的钱学森发出了"为什么我们的学校总是培养不出杰出人才？"的感慨。这个著名的"钱学森之问"，也成为他留给中国科学和教育界的最后一道思考题。

[①] 1958年，回国后的钱学森提议建立一个培训班，为我国导弹和航天事业培养人才，这就是中国科技大学的雏形。物理力学作为一门正式课程开始教学，然而仅以一年就被认定为"脱离生产"的无用之学而被取消。1961年，物理力学专业重新开课，为此钱学森还专门翻译了美国最新的学术资料作为教材，结果在培养了3届学生后，于1966年再次被取消。1979年，在钱学森的强烈建议下，物理力学课程再度恢复，却又在1993年第三次被取消，同时取消的还有爆炸力学和等离子体力学等技术科学课程。

[②] 2006年，胡锦涛总书记在中国科学院第十三次中国工程院第八次院士大会上的讲话中指出，要高度重视技术科学的发展和工程实践能力的培养，提高把科技成果转化为工程应用的能力。这次讲话正值2005年《国家中长期科学和技术发展规划纲要（2006—2020年）》出台之后，引起科学界对技术科学的热烈研讨。2021年5月28日，习近平总书记在中国科学院第二十次院士大会、中国工程院第十五次院士大会、中国科学技术协会第十次全国代表大会上的讲话中，强调技术科学在现代科学技术体系中发挥着关键作用，指出要大力加强多学科融合的现代工程和技术科学研究，带动基础科学和工程技术发展，形成完整的现代科学技术体系。

从系统工程到系统科学

技术科学的发展,带来了第二次世界大战期间火箭、高速飞机、雷达、核武器等重大发明。这些发明并非全部诞生于工程实践中的经验积累,而是以数学、力学、物理学等基础理论为研究依据,是科学家和工程师密切合作的产物。

在第二次世界大战中得到验证和发展的除了技术科学之外,还有系统工程。曼哈顿计划是全球罕见的基础理论和工程实践同步推进的项目——4000多位科学家,超过10万名工作人员,历时3年,利用刚刚在实验室发现的原子裂变现象,制造出人类历史上前所未有的大规模杀伤性武器。统筹这样一项大规模的分工协作,催生了一个新的学科——系统工程[①]。

20年后,美国启动阿波罗登月计划,动员人数更是达到42万人之多,系统工程再次发挥了巨大的作用。这两大史无前例的计划有力地推动了系统工程的发展,各国纷纷开展系统工程理论与方法的研究和应用。

美国加州理工学院的古根海姆喷气推进研究中心是美国系统工程思想的重要发源地之一,曾经于1949年担任该中心主任的钱学森,参与并见证了美国航天系统工程的形成和早期发展。1954年,钱学森撰写的《工程控制论》在美国出版,这部著作被认为是其系统工程思想的雏形体现。在书的序言里,钱学森写道:"工程控制论是一门技术科学……目的是研究控制论这门科学中能够直接应用在工程上设计被控制系统或被操纵系统的那些部分。"

---

① 一些学者认为,现代系统工程的诞生要追溯到更早时期。1939年,英国雷达部门建立了世界上第一个有组织的、自觉地按照系统的观点、用系统工程方法分析和研究作战使用问题的小组,这可以被认为是现代系统工程的起点。

1955年回国的钱学森将这一思想带回了中国。1956年国防部五院成立之后，钱学森就在国防部五院内部组建了导弹总设计师室，随后大力推行总设计师制度。1962年3月，中国自行研制的第一枚导弹东风二号飞行试验失败，钱学森带领国防部五院的科研人员查找失败原因，很快找到问题所在：没有充分考虑导弹弹体在飞行中的弹性振动，导致飞行失控。

各个局部构件都没有问题，加在一起却出了问题。随后，国防部五院在原有试行工作条例基础上进一步修订完善，形成了日后被称为"70条"的全新研制工作条例①。按照规定，在保留总体设计部的前提下，将"专业院"调整为"型号院"，组建相应的配套专业所、厂；初步确立了型号设计、行政指挥两条线的分工体制；提炼出了"预研一代、研制一代、生产一代"的产品发展路线，建立了航天工程型号研制的质量保障体系。

"70条"颁布实行后，国防部五院接下来的型号研制任务成功率大幅度提升，从"两弹结合"到"卫星上天"，创造了"七战七捷"的佳绩。这一时期，虽然没有明确使用"系统工程"的说法，但是中国航天系统工程的指导思想和基础架构正是从此时开始确定的，这些组织方式和研制程序一直沿用至今。

在中科院的工作遭遇挫折后，钱学森将主要精力转向对航天工程实践，尤其是组织管理经验的理论总结上。1978年9月，钱学森在《文汇报》上发表了题为《组织管理的技术：系统工程》的论文，标志着"系统工程中国学派"的正式开启。次年10月，钱学森在《大力发展系统工程尽早建立系统科学体系》的报告中，提出了要

---

① 该条例包含型号研制与设计工作、研究工作、试验工作、科技队伍、技术责任制、组织计划与条件保证、政治工作、党的组织等方面。

"从系统工程改造客观世界的实践中，提炼出一系列技术科学水平的理论学科"，并认为"系统科学"应该成为并列于自然科学、社会科学和数学的又一门基础科学。

钱学森提出的系统科学独树一帜，从技术科学上升到哲学范畴，将"整体论"和"还原论"辩证统一，形成全新的"系统论"——既批判吸收了欧美学者的理论成果，也充分总结了中国"两弹一星"事业的系统工程实践经验，甚至一定程度上带有苏联援建时期留下的思想痕迹。他本人也反复强调："西方与东方科学思想的结合是奥妙无穷的，我们要的是西方与东方科学思想的结合。"

和"欧洲学派""美国学派"的一大根本性区别在于，"中国学派"对系统科学的研究基点是"人的因素"[①]——以"人"和"人制造出来的具有智能行为的各种机器"为子系统，构成一个"开放的复杂巨系统"。

整个20世纪80—90年代，钱学森把主要精力都放在系统工程和系统科学的深化和推广上，并将"系统"的概念扩大到整个自然界。在1979年那份报告的结尾，钱学森明确指出"系统工程涉及整个社会"；"系统工程可以解决的问题涉及改造自然，改造提高社会生产力，改造提高国防力量，改造各种社会活动，直到改造我们国家的行政、法治等等"。

---

① 20世纪以来，对系统科学研究影响较大的有"欧洲学派"、"美国学派"和"中国学派"。"欧洲学派"以非线性自组织理论为代表，研究基点是：系统的元素是"死的"；他们的基本路线是源于物理系统、化学系统的系统概念和理论，然后拓展到生物系统、经济系统和社会系统。"美国学派"以复杂自适应理论为代表，研究基点是：系统的元素是"活的"，有主动适应性；他们的基本路线是把源于生物系统的系统概念和理予以拓展，并加以体系化。"中国学派"以开放的复杂巨系统理论为代表，研究基点是：系统的元素是人，是有"人的因素"的系统，基本路线是从开放的复杂巨系统及其方法论展开，从复杂巨系统分化出其他系统理论，在大力发展工程应用的同时建立系统科学体系。

1980年，中国系统工程学会正式成立。随后十余年间，钱学森在北京先后组织了人体科学讨论班、思维科学讨论班、系统学讨论班三个讨论班，直到90年代他行动不便之前，钱学森几乎每场讨论必到，风雨无阻。在同与会人员热烈的讨论中，钱学森脑海中一幅"三个层次一座桥梁"的系统科学结构图逐渐清晰起来。三个层次，即系统工程（用来直接改造世界的工程技术）、技术科学（为应用技术提供理论方法，如运筹学、控制论、信息学等）、系统学（揭示客观世界规律的基础理论）。而系统论作为系统科学和马克思主义哲学之间的桥梁，最终通向辩证唯物主义。

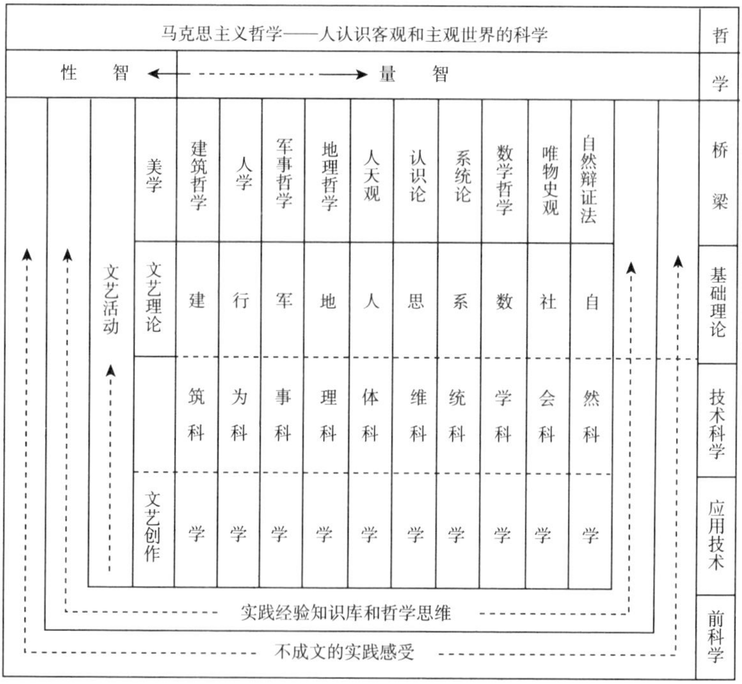

图 0-1　钱学森现代科学技术体系

注：此图系钱学森1993年7月8日绘，1995年12月8日略作修改，1996年6月4日增补。

由于人的因素极端复杂，人与自然的连接深奥无比，关于"开放的复杂巨系统"研究至今仍然在不断演进。20世纪八九十年代钱学森基于系统科学提出的众多超前科学设想，如今正持续在人工智能、脑科学、生命科学、纳米技术、量子科学等前沿学科探索中被逐一验证。

正如钱学森所预言的那样，突破于航天事业的系统工程经验被推广应用到科技工业乃至社会经济管理的各个领域。从航天、航空、船舶、核工业的若干重大项目，到三峡大坝、南水北调等超级工程，以及北京奥运会、北京冬奥会、杭州亚运会等举国瞩目的大型赛事活动，包括国民经济和城市建设的诸多方面，系统工程经验都在其中发挥了巨大的作用。

钱学森之所以被称为中国最出色的"战略科学家"，一个重要原因在于其倡导的系统论打通了科学和哲学的门径，将马克思主义唯物辩证法作为大力发展系统工程的指导原则。而系统工程所体现的系统观念，历来也是我们党一贯坚持的基础性思想方法和工作方法。

党的十八大以来，习近平总书记多次强调，全面深化改革是一项复杂的系统工程，要求全党"善于用系统科学、系统思维、系统方法研究解决问题"，并就坚持系统观念、加强顶层设计和整体谋划作出了一系列重要指示。党的十九届五中全会审议通过的《中共中央关于制定国民经济和社会发展第十四个五年规划和二〇三五年远景目标的建议》明确提出，将"坚持系统观念"作为"十四五"时期我国经济社会发展必须遵循的五项原则之一。党的二十大报告从世界观和方法论的高度，将习近平新时代中国特色社会主义思想的立场观点方法凝练概括为"六个必须坚持"，其中就包括"必须坚持系统观念"。

2009年10月23日,弥留之际的钱学森发出了人生的最后一封信,勉励即将迎来30周年庆典的中科院数学院系统科学研究所"进一步顺应系统科学发展的大趋势,为继续推动我国系统科学的发展做贡献"。8天之后,老人与世长辞。这位科学巨匠为中国现代科学技术发展勾画了一幅宏伟蓝图,这幅凝聚了他毕生智慧和心愿的蓝图,如今正在新一轮科技革命和产业变革的浪潮下徐徐展开。

"两弹一星"点亮了中国科技树

"两弹一星"是20世纪我国举国体制的产物,也是新中国科技事业史册上"英雄年代"的象征。

数以十万计的科学研究人员、工程技术人员、后勤保障人员隐姓埋名,完全凭着对新中国国防建设的满腔热血,参与到这项史无前例的系统工程中,用较少的投入和较短的时间,突破了导弹、核弹和人造卫星等尖端技术,取得了举世瞩目的辉煌成就。

"两弹一星"是一项规模空前的军民结合工程。为了制造导弹零部件,几乎动员了当时大半个国家的工业力量;"两弹"研制期间,全国先后有26个部(院),20个省区市,1000多家工厂、科研机构、大专院校参加攻关会战。相关技术通过"军转民",又直接催生了航天工业和核工业两大战略性新兴产业。

1956年,新中国制订了第一个"十二年科学技术发展远景规划"①,规划按照"重点发展,迎头赶上"的方针,采取"以任务为经,以学科为纬,以任务带学科"的原则。但由于当时国家资金和条件有限,按照周恩来总理的指示,规划组在规划草案出台后,又针对当时重点发展"两弹一星"所急需的基础工具,起草了《发展

---

① 十二年科学技术发展远景规划,即《1956~1967年科学技术发展远景规划》。

计算技术、半导体技术、无线电电子学、自动学和远距离操纵技术的紧急措施方案》，简称"四大紧急措施"。

为了落实"四大紧急措施"，1956年7月，中国科学院成立了计算技术所、自动化及远距离操纵所[①]和电子学所的筹备委员会，并在应用物理所建立半导体物理研究小组。这些研究机构日后逐渐成为我国孕育前沿学科和军民两用先进技术的摇篮，诞生了国内第一台通用数字电子计算机、首枚通用中央处理器（CPU）芯片……并分别成为我国计算机、控制科学、无线电、集成电路事业的重要发源地。

除此之外，"两弹一星"还带动了全国范围的科研大协作。围绕原子能利用和人造卫星上天开展协同攻关，在冶矿、高温合金、高能燃料、超高压、低温、超真空等众多新技术领域取得了关键突破。

负责"两弹"抓总的国防部五院和第二机械工业部，则分别成为新中国航天事业和原子能工业的摇篮。其中国防部五院先后历经第七机械工业部、航天工业部、航空航天工业部、航天工业总公司等体制变革，并于1999年一分为二，发展成为如今的中国航天科技集团有限公司（简称"航天科技集团"）和中国航天科工集团有限公司（简称"航天科工集团"）两大集团公司。

现在回顾那段历史，"两弹一星"除了帮助新中国实现科技自立自强、奠定大国地位外，还以航天技术和原子能技术为牵引，在短时间内聚拢了各方要素，点亮了中国的科技树。

"两弹一星"，是计划经济体制下系统工程和技术科学一次全面的实践验证。通过"两弹一星"形成的组织分工和大协作体系，架

[①] 后更名为中科院自动化所。

起了中国科技大厦的四梁八柱。在以型号研制为中心的方案论证、技术设计、工程研制、协作配套、生产试验过程中，管理人员和技术人员群策群力，建立了一整套适合特定科研、生产、配套、试验工作的规章制度，并注重将科研管理工作同思想政治工作相结合，形成了具有中国特色的科研组织方式和管理文化。

十多年间，围绕各专业开展的项目实践和学科教育，培养锻炼了一大批优秀科学家、工程师和专业技术人员，为新中国科技发展完成了第一轮人才和知识储备。

在这项伟大事业中，广大科技工作者将个人理想与祖国命运紧密相连，孕育形成了热爱祖国、无私奉献、自力更生、艰苦奋斗、大力协同、勇于登攀的"两弹一星"精神。此后的载人航天、北斗计划、探月工程传承和发扬了这一精神，形成了强大的向心力和凝聚力，吸引和召唤着一代又一代青年人才投身祖国航天和科技事业，继续谱写新的篇章。

在书写新时代的中国航天故事之前，重温钱学森所倡导的科学技术思想，回顾"两弹一星"这段历史，不仅是要追溯源头，正确理解发展航天事业的本质意义；更重要的是数往知来，从当前科技创新的千丝万缕中抓出线头，认清不同时期、不同环境下创新活动的动态变化——在此基础上，通过系统研究商业航天这个具有代表性意义的样本，为当下深入实施创新驱动发展战略，建设面向科技自立自强的国家创新体系，推动战略性新兴产业破题发展、工业经济硬核增长提供启示。

二、新时代的科技体制改革：让众多"X 因素"实现最优解

技术科学和系统工程，是钱学森等老一辈科学家留给新中国科技事业的宝贵思想财富。这两大理论思想都是从航天事业率先突破，进而衍生出具有强大韧性的枝干藤蔓，作用于整个中国的科技工业。技术科学打通基础研究和工程技术互促发展的任督二脉，系统工程则架构起科技组织管理的筋骨血管。

相对于枝叶扶疏的系统工程，技术科学在中国的土壤里经历了一段"营养不良"的发育期。产学研长期分家，科学与技术之间出现断层，也成为钱学森终生的"遗憾"。

20 世纪以来，从航天、原子能技术率先发力，到航空、船舶、电子、高端装备制造、生命科学奋起直追……中国科技在许多领域从引进吸收到自主创新，实现了局部突围；并且在屡屡被封锁的国际环境下，发展成为全世界唯一拥有完整工业体系的国家，然而存在的问题同样尖锐。众多产业大而不强，芯片、工业软件、关键材料、精密仪器等"卡脖子"技术成为制约产业发展的主要因素，一些重要领域暴露出在创新链和产业链的关键环节存在"断链"风险……加快实现高水平科技自立自强刻不容缓。

学术界的一个假设是，如果钱学森"三个层次一座桥梁"的构想可以完整推行，或许今天中国科技创新的链条上就不会有那么多的断点、堵点和卡点，也不会有那么多被"卡脖子"的技术，而且会有更多的自主创新进入"无人区"。

但是，历史没有如果。任何一种理论能否在实践中发挥最大作用，都必须放在当时的时代环境下来审视。即使我们今天再用技术科学的思维回头补课，重新梳理产业链和创新链，也需要结合当前

的实际情况分析——短板怎样补？长板如何锻？从哪块板下手？

从计划经济到社会主义市场经济，从新中国刚成立时的"政治挂帅"，到改革开放后的以经济建设为中心，再到今天全面建设小康社会——在这个从"局部突围"到"全面跨越"的过程中，中国科技创新的社会环境和机制体制也在同时经历着深刻变化。

我们可以粗略地从人、财、物、知识四大要素，以及组织系统和内生动力两个维度来解构这些变化。

第一，人才是自主创新的核心要素。科技竞争从本质上说是人才的竞争。近年来，我国通过高等教育和产业实践培养的专业技术人才数量快速增长，"工程师红利"加速释放。早期的技术人员主要集中在体制内，而随着市场经济的快速发展，大批专业技术人员流向企业，接受市场化的收入分配机制。但是仍然有大量国有企事业单位尚未完成收入分配改革，这种分配的不均衡，给人才要素的流动和聚集带来了一系列问题。

第二，资金为自主创新提供粮草保障。我国在科技体制深入改革的过程中，大量科研项目从国家指令性任务、计划拨款方式，逐步过渡到市场化主体参与、多元化资金筹集。新中国成立初期经济落后，国家财政捉襟见肘，通过计划经济的方式"集中力量办大事"，可以最大限度地推动重大项目组织实施，但很难在全社会层面形成自发创新的生态系统。改革开放 40 多年来，国家财政家底不断殷实，社会资本日益充裕，各类民间资本、政府引导基金、跨国资本在政策支持鼓励和经济效益驱动下涌入科技创新领域。如何让财政投入与资本市场形成合力，引导资金高效率投入，实现对科技创新的"精准滴灌"成为重要命题。

第三，物资为自主创新提供基础条件。新中国成立初期百废待兴，科研基础设施极度缺乏。通过 70 多年的发展建设，我国形成了全世界最完整的工业体系，用于科学研究和试验的物资条件大为改善，能够承接科技成果转化的载体不计其数。然而在一些重点科研领域（如航天、航空等涉及国防科技的领域），出于体制和历史原因，关键基础设施的管理利用效率低，开放共享程度不够，军民二元化现象明显，重复建设造成资源浪费等问题突出，成为阻碍科技创新的绊脚石。

第四，知识是自主创新的重要资源。随着数字化时代的来临，包括信息、数据、经验在内的知识资源，从生产、积累到传递、传承方式都发生了极大变化；大量学科交叉融合，孕育出新的学科增长点，成为创新的重要源泉；知识产权市场、数据产权市场等机制日渐受到重视，围绕知识资源所形成的新型协作网络，正在逐渐覆盖创新链条的全过程。

随着以上四个要素在大环境中的动态变化，科技创新的组织系统和内生动力也相应发生变化。

在中国特色社会主义市场经济体制加快完善的过程中，传统科技工业重点领域"政企分开"的改革持续推进，国有企业改革深化提升行动深入实施，民营企业广泛参与到创新活动的各个环节。以企业为细胞形成的产业群组，成为自下而上推动技术变革的主要单元；新型的开放式创新逐渐替代传统的封闭式创新，成为企业创新的主流模式；"政府之手"在创新活动中的干预方式正在被重新设计。

科技创新的组织系统发生结构性重塑，创新的内生动力也随之发生变化。在社会主义市场经济体制下，多种所有制下的各类企业有着不同的经济利益诉求和自主权利。在产业链的众多环节和行业领域，民营企业甚至比国有企业和体制内科研院所有更强烈的创新需求和创新意愿，也有相当一部分民营企业具备了自主创新的条件和能力。

人、财、物、知识"四大要素"和组织系统、内生动力"两个维度"的动态变化，集合形成了"X因素"。在技术创新与市场环境交互机制的内在演化过程中，这类"X因素"将会持续存在，尤其是在一些具有重大牵引作用的产业领域，能否通过政策、市场、资本的协同助力，让这些"X因素"实现最优解，不仅关乎科技体制改革成效，而且具有广泛的示范带动意义。

商业航天作为航天事业的一种全新组织形态，给我国当前深化科技体制改革、建设面向科技自立自强的国家创新体系带来了众多"X因素"。总结20世纪以来世界科技强国的普遍经验，航天领域一直是重大科技创新的突破口，以及众多前沿技术的发源地。由于航天本身具有重大战略属性，历来又成为各国科技体制结构性变革的核心阵地。其中，欧美国家在此方面的探索先行一步，从20世纪末开始，美国国家航空航天局（NASA）、欧洲航天局（ESA）就针对机制变革进行了一系列尝试，以推动航天商业化作为建立新型政企合作模式的主要路径，直接促成了商业航天的孕育。

中国始终把发展航天事业作为国家整体发展战略的重要组成部分，太空领域也是军民协同发展的重点领域。新时代的中国航天事业，在实现以科技创新驱动高质量发展的使命中担当着"领头雁"角色，在加快构建全要素、多领域、高效益的军民融合深度发展格局中肩负着"排头兵"任务。

20世纪中叶，"两弹一星"吹响了新中国科技事业奋发图强、自力更生的集结号，让中国成为世界上具有重要影响力的大国。而从

2014年开始，以商业航天"政策破冰"为标志的航天体系探索性改革，则打响了我国军民深度融合、体制机制创新的发令枪。作为新航天事业这项宏伟系统工程中的一个重要子系统，商业航天正在为这盘棋局注入新的活力、新的组织形态。

01

风起对岸：时代为什么选中了马斯克？

一、"被迫下海"的NASA

2020年11月16日，美国太空探索技术公司（SpaceX）用猎鹰9号运载火箭，成功将搭乘有4名航天员的载人"龙"飞船（Crew-1任务）发射升空，驶向国际空间站。Crew-1任务的圆满完成，意味着美国总算结束了一段耻辱岁月：美国将航天员送往国际空间站，终于不用再求助俄罗斯人。[①]

就在SpaceX执行Crew-1任务的8天前，NASA局长吉姆·布里登斯廷（Jim Bridenstine）宣布：一旦拜登入主白宫，他就辞职。吉姆·布里登斯廷并非特朗普的铁杆粉丝，这也不是NASA局长第一次宣布辞职，他想辞职的原因很简单，认为自己无法在拜登政府里为NASA争取到更大利益。这背后的一个事实是：表面上风光无限

[①] 2011年美国航天飞机正式退役后，俄罗斯和中国是全世界仅有的两个运营载人航天器的国家。10年来，NASA向俄罗斯联邦航天局（Roskosmos）支付了近40亿美元用于购买载人飞行服务。

的 NASA，实则处境尴尬。虽然没有任何一任美国总统表示要终止航天投入，但都在明里暗里不断裁减 NASA 的预算。除了"钱袋子"越收越紧之外，NASA 还屡屡被民众质疑其存在的必要性，陷入一轮又一轮的"声望危机"。

政府投资骤减，航天机构只能自寻"钱途"。SpaceX 的出现，成为 NASA 打开局面的一把钥匙。这家被坊间舆论议论为 NASA "私生子"、"白手套"和"杀价鲇鱼"的私营科技公司，以一个颠覆者的姿态出现，但本质上却更像是一个衣钵继承者。

无论如何，SpaceX 或许是 NASA 目前能够找到的最佳方案。更大范围的商业化是美国航天发展的大势所趋，SpaceX 只是顺势抓住了这个机遇。

"面子高于一切"

在 NASA 前首席历史学家罗格·劳尼乌斯（Roger Launius）博士的眼里，权力和声望，从 NASA 诞生之初就为这个太空行政机构蒙上了浓重的阴影，经久不散："权力和声望把 NASA 卷进了一系列问题里，使它要么被过度高估，要么被过度低估。"

NASA 缘何陷入权力和声望的陷阱，要从冷战开始讲起。1957 年 10 月 4 日，苏联发射了世界上第一颗人造地球卫星斯普特尼克 1 号（Sputnik 1），拉开了美苏太空竞赛的序幕。在美国人看来，苏联既然拥有了把卫星送入太空的能力，也意味着随时可能把卫星换成核弹头砸向北美大陆，美国国家安全危在旦夕。正当美国人还没缓过神来的时候，仅仅几周后，苏联又发射了第二颗人造地球卫星斯普特尼克 2 号（Sputnik 2），这颗卫星比上一颗重量增加了 6 倍。更气人的是，这次苏联人还把一只小狗带进了太空。

这场史称"斯普特尼克危机"的事件，让美国举国上下从精英阶层到广大民众，从政界到商界、学界，都陷入一片恐慌之中。一位军事分析家在自己的回忆录中写道："苏联人送卫星上天，就像在国会山上扔了颗炸弹，吓坏了每一个人。"英国科幻作家兼科学家亚瑟·克拉克（Arthur Clarke）认为，苏联的这一技术突破将使"美国成为一个二流国家"。而在"斯普特尼克危机"之前，美国人一直认为自己在导弹和航天技术方面处于领先地位。

在时任总统艾森豪威尔的号令下，原纳粹科学家冯·布劳恩（Von Braun）率领的美国陆军弹道导弹局和喷气推进实验室（JPL）终于在1958年年初发射了两颗人造卫星上天。但美国人并未因此松一口气，冯·布劳恩本人也坦言："我们小小的探险者1号和先锋1号只能在精神上与苏联人的卫星抗衡，而在火箭实力上，我们差得就更远了。"[1]

冷战期间，精神上的抗衡与实力上的较量同样重要。美国政界精英担心，"斯普特尼克危机"对美国人心理上的打击，可能让美国社会在苏联人发起进攻前，就因为恐慌而产生社会骚乱。[2] 尽管现在听上去这件事有些可笑，但在当时政府看来，保住国家颜面以稳定美国民众的情绪，是比科技研发、技术应用更为紧急的事。

在这样的背景下，美国国会认为有必要成立一个全新的政府

---

[1] 探险者1号（Explorer-1）是美国发射的第一颗人造地球卫星，于1958年2月1日发射成功，质量为13.97千克。先锋1号（Vanguard 1）是美国发射的第二颗人造地球卫星，于1958年3月17日发射成功，质量仅1.46千克，被苏联共产党中央委员会第一书记赫鲁晓夫称为"葡萄柚卫星"。这两颗卫星的质量均远小于斯普特尼克1号83.6千克的质量。发射的主要目的是为了证明美国具备卫星发射能力，打击苏联的"气焰"，安抚美国国内因"斯普特尼克危机"引发的民众恐慌。

[2] 美国历史上曾经出过此类乌龙事件。1938年，哥伦比亚广播公司（CBS）播出广播剧《火星人入侵地球》，但没想到由于节目的效果太过逼真，致使上百万美国人信以为真，听众由此陷入极度的恐慌中。广播播出后，工厂紧急生产防毒面具，孕妇流产相关报道急剧增多，甚至有人自杀。

机构，以领导所有非军事太空行动。1958年7月29日，在美国首部《国家太空政策》发布1个多月后，时任总统艾森豪威尔签署了《美国公共法案85-568》(United States Public Law 85-568)，成立了NASA[①]。

NASA诞生之初，曾经在军事航天和民用航天之间摇摆纠结。总统艾森豪威尔在这个问题上表现出了前瞻性，他决定将军事和民用航天活动分开进行，让NASA主要负责民用空间探索。对于美国人把军事航天活动和民用航天活动分开的决策，连苏联太空研究所主任萨格德耶夫也大加赞赏，他认为正是出于这个原因，苏联向地球静止轨道发射首颗通信卫星的时间比美国晚了10年："苏联就缺少这样一个政府性机构，民用航天永远是军事航天计划的一个小弟弟，这影响了民用航天技术的发展。"

在现在看来，艾森豪威尔虽然作了一个明智的决策，但在当时的大环境下，NASA更多时候需要争气而不是争馒头——冷战产物NASA，其诞生和存在的首要价值，仍然是帮美国人抢夺在世界航天领域的领先地位。

前有苏联人要赶，后有自家人在追，被抢了财政预算的美国空军，也从NASA诞生开始就牢牢盯着它。NASA第二任局长詹姆斯·韦伯（James Webb）对NASA的使命毫不讳言，他认为NASA的首要任务就是保持美国人的荣誉："我对太空没有兴趣，我们在太空烧钱的唯一理由就是击败苏联。"

---

① 1958年NASA成立后，诞生于1915年的美国国家航空咨询委员会（NACA）也随之解散。在随后20年里，NASA逐步继承了NACA的人力、预算、实验室和情报资源。

表 1-1 NASA 成立后的三大项目

项目	执行时间	执行任务	耗资	使用火箭
水星计划	1958.10—1963.5	亚轨道飞行 轨道飞行	3.84 亿美元	小乔伊运载火箭 红石运载火箭 宇宙神运载火箭
双子星计划	1961.11—1966.11	低轨道飞行（支持阿波罗计划） 舱外活动	13 亿美元	泰坦 2 号系列运载火箭
阿波罗计划	1961.5—1972.12	月球轨道 月球着陆	255 亿美元	小乔伊 2 号运载火箭 土星 1B 运载火箭 土星 5 号运载火箭

资料来源：钛禾智库团队整理

NASA 这个烧钱的超级机构组建后，美国举全国之力上马了三大项目：水星计划、双子星计划和阿波罗计划。其中在水星和双子星两个计划里，美国人都落后苏联人半拍。[1] 而到了阿波罗计划时期，时任总统肯尼迪下令把太空竞赛提高到"国家威望的象征"，他许诺不仅要让美国立刻成为世界第一，还要成为持续、唯一的世界第一（first but, first and, first if, but first period）。

终于，在投入超过 30 万人、耗费史无前例的 255 亿美元之后，美国人率先登上了月球，NASA 总算是完成了"世界第一"且至今"世界唯一"的使命，为美国人找回了最重要的面子。

冷战结束后，太空竞赛就此告一段落，NASA 也随即陷入另一种尴尬。在冷战中，荣誉之争是 NASA 发展的主要动力，后来却成为

---

[1] 在水星计划和双子星计划期间，主要是苏联领先：月球 1 号（Luna 1）第一个完成了离开地球轨道的任务；月球 2 号（Luna 2）成为第一个到达月球的探测器，金星号（Venera）成为第一个前往金星的航天器，以及 1961 年 4 月 12 日，在沃斯托克计划中，苏联航天员尤里·加加林完成了全球首次载人太空飞行任务。美国虽然进度落后，但一直紧跟在苏联之后：1961 年 5 月 5 日，艾伦·谢泼德（Alan Shepard）成为第一位进入太空的美国宇航员。1962 年 2 月 20 日，约翰·格伦（John Glenn）成为第一位完成绕地球轨道飞行的美国宇航员。

NASA 艰难转型的绊脚石。以美国总统科技顾问委员会（PCAST）委员为代表的美国政界人士认为，NASA 陷入了"声望陷阱"，导致其在太空探索中的姿态、方法、立场、宣传用语，甚至技术，都被戴上了枷锁，航天技术的实用价值也被排在声望之后。[①]

用中国的一句俗话来说就是：死要面子活受罪。这让"后冷战时代"的 NASA 不堪重负。

"我们为什么要花这么多钱搞航天？"

2011 年，亚特兰蒂斯号返回肯尼迪航天中心后，美国人退役了所有的航天飞机。此后 9 年里，美国的宇航员只能搭乘俄罗斯的联盟号飞船进入国际空间站。造成这一讽刺现象的根源不在于技术，而是 NASA 存在的必要性饱受国内民众质疑。NASA 的生存危机、预算危机都来源于此。

阿波罗计划之后的太平日子里，NASA 的预算开始大幅度滑坡。1969 年美国哈里斯（Harris）民意调查数据显示：56% 的美国人认为阿波罗计划花费过高，64% 的美国人认为 NASA 预算过多。大批美国人认为：既然登月成功，成为世界第一了，为什么还要继续把纳税人的钱砸向太空竞赛？用这些钱来解决医疗、教育、基础设施方面那些更迫切的问题不好吗？

在美国的民主投票机制下，每一任总统要想获选或连任，就必须迁就民意，对 NASA 的预算挥起大镰刀。但是历任总统也深知发展太空技术的意义并不止于眼前。第 37 任总统尼克松就曾经在不得不砍掉 NASA 预算后，又充满愧疚地说："我深知 NASA 的战略意义

---

① 1960 年 12 月 20 日，美国总统科技顾问委员会（PCAST）在给艾森豪威尔提交的一份总统谏言中写道："斯普特尼克危机"把我们扔进了追求"全球第一"的心理竞赛中，而不是为了追求实打实的科学或军事实用性。但这个建议很快被艾森豪威尔驳回。1961 年 1 月，PCAST 进一步警告继任总统约翰·肯尼迪："声望陷阱"阻碍了载人航天的真实需求。

远远超过它所拥有的预算。"

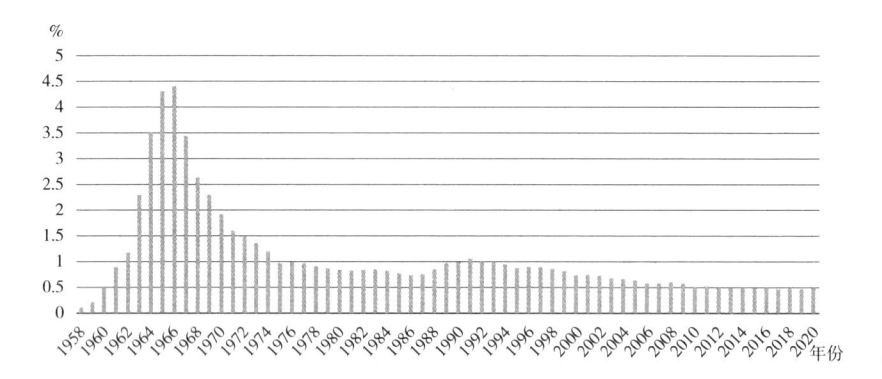

图 1-1　NASA 预算在美国政府年度支出中的占比（1958—2020 年）

资料来源：维基百科、NASA 官网，钛禾智库团队整理

注：阿波罗计划于 1961 年 5 月开始，1972 年 12 月结束，历时 11 年，耗费了美国政府天量资金。

为了维持自己存在的必要性，NASA 也努力作出各种尝试，好让政府和民众同意自己增加预算。

第一个尝试是通过舆论宣传大肆渲染地球危机。NASA 声称，地球不是人类的最终家园，它终将或毁于资源枯竭，或毁于小行星的撞击，或毁于太阳的衰退。因此，人类必须成为"多行星物种"，必须探索太空。这个论断的主要推手之一是美国著名天文学家、科幻作家卡尔·萨根（Carl Sagan）。在科幻作家的煽动下，好莱坞的编剧导演们也默契配合，以地球灾难为主题的电影风靡一时。NASA 也不失时机地借用美国殖民历史的辉煌，把"太空殖民"这个词搬了出来。虽然卡尔·萨根的论述看起来很科学，但是公众对此并不买账。太过遥远的危机，遥遥无期的回报，显然打动不了民众同意为其增加数以亿计的预算。

NASA 在维持其存在合理性方面所作的第二个尝试，是努力将航天技术推向民用领域，以此安抚民众不满，争取更多的民意支持。

20 世纪 60 年代，阿波罗计划总共获得了 3000 多项专利，美国的高技术产业发展从中受益匪浅。基于载人航天所衍生出的技术，有 3 万多种民用科技产品诞生——计算机、人工智能、遥感作业等技术的民用转化带动了整个工农业的繁荣。航天技术所衍生出的民用产品，小到圆珠笔、果珍饮料、魔术贴、特氟龙不粘锅[①]，大到航天涡轮泵技术和精密控制技术造出的人工心脏、透析机……21 世纪初 NASA 专家作过一项测算，美国在载人航天上的每 1 美元投入，都能收到 9 美元的回报。

第二个理由看上去比第一个合理得多，但依然难以说服美国民众。人们提出的最具代表性的疑问是："我们为了得到一口不粘锅，就必须把人送上月球吗？"

从阿波罗计划开始，美国民众对 NASA 的质疑就持续不断。其间发生过三次较为著名的冲突：

第一次冲突爆发在尼克松竞选连任的总统大选期间。20 世纪 70 年代，正值美国民众的反战情绪高涨，为冷战而生的 NASA 自然成为众矢之的。为了缓和民众情绪，尼克松先是雇用了一个太空专题小组来研究调查未来的计划。但 NASA 时任局长佩恩（Paine）和尼克松一点默契也没有：他继续火上浇油，固执地带人游说这个小组，让他们支持 NASA 的空间站、航天飞机和火星探索计划。

---

① 尽管现在的宣传大多强调特氟龙材料发明于 1938 年，并极力撇清其与 NASA 的关系，但从技术发展事实来看，NASA 的航天任务的确对特氟龙材料的一些特性作了改良，比如在强度、耐久度、耐辐射、耐高温等方面作了性能提升，其食品安全性也在不断提高。因此，从一定程度上可以说，特氟龙不粘锅由 NASA 技术转化而来。然而，鉴于舆论对耗费天量资金获得一口锅的不满情绪，NASA 在后续宣传中极力否认这一成果转化。

这既是 NASA 和民众冲突最激烈的一次，又是 NASA 和总统矛盾最激烈的一次。佩恩的计划被总统顾问团一票否决。削减预算前，尼克松还特意给佩恩打了声招呼："你尽管告诉你的手下我有多不情愿，但不得不削减预算，我相信空间探索是一个长期事业。"最终，心有不甘的佩恩在 1970 年引咎辞职。尼克松出于"做人留一线"的考虑也作出了小小的让步，批准了 NASA 的航天飞机项目。实际上，据尼克松的总统顾问团成员约翰·埃利希曼（John Erlichman）后来透露，尼克松当时顶着的压力远远不止削减预算这么简单——白宫经济顾问委员会的一些专家甚至要求解散 NASA，让航天英雄下岗。

第二次冲突发生在苏联解体后。冷战结果已经表明，苏联虽然在太空赢了好几回合，却彻底输了国运。苏联的轰然坍塌，也似乎让太空竞赛坐实了"劳民伤财"的罪状。1993 年，俄罗斯时任总统叶利钦宣布终止暴风雪号航天飞机计划。消息传到美国，大批美国民众也同时掀起了对 NASA 的批判——冷战都结束了，干吗还死要面子活受罪？

第三次冲突爆发的导火索是 2003 年的哥伦比亚号航天飞机事故。这是 NASA 有史以来的最大丑闻：为了政治声望，有故障不报，最终眼睁睁看着 7 名宇航员命丧太空。这次事件让美国民众对 NASA 的不满情绪达到顶峰，并如泄洪一般涌出，社会各界纷纷呼吁剥夺 NASA 的载人航天权力。最终，时任总统小布什给 NASA 的航天飞机项目判了"死缓"。他于 2004 年宣布，NASA 将在 2010 年年底退役航天飞机，并研制新的载人太空舱，同时开启星座计划，阶段性推进月球、火星等太空探索项目，以此维持 NASA 存在的必要性。

前任总统小布什勉强维系了 NASA 的最后尊严，继任总统奥巴马则踢了让 NASA "下海"的最后一脚。奥巴马总统任期内的财政预算十分紧张：一边是 2008 年国际金融危机带来的经济疲软和阿富汗战争加剧的财政赤字，另一边是前任总统小布什星座计划挖的预算大坑。

正当奥巴马焦头烂额之时，NASA 的老朋友、洛克希德·马丁公司首席执行官（CEO）诺姆·奥古斯丁（Norm Augustine）的一份报告点醒了国会。这份报告提到的一个重要观点，是让复杂、可重复使用的航天飞机恢复到更为简单小型的太空舱，并将太空运输交给市场化公司负责，再以商业的方式开展竞争。奥古斯丁在报告中写道："这种方法并非没有风险，但它有可能降低该系统的运营成本，并将美国进入近地轨道的时间加快一年左右。我们建议为这项服务建立一个新的竞争机制，让大公司小公司都可以参与进来。"

2010 年，奥巴马在演讲中正式认可了私营商业航天公司的努力，并宣布终止星座计划，未来将以私营企业为主力，启动低轨道载人航天与国际空间站计划。

这样的结果可谓皆大欢喜——政府不用再为预算头疼，NASA 从"声望陷阱"中解脱，私营航天公司从"灰色地带"正式登堂入室，广大民众对商业公司自负盈亏、更接地气的经营模式表示欢迎。"斯普特尼克危机"发生 62 年后，美国政界、商界、民众终于在航天问题上再度达成一致。

顺水推舟的 SpaceX

NASA 的改革，给濒临破产的埃隆·马斯克送来了甘霖。除了发射订单外，NASA 大量的技术、人才、政策开始源源不断地注入这家私营企业。

NASA 也乐于配合私营企业的商业故事，以便帮助这些公司能更快地从资本市场上融到资金。从杰夫·贝佐斯的"重返月球"，到埃隆·马斯克的"殖民火星",背后往往是企业和 NASA 之间的双簧。NASA 的主流科学家长期在媒体上与马斯克一唱一和:"有一天火星会成为旅游胜地,并且有可能成为人类的新家园。"

NASA 和商业航天企业的互动,都由其成立的商业船员与货物项目办公室(C3PO)进行运作。政府、NASA、SpaceX,三者关系时好时坏,民众和舆论则更关注预算和项目成败。NASA 为端平政府、军方、商业、民众四碗水操碎了心。

"商业航天"这个词听起来让人兴奋,但容易让人忽略幕后的政府力量。虽然航天领域的商业化浪潮一浪高过一浪,但整个局面仍然牢牢掌握在美国政府手里。白宫和国会仍然是美国航天管理体制的最高决策层,主管决策、立法和预算审查。NASA 作为美国民用航天计划的制定者和执行者,也是美国商业航天企业的大家长,虽然目前美国已经将近地轨道(LEO)部分的商业开发大量开放给私营企业,但是深空探索等战略性任务仍然大部分由 NASA 主导。NASA 既要积极扶持这些航天新势力,又要配合美国军方部门、联邦通信委员会(FCC)等机构对其进行有效监管,以维持这个大家庭的秩序。

目前,NASA 基本上是"半身入海"的姿态:一只脚踩在商业航天的海洋里,另一只脚踩在传统航天的岸上。这一局面得来不易,因为美国航天商业化的道路铺垫已久。

NASA 从 1958 年诞生起,大到整枚火箭、全球测控网络、航天器分系统的研制,小到一块电池、一部潜望镜,都曾经外包给商业公司。1984 年,美国政府发布了对后来影响深远的《商业航天发射法》(*Commercial Space Launch Act of 1984*),开放火箭发射业务给商业公司。但直到 2003 年后,美国才把商业航天当作一个重要的体系来发展，而非局部的开放。2003年，美国政府颁布了《航天投资法》，该法案提出包括使用奖励等竞争性激励手段，鼓励商业航天企业开展创新活动。《航天投资法》的颁布，也让众多航天新势力看到了"上位"的希望，极大地刺激了美国商业航天领域的投资。

表1-2 美国航天商业化的三个阶段

阶段	代表性政策法案	代表项目	主要承包公司
阶段一：传统承包（1958—1984年）	1958年美国国家航空航天法案	"水星计划"1958—1963年	麦克唐纳（总承包商）、洛克希德推进、福特汽车、德州仪器、摩托罗拉、柯林斯广播公司、北美航空、西部电器
		"双子星计划"1961—1966年	美国空军太空系统部（总承包商）、洛克希德、麦克唐纳
		"阿波罗计划"1961—1972年	马丁公司（总承包商）、北美航空、通用电气、麦克唐纳飞机公司、波音、洛克希德导弹与航天、美国无线电、格鲁曼、道格拉斯
阶段二：探索开放（1984—2003年）	1984年商业航天发射法、1998年商业太空法案、1990年发射服务公司购买法	商业太空运输（AST）1984—1986年	洛克威尔、瑟奥科尔、洛克希德
		空间站项目1984年	SPACEHAB
		可重复发射运载工具1992—2001年	洛克希德·马丁、波音、轨道科学、Rotary Rocket
		太空通道代理（AAS）2000—2003年	安德鲁太空、小宇宙、HMX、Kistler航空
阶段三：全面商业化（2003—至今）	2003年航天投资法、2004年国家太空探索政策、2015年美国商业航天发射竞争力法案、2019年商业与营销定价政策	商业轨道运输服务（COTS）2006	SpaceX、轨道科学、Rpk（前Kistler航空，后被移除）
		商业补给服务（CRS）2008	SpaceX、轨道科学（后改名轨道ATK）、内华达山脉
		商业船员项目（CCP）2010	SpaceX、波音、内华达山脉、蓝色起源、模范太空开发、联合发射联盟（ULA）

资料来源：钛禾智库团队整理

2005年，NASA成立了商业船员与货物项目办公室（C3PO）。C3PO由少部分NASA工作人员和大部分外部协作人员构成，这些外部协作人员来自各行各业，如律师、风险投资家、政府专家、企业高管等。作为NASA改革进程中的重要一步棋，C3PO成立的一大宗旨便是：扶持商业航天新势力、刺激航天经济发展。

C3PO成立早期，主要业务是负责往国际空间站送货送人，并围绕此计划开展了三大项目。其中，送货的是商业轨道运输服务项目（COTS）和商业补给服务项目（CRS），COTS负责开发运载工具，CRS负责实际运输；送人的是商业船员项目（CCP）。

表1-3 NASA商业轨道运输服务项目（COTS）

项目计划	合作伙伴	资金	主要子项目
2006年：商业轨道运输服务1.0（COTS 1）	SpaceX	2.78亿美元	研制"龙"系列货运飞船
	Rpk（后中止）	2.07亿美元	—
2008年：商业轨道运输服务+（COTS 2）	轨道科学	1.7亿美元	研制"天鹅座"货运飞船

资料来源：NASA官网

表1-4 NASA商业补给服务项目（CRS）

项目计划	合作伙伴	资金	主要子项目
2008年：商业补给服务1.0（CRS 1）	SpaceX	16亿美元	12次"龙"系列货运飞船飞行（2015年扩大到20次）
	轨道科学	19亿美元	8次"天鹅座"货运飞船飞行（2015年扩大到10次）
2014年：商业补给服务2.0（CRS 2）	SpaceX	共140亿美元	6次"龙"系列货运飞船飞行
	内华达山脉		7次"追梦者"货运飞船飞行
	轨道ATK（前轨道科学）		6次"天鹅座"飞行

资料来源：NASA官网

表 1-5 NASA 商业船员项目（CCP）

项目计划	合作伙伴	资金	主要子项目
2010 年：商业船员开发计划 1.0（CCDev 1）	蓝色起源	370 万美元	推式发射中止系统（LAS）、复合压力容器
	波音	1800 万美元	CST-100 载人飞船
	模范太空开发	140 万美元	即插即用的环境控制和生命支持系统（ECLSS）、空气振兴系统（ARS）
	内华达山脉	2000 万美元	"追梦者"可重复使用航天飞机
	联合发射联盟	670 万美元	紧急检测系统（EDS）
2011 年：商业船员开发计划 2.0（CCDev 2）	蓝色起源	2200 万美元	支持双锥形前锥体设计轨道飞行器的技术，包括发射终止系统、液氧液氢发动机
	内华达山脉	8000 万美元	"追梦者"航天飞机的补充资助
	SpaceX	7500 万美元	龙-2 综合发射终止系统
	波音	9230 万美元	CST-100 星际飞船的补充资助
2012 年：商业船员开发计划 3.0（CCiCap/CCDev 3）	内华达山脉	2.125 亿美元	"追梦者"航天飞机、Atlas V 运载火箭
	SpaceX	4.4 亿美元	"龙-2"号载人飞船、猎鹰 9 号运载火箭
	波音	4.6 亿美元	CST-100 载人飞船、Atlas V 运载火箭
2012 年：认证产品协议 1.0（CPC 1）	内华达山脉	1000 万美元	工程标准、检测、分析的一系列认证
	SpaceX	960 万美元	
	波音	990 万美元	
2012 年：认证产品协议 2.0（CPC 2）	SpaceX	5500 万美元/席	地球与国际空间站运输
	波音	9000 万美元/席①	

资料来源：NASA 官网

① 此处是波音公司的竞标价格，NASA 的拟支付价格。其余为 NASA 实际支付资金。

C3PO 开展的三大项目无疑取得了巨大成功，美国人往国际空间站送人送货从此不用再依靠俄罗斯的飞船。在这三个项目中，合作伙伴大部分是航天新势力，通过引入竞争和创新合作模式，不仅有效降低了成本，也极大提升了效率。此后，C3PO 又趁热打铁，规划了商业月球有效载荷服务项目（CLPS），作为美国载人重返月球的阿尔忒弥斯计划前期项目，旨在发射多个由私人公司研制的月球探测器，开展月球探测活动。

在 CCP、COTS、CRS 三大项目中，SpaceX 无疑是最大的赢家。马斯克赢得的不仅是美国航天计划的入场券和项目资金支持，还有 NASA 慷慨的资源分享——经验、知识、技术、供应链、渠道、专家团队等。当然，这些资源也不是无偿提供，NASA 会视情况向 SpaceX 收取相应费用。

自从白宫颁布一系列政策法案之后，NASA 就从一个美国民用航天的垄断性组织，逐渐转变发展重心到科学研究和深空探测领域。"离钱最近"的近地轨道业务连市场带技术一起转让给私营企业，自然也吸引了大量社会资本蜂拥进入。站在 NASA 肩膀上的 SpaceX，顺水推舟分到了其中最大一块儿蛋糕，马斯克借此获得了数十亿美元的融资。

从传统承包模式到商业服务采购模式的转变，让美国航天活动的组织关系发生了本质性改变。在传统承包模式中，NASA 采取大包大揽的支付方式，即使项目延期和超预算，NASA 也不得不为此买单，这就在无形中使承包商养成了低效率、做无用功的习惯。但在新的管理模式下，NASA 把原来的一次性竞标改为里程碑式竞标，这就相当于打破了承包商的"铁饭碗"，很大程度上增加了竞争成分。商业公司在预研阶段只能获得少量的启动预算（如 10%），当完成某一阶段性任务后，可以拿到少量报酬（如 10%），只有服务完全交付，才能拿到剩余的尾款。此外，在传统承包关系中，NASA 是购买整个产品系统的所有权，这项开支无疑巨大。在新的承包关系中，知识产权和产品所有权仍然保留在企业，NASA 只需要向企业支付购买服务的费用，例如一张船票或者一次货物运输。

如今，SpaceX 已经取代美国联合发射联盟公司（ULA）[①] 等传统航天巨头，成为 NASA 商业项目最重要的合作伙伴。除了 NASA，美国国防部等军方机构也向 SpaceX 伸出了橄榄枝，希望借 SpaceX 的平台来发展军事用途的太空技术。2020 年 10 月 6 日，美国太空发展局（SDA）与 SpaceX 签订了价值 1.491 亿美元的合同，用以发展"星链"的导弹跟踪功能。另据路透社 2024 年 3 月 16 日报道，美国国家侦察局（NRO）已与 SpaceX 公司签订金额高达 18 亿美元的合同，用以建造由数百颗低轨道卫星组成的间谍卫星网络。

NASA 从一个国家垄断的行政 + 科研组织，转型成为美国商业航天的"包工头"，其本质是美国式的军民融合。通过开放体系撬动社会资本进入，解决技术发展的资金问题，以保证持续的竞争力，进而反哺国防军事。NASA 正在推动美国商业航天体系演化成为新的军工复合体，堪称美国国防部高级研究计划局（DARPA）之后美国军民融合实践的又一典范。

二、把真经传给这个"外行人"

2003 年 2 月 1 日美国时间上午 9 时，美国"哥伦比亚"号航天

---

① 2006 年，洛克希德·马丁公司和波音公司宣布成立美国联合发射联盟公司（ULA），合并双方的发射业务，以整合发射资源、基础框架、专业知识和能力，降低发射成本。

飞机在得克萨斯州北部上空解体坠毁，7名宇航员全部遇难。事故发生后，美国国内关于航天飞机技术路线是否正确、NASA的权责如何划定等问题的争议鼎沸。2004年，时任总统小布什提出名为"太空探索愿景"的一揽子计划，让舆论争议暂时搁置，计划中提到的比较重要的几项有2010年航天飞机退役、星座计划[①]立项，此外还重申了NASA的深空探索目标。

航天飞机退役是一件让很多美国人感情上难以接受的事，它意味着今后往返国际空间站，需要依赖俄罗斯或其他国家的运输工具。即使最大限度地租用他国运力，美国每年仍至少有14732千克的加压货物运输需求和5600千克的非加压货物运输需求没有着落。

事实上，美国人也一直在尝试开发比航天飞机成本更低、可靠性更高的替代产品，但都以失败告终。很多人将失败的原因归咎于技术，因为当时NASA的新材料、电子、计算机、生物医学等技术正在从国际领先地位跌落，亟待创新，但是白宫官员却认为其中另有原因。参与制订太空探索愿景计划的白宫科技政策办公室高级政策分析师布雷顿·亚历山大说："尽管表面上看技术是主要因素，但白宫清楚这不是根本原因。"

国会山上的"圣战"

白宫官员所说的"另有原因"，主要指向当时的体制机制问题。NASA传统的计划任务承包模式和端着"铁饭碗"的承包商们，很难开发出既可靠又便宜的航天器。布雷顿·亚历山大认为，NASA应该专注探索更远、更深的太空领域，因为这类任务更需要政府持续不

[①] 星座计划（Constellation Program-CxP）开始于2004年，截止于2010年。该项目的主要目标是由NASA完成国际空间站任务和2020年前返回月球任务，并完成载人飞往火星的最终目标。在负责评估美国载人航天计划的奥古斯丁委员会指出如果不大幅增加资金就无法完成星座计划后，2010年2月1日，美国时任总统奥巴马提议取消星座计划。

懈地投入支持。他建议将"离钱更近"的近地轨道业务转交给商业化公司去开拓，以便 NASA 将精力从这一领域解放出来。

NASA 也正有此意。根据 NASA 的计划，国际空间站退役后，NASA 将专注于让人类的足迹从近地轨道拓展到绕月轨道，而无论是从政治意义还是科研价值来看，继续在近地轨道上耗费精力已经意义不大。于是，NASA 希望向私营企业开放近地轨道领域，将这片之前由政府掌控的区域，变成发展航天商业的试验田。NASA 同时提出，过去在航天领域积累的技术，可以通过有偿等方式转让给私营企业，为其发展近地轨道业务作铺垫。

2005 年，迈克尔·格里芬在时任美国副总统切尼面前宣誓就任 NASA 局长，这是 NASA 历史上少有的高规格礼遇。外界传言格里芬是带着总统的意图就任的，主要任务就是推动美国的航天商业化。然而，NASA 内部并非铁板一块。虽然格里芬背后有总统和国会相当一部分人的支持，但发展商业航天依然阻力重重。

其实，美国白宫管理和预算办公室早在 2000 年就已经立项，推动 NASA 向市场化公司以服务采购方式购买太空运输服务，但直到格里芬上任时，该项目仍然处在无休止的调研和讨论中。格里芬赴任后，立刻着手筹备在 NASA 内部建立扶持商业航天的火星基金（Red Planet Capital）。根据格里芬的规划，这只基金将由一家非营利性质的风险投资机构运营，计划五年内由 NASA 拨款 7500 万美元，旨在向初创期的航空航天与生物医学公司提供投资。这只基金也是继美国中央情报局和陆军之后美国政府进行的第三次政府风险投资实验。由于此前格里芬担任过美国中央情报局出资的高科技风险投资公司 In-Q-Tel①的总裁，因此在一定程度上，格里芬希望能将火星基金发展为"航天版"的 In-Q-Tel。

然而，因为陷在了"行政的束缚之中"，这只基金仅维持一个多月就宣告夭折。出师不利的格里芬并没有灰心丧气，而是将更多精力放在 COTS、CRS、CCP 三大项目上，希望研究出一种更适合航天领域的创新合作模式。

彼时 NASA 正深陷巨大困境：不仅是自身创新机制失灵，投资方式的改革尝试也陷入泥潭。一方面是项目预算不断被压缩，另一方面是洛克希德·马丁、波音公司这样的垄断承包商成本居高不下——预算裁减让承包商不得不以拖延交付、巧立名目等手段从研制费中赚取利润，NASA 对承包商的"敲竹杠"忍无可忍，双方的冲突越来越频繁。

之所以出现承包商"敲竹杠"，根源还是在"成本加成定价"（cost-plus pricing）这一传统合作模式上。在开发过程中，承包商会产生成本超预期、延期交付等各种"意外"，而按照成本加成定价模式，NASA 仍然需要对超出预算的部分进行支付。2005 年，洛克希德·马丁和波音公司成立美国联合发射联盟公司（ULA）后，由之前的两家垄断变成了一家垄断，更有利于抬高价格。

事实上，不仅 NASA 认为改革势在必行，传统承包商也觉得这样的模式不可持续。2008 年，正因洛克希德·马丁公司内部改革而焦头烂额的首席执行官诺姆·奥古斯丁（Norm Augustine）也意识到需要引入鲇鱼来激发公司的创新活力，随之向国会提交了著名的

---

① In-Q-Tel 成立于 1999 年，由洛克希德·马丁公司前首席执行官诺姆·奥古斯丁创立，由美国中央情报局（CIA）等政府部门出资。其核心使命就是让 CIA 拥有最新的信息技术以支持美国的情报能力。截至 2022 年，In-Q-Tel 的平均 1 美元投资撬动了 18 美元的其他投资，孵化了共计 200 余家企业，其中不乏被谷歌等硅谷巨头收购的知名创业公司。

"奥古斯丁报告"，提议把近地轨道的太空运输完全开放给市场，让各类商业化公司都能充分参与竞争。这份报告提交之后，一度在国会引发激烈争论，被称为"国会山上的一场圣战"。

更让 NASA 无法忍受的是，俄罗斯人也加入了"敲竹杠"的行列，其中"联盟号"载人飞船对 NASA 的报价从 2011 年的 2770 万美元/席，一路飙升到了 2018 年的 8100 万美元/席。此时，NASA 已经被强烈的危机感所包围，极度"内卷"的 NASA 迫切需要建立一套全新的合作模式，扶持能够取代传统承包商的新伙伴。

第一块试验田

商业轨道运输服务项目（COTS）是 NASA 在商业化改革过程中的第一块试验田，也是截至目前最为人称道的项目之一。SpaceX 总裁兼首席运营官格温·肖特维尔（Gwynne Shotwell）曾经在媒体上对 COTS 表示由衷感谢："这里既是 SpaceX，也是 NASA。没有 NASA，我们会一瘸一拐地前进，而不是奔跑。"

在 NASA 的三个商业化项目（COTS、CRS、CCP），乃至后续的"阿尔忒弥斯计划"中，COTS 是第一个立项，也是最具有开创性意义的一个。正是这个项目，成为使 SpaceX 咸鱼翻身的转折点。

刚开始竞争 COTS 时，SpaceX 只是一家初创公司，并且刚刚经历了猎鹰 1 号火箭的首发失败。2006 年立项的 COTS，早期也仅是作为航天飞机和星座计划的备份方案存在，但结果却给了美国航天界一个巨大惊喜——双方团队高效协作，联手跑完了 COTS 累计 40 个里程碑，在成本和效率上都大大超出预期。COTS 一战成名，连美国五角大楼、国防部高级研究计划局（DARPA）、国土安全部等机构都纷纷前来取经学习。

对于 NASA 来说，通过 COTS 这块试验田，开辟出了一套全新的政企合作模式。这个模式也并非完全原创，而是借鉴吸收了五角大楼和硅谷的改革创新经验，概括来说主要有两条：

一是以竞争性招标取代了传统指令性科研计划。

五角大楼与海军合作开发 F-35 "闪电 II" 战斗机时，让波音和洛克希德·马丁两个主承包商分别独立开发样机，然后进行飞行比测，赢家获得最终订单。有海军工作经验的 NASA 前副局长克雷格·斯泰德尔（Craig Steidle）少将把这套竞争性招标采购的工作经验带到了 NASA，用在了航天项目上。用订单合同取代科研投资，意味着承包商花出去的每一块钱都要由自己承担，倒逼他们采取各种办法降低成本。此外，为结果买单也比为过程付费让甲方心里更加有底。

2019 年，美国国家科技政策研究中心发布的《政府太空战略投资的效用评估》中写道："航天产业周期长、难度大、成本本身就比其他行业高，把需求提得太具体、太全面，加上按成本加成付款，会使企业的开发成本居高不下、周期延长，并且遏制创新。"报告还指出，不应该由政府出面组建国家层面的太空战略投资基金，培育商业航天市场的最佳方式是"基于总体解决方案的合同制"。

二是借鉴硅谷风险投资模式，开创了里程碑制度。

NASA 还开创了"按阶段成果付费"的里程碑制度，这个灵感缘于硅谷风险基金投资企业的方式。时任 NASA 局长格里芬曾担任 In-Q-Tel 高科技风险投资公司的总裁。在执掌 In-Q-Tel 期间，格里芬扶持了众多硅谷初创企业，深谙风险投资的经营规律，甚至包括马斯克最初创办 SpaceX 的时候，也曾受到格里芬的点拨。

格里芬最初创立火星基金的意图，是建立一只 NASA 版的 In-Q-Tel 来扶持商业航天企业。火星基金夭折后，格里芬意识到航天领域的改革创新和其他领域有所不同，于是选择了折中方案，借鉴风险基金投资企业的方式设计了阶段性激励制度，但主要计划仍然由NASA统筹部署。这一举措既能保证重大任务围绕国家意志展开，又让NASA的管理者们不用再陷入具体的研发过程中，同时还对承包商拥有更强的约束力。NASA从一个行政性科研机构逐渐转型成一个监督任务、分期付款的"包工头"，里程碑制度就此诞生。

所谓里程碑制度，即把总体解决方案拆解为几个一级里程碑和数十个二级里程碑，根据每个里程碑完成进度付款给企业。在拆分每个里程碑的付款金额时，NASA也会适当考虑对企业的阶段性激励。NASA在里程碑的指标体系中不仅设定技术、产品的里程碑，还设定了关于企业融资奖励的里程碑。比如，企业每完成一轮融资，NASA会配套相应的激励资金。

此外，NASA在为COTS等项目选定合作伙伴之前，还会对每家候选企业展开为期三天左右的尽职调查，前面两天实地考察企业，最后一天进行协议谈判。尽职调查结束后，候选企业根据专家组建议进行调整，反馈给NASA一份最终版协议，其中就包含一整套里程碑方案。SpaceX在中标COTS前，公司上下花了大约4个月来完成这些准备工作。

表1-6　COTS中SpaceX里程碑一览（单位：百万美元）

原序	里程碑内容	拨款金额	累计拨款	完成日期
1	项目管理计划书	23.1	23.1	2006.09.15
2	演示1：系统需求评审	5	28.1	2006.11.29
3	演示1：初步设计评审	18.1	46.2	2007.02.08
4	第一轮融资	10	56.2	2007.03.01

续表

原序	里程碑内容	拨款金额	累计拨款	完成日期
5	演示2: 系统需求评审	31.1	87.4	2007.03.15
6	演示1: 关键设计评审	8.1	95.5	2007.08.22
7	演示3: 系统需求评审	22.3	117.8	2007.10.29
8	演示2: 初步设计评审	21.1	139	2007.12.19
9	Draco发动机初次点火	6	145	2008.03.21
10	第二轮融资	10	155	2008.03.21
11	演示3: 初步设计评审	22	177	2008.06.27
12	多台发动机试车	22	199	2008.08.04
13	演示2/3: 关键设计评审	25	224	2008.12.18
14	第三轮融资	10	234	2009.02.08
15	演示1: 准备情况审查	5	239	2010.06.08
16	超高频通信单元飞行装置	9	248	2009.07.23
17	演示1: 任务执行	5	253	2010.12.15
18	演示2: 准备情况审查	5	258	2012.03.09
19	演示2: 任务执行	5	263	2012.06.07
20	太空运输初次演示	5	268	2009.12.18
21	演示3: 准备情况审查	5	273	2012.08.22
22	演示3: 任务执行	5	278	2012.06.07
23	模态试验计划书	5	283	2010.12.16
24	模态试验	5	288	2010.12.16
25	激光雷达测试（开环）	5	293	2010.12.16
26	太阳能电池组部署测试	5	298	2010.12.16
27	激光雷达测试计划（闭环）	5	303	2011.03.31
28	热真空测试计划	5	308	2011.04.06
29	基础设施计划	10	318	2011.05.10
30	热真空测试	20	338	2011.09.14
31	测试场基础设施安装启用	5	343	2011.06.23
32	"龙"飞船干线声学测试	10	353	2011.06.23
33	激光雷达测试6 DOF（闭环）	5	358	2011.10.26

续表

原序	里程碑内容	拨款金额	累计拨款	完成日期
34	设计评审：增强动力货舱附件	5	363	2011.08.24
35	设计评审：加压货舱容积增加	5	368	2011.08.24
36	"龙"飞船电磁干扰/电磁兼容性测试（HITL）	10	378	2011.09.20
37	"龙"飞船货舱货架 & 舱口模拟器	3	381	2011.08.26
38	地面演示：增强动力货舱	5	386	2011.10.26
39	发射场基础设施安装启用	5	391	2011.10.26
40	产品基础设施安装启用	5	396	2011.10.26

资料来源：NASA, *Commercial Orbital Transportation Services(COTS) Program Lessons Learned*，钛禾智库团队整理

由于里程碑的内容、数量、时间节点是由 NASA 和承包商共同商定，NASA 和企业之间常常就此产生激烈的碰撞讨论，到了实际推进过程中，双方也可以协商对里程碑进行调整修订——这个磨合的过程，往往也是互相影响的过程。最终，全部跑完里程碑的企业会拿到巨额订单。即使未能跑完全程，NASA 也为相关企业设计了完善的退出机制。如果有企业中途退出或破产，NASA 会按事先约定好的较低价格对该企业的设备、技术、数据资源予以回购。[①]

事实上，早在肖恩·奥基夫（Sean O'Keefe）任职 NASA 局长期间，就曾经试图针对推动航天商业化的问题向硅谷取经。2002 年，肖恩眼看任期已过大半，却仍夹在白宫方面压力和 NASA 内部无休止的争论中一筹莫展。机缘巧合，一次肖恩前往位于加州埃姆斯的 NASA 分部开会，顺道拜访了硅谷的风险投资家和企业家们。谁知，这些硅谷精英一看玩高科技的祖师爷来了，都激动地提出让肖恩分享 NASA 的创新经验。肖恩一脸惭愧地说："实际上，现在的创新中

---

① 在 Rpk 公司退出时，NASA 尊重企业自身意愿并未启动这一程序。

心是硅谷。"

NASA 作为美国高科技的鼻祖，此时也不得不放下身段从硅谷取经，这背后主要有两个方面的原因：

第一，作为一个行政性科研机构，NASA 在资源投入和政府订单削减的背景下，持续性创新已然遭遇后继乏力的瓶颈，亟须寻找新的出路。而以硅谷商业化公司为代表的科技新势力，则可以没有包袱轻装上阵，大胆尝试一些新模式、新技术，进而触发一个个看似微小但影响深远的技术变革。

第二，NASA 要推动航天商业化，就需要构建一套全新的游戏规则和生态体系，而金融资本在其中扮演着"钱袋子"的角色，资本的盈利思维左右着企业的创新方式和生存法则。硅谷的风险投资家们拥有比华尔街金融巨鳄更适合新兴科技公司发展的经营思维和资源网络，相对也更愿意投资没有太多政治背景的商业航天企业。

具备"硅谷底色"的 SpaceX 正是因为善于融资而更受 NASA 欢迎。另外，当竞争对手美国 Rpk 有限公司（以下简称"Rpk 公司"）带着外聘的融资顾问向华尔街的银行家、大型对冲基金和养老基金的投资经理们介绍商业航天时，这些华尔街的金融家面面相觑，难以理解为什么要去投资商业航天这样回报周期漫长、风险巨大的项目。很快，Rpk 公司就因为达不到融资里程碑而被迫出局。

扶上马，送一程

"哥伦比亚"号航天飞机的事故，表面上看是因为技术问题，往下追究是因为经费不足，但更深刻的原因是机制。经费不足致使技术上的致命缺陷没能及时得到解决。当时 NASA 希望申请增加 30%—40% 的预算来为航天飞机改善技术，结果遭到白宫经济顾问委员会和行政管理及预算局两个部门的联合弹劾。"哥伦比亚"号带着隐患强行起飞，最终酿成惨剧。

白宫经济顾问委员会和行政管理及预算局历来是 NASA 的噩梦。前者可以直接向总统施压，甚至一度提议解散 NASA；后者则决定着 NASA 能不能拿到钱，以及能拿到多少钱。"哥伦比亚"号失事后，航天飞机项目直接被裁，包括后来星座计划中止，都是由这两个机构直接推动的。

吃一堑长一智。NASA 在推进 COTS 项目的过程中，专门组建了一个阵容强大的法务部门来为其保驾护航。这个法务团队堪称美国航天迈向商业化的"变革之盾"。负责 NASA《太空行为协议》的首席律师艾米·佐法斯（Amy Xenofos）直言："我们从法律界获得的帮助比任何人都多。"

1958 年 NASA 成立时，大律师保罗·丹宾（Paul Dembling）受邀起草《美国国家航空暨太空法案》，其中的法案协议（SAA）部分规定了 NASA 和其他企业的合作方式。为了避免未来陷入教条，他同时在法案中留了一手，拟定了一个其他交易协议（OTA），允许 NASA 采取除传统合同、资助或合作协议外的另一类缔约方式开展交易活动。

可能连保罗·丹宾自己也没有预料到的是，正是这个协议，日后给 NASA 的航天商业化改革提供了合法性基础。COTS 项目的法务团队在编写项目细则时，翻出这一协议作为依据，从而跳出了《联邦采购条例》等政府法案的烦琐条例束缚，让 NASA 得以与合作企业建立一种全新的伙伴关系。

为了扶持商业航天企业，NASA 可谓尽心竭力，通过技术咨询、共享设施等方式向初创公司提供服务。当然，这些服务并不是无偿的，企业必须为此支付相应费用，或者拿资源置换。这笔收入绝大部分由 NASA 自行支配而不用上缴国库，NASA 也因此开辟了一条新的创收路径。COTS 项目相当于一条纽带，NASA 将内部沉淀几十年的技术成果和管理经验，通过这条纽带输送给参与项目的商业航天企业。

可以说，SpaceX 成立早期，大量关键技术都是在 NASA 的帮助下完成开发的。但是马斯克并不欢迎 NASA 的资深专家直接入职 SpaceX，即使挖人也只愿意吸收一些年资较浅的工程师。马斯克甚至告诫过 COTS 项目小组："你在 SpaceX 多放一个 NASA 的人，产品成本就要翻番。"在马斯克眼里，这些名声在外但薪资高昂的航天专家更适合当顾问，一线干活还得靠任劳任怨的年轻人。COTS 项目对此也心领神会，专门成立了咨询小组（CATs）负责对接企业需求，企业需要哪一类的咨询服务，COTS 项目就可以通过这个小组，调用 NASA 全局的专家为其提供指导服务。

SpaceX 正是通过这个渠道，源源不断地从 NASA 取得"真经"。并在 NASA 资源和专家的帮助支持下，连续攻克了新一代航天器所需要的各类关键技术。例如，"龙"飞船防热罩采用的新型隔热材料 PICA-X，能承受近 2000 摄氏度的高温，是 SpaceX 和 NASA 阿莫斯研究中心一起研发出来的；"龙弹（Dragon-Bullet）"空气动力学测试方法是在 NASA 兰利研究中心指导下完成的；GNC（航天器制导、导航与控制）是在 NASA 汉斯维尔航天中心的支持下开发的；梅林发动机是在 NASA 的 FASTRAC 发动机基础上研制的，降落伞技术取经自猎户座航天飞船；激光雷达（LIDAR）技术也来自喷气推进实验室（JPL），后者慷慨分享了凤凰号火星着陆器的激光雷达技术……NASA 的前辈科学家们也乐于"奉献"。与其让许多花费毕生心血研究的技术在体制内处于沉睡状态，不如交给 SpaceX 这样的商业公司去发扬光大。

传统的产品迭代和采办机制令 NASA 的工程师很多大胆的创新举措束之高阁。一线工程师该做什么、用什么材料，早就在预算和采购部门那里定死了，如果想要改变需要经过冗长繁复的审批流程，工程师们对此有心无力。新型隔热材料 PICA-X 的成本只有传统防热罩材料 PICA 的 1/10，NASA 的工程师也早就知道改进路径，但没有机制去实现。

实行扁平化管理的 SpaceX 则拥有令 NASA 艳羡的决策自由度和效率。同样的技术方案，一线工程师可以直接跟主管甚至马斯克本人提，一旦团队商议后觉得可以一试，很快就能部署执行下去。追求效益最大化的 SpaceX，也不用像 NASA 那样过多考虑"体面"问题。一些造价昂贵的 S 级、宇航级零部件，凡是 SpaceX 觉得没必要的，可以统统替换为航空或者汽车工业的开架式产品，质量满足要求且成本低廉。例如，用做浴室挡位闩锁的零件来做舱口把手，一项就可节省 1470 美元；用赛车安全带来固定宇航员，比定制安全带更舒适且便宜；用全尺寸模型和真人直接测试宇航员在货舱内的移动情况，比使用计算机模拟更直观还花费少……总之，没有历史包袱的 SpaceX 可以从使用需求倒推产品设计，最大限度地避开精细分工的陷阱。例如在处理辐射问题上，抓总体指标而非单一零部件指标，仅此一项就节省了大量成本，缩短了时间周期。

此外，SpaceX 构建起了一整套以工业化交付为结果导向的能力闭环。这得益于马斯克一直坚持最大限度地把研发、设计、生产维持在企业内部，而不是像大部分同行一样热衷于分包出去——由于资产较重，在早期这项决策屡屡被外界质疑，但因此保证了 SpaceX 的沟通决策效率和产品迭代速度，到后期其威力日渐凸显，为

SpaceX 构筑起巨大的竞争护城河。

NASA 和 SpaceX 的影响促进是双向的。SpaceX 站在 NASA 的肩膀上进行技术创新，却可以跳出 NASA 原来的条条框框，从目标反推流程设计和组织管理，反过来影响 NASA 的计划。例如，在接下 COTS 项目的任务时，SpaceX 已经构思出实施框架，即在 NASA 的旧模式基础上设计一个简化改良版——不改变底层逻辑，但在流程上进行改革和优化。

在 SpaceX 的影响和协助下，NASA 则对原来繁复的书面工作进行了数字化和模块化改良。

NASA 还投桃报李地对 SpaceX 进行战略上的点化。SpaceX 在研发猎鹰 5 号时曾经走过一段弯路，正是在经验老到的 NASA 专家劝说下方将精力转向更有前途的猎鹰 9 号。

对于 NASA 来说，将"真经"传给 SpaceX 这样有梦想、有能力的商业航天公司，扶上马并送一程，不仅有利于培育新型合作伙伴，还能通过技术转让创收，同时甩掉近地轨道发射的沉重包袱，集中精力聚焦战略性任务，可谓一举多得。

关键的中间人

如今 SpaceX 成为美国航天的门面担当，除了 NASA 有意扶持外，主要还是马斯克自己干活靠谱儿。在这个互相了解的过程中，双方的沟通不可忽视。

SpaceX 几乎所有正式的技术会议，都会邀请 NASA 的人员一起参与。NASA 人员受邀到 SpaceX 参观交流更是家常便饭，过程中产生了许多有价值的互动。一位名叫迈克尔·霍卡查克（Michael J. Horkachuck）的 NASA 官员一直从中发挥着关键作用。

SpaceX 和 NASA 的关系看上去如胶似漆，但这种信任是经长期磨合逐步建立起来的。最初，没有航天从业经历的马斯克对NASA也是雾里看花——NASA的哪些资源可以借来为己所用，又有哪些人才拥有一技之长却在体制内难以施展……马斯克清楚这些正是SpaceX可以大有作为的空间，问题是这些情报从何而来？

迈克尔是COTS项目中专门负责对接SpaceX的主管。这位工程师出身的管理者经验丰富，对NASA的政策、体系、设备、技术及人才情况非常熟悉，而且善于经营人际关系。迈克尔对SpaceX可谓知无不言，言无不尽——不但提出问题，还负责解决问题，并且总能迅速且精准地帮马斯克匹配对接相应资源。

这位中间人从NASA精心筛选出大量与SpaceX理念契合的专家，说服他们对SpaceX敞开心扉，复盘以前的工作，进而在SpaceX的平台上协同创新。这套操作行云流水，以至于合作到后面，迈克尔和SpaceX已经默默搭建起了一个可观的人才数据库。

除了人才之外，迈克尔还尽力帮助SpaceX协调发射工位等基础设施。最初马斯克联系的发射场是范登堡空军基地，但美国空军对于发射商业火箭顾虑重重，以各种理由推脱搪塞。无奈之下，马斯克甚至打起了去非洲南部卡瓦佳林发射场自建发射工位的主意。签下COTS项目协议后，迈克尔立刻帮马斯克协调了位于美国佛罗里达州的卡纳维拉尔角发射场，完美地解决了SpaceX的发射工位问题。卡纳维拉尔角临海而且纬度低，方便运输并可大大提升火箭载荷，还能就近租用肯尼迪航天中心的设备，为SpaceX省下了一大笔开支。

迈克尔还不遗余力地通过NASA推动，帮助SpaceX申请到了美国唯一一个国际空间站公共停泊装置的使用权。SpaceX在完成飞行试验的过程中，也顺带帮 NASA 捎了点货物[①]，彼此合作非常愉快。

更让马斯克感激的是，迈克尔还全程协助 SpaceX 将每一个里程碑变成有效行动计划，这个过程让 SpaceX 受益匪浅。仅"演示准备情况审查"这一项里程碑，迈克尔和 SpaceX 的工程师们就一起琢磨了好几个星期。他们先是分解出两个一级条件：猎鹰 9 号的完整性、"龙"飞船的完整性，再向下逐级拆解到分系统和零部件，依次检查，最终列出了 300 多个项目。在这个对任务进行层层分解的过程中，SpaceX 也摸索出了一整套项目管理的方法，并积累了丰富的经验。

当 SpaceX 提出调整里程碑的合理建议时，迈克尔也会努力斡旋。最初 SpaceX 的一级里程碑有三个：C1——火箭搭载飞船试飞；C2——飞船飞行掠过国际空间站；C3——飞船实际登站。但在实际推进过程中，由于 C1 阶段的"龙"飞船两次飞行都非常顺利，马斯克因此萌生一个大胆的想法：将 C2、C3 合并为一次飞行，如果顺利掠过国际空间站，再回过头来直接登站。这样做的好处，是节省了一次发射成本，同时节约了大量时间。经过迈克尔的全力协调，最终 NASA 同意了 SpaceX 的申请，这在以往的开发过程中是很难想象的事情。

这个为项目保驾护航的"中间人"并非 SpaceX 的独有待遇。实际上，COTS 项目给每个参与其中的企业都安排了对接人，但只有 SpaceX 把中间人的价值发挥到了最大。Rpk 公司在技术开发过程中很少与中间人互动，只有当融资遇到困难的时候才会想着把中间人请出来站台。而轨道科学公司自恃资格老，创始团队在业内声名显

[①] COTS C2+ 项目中，"龙"飞船向国际空间站运送了加压货物 525 千克，带回地面加压货物 665 千克。

赫，一般也只是通过中间人向 NASA 例行汇报，按部就班地推进项目。唯有"外行"马斯克不厌其烦地缠着迈克尔，通过这位中间人把美国航天产业犄角旮旯的资源都利用了一遍。

三、"下一个臭鼬工厂"

2012 年，在 NASA 总部派人调研 COTS 项目时，迈克尔兴奋地说："我们找到了下一个臭鼬工厂！"

相似的一幕在历史中早有镜像留存。半个多世纪前，美国军方和洛克希德公司惺惺相惜相携成长，像极了今日的 NASA 和 SpaceX。

1943 年，为了高效率开发一款划时代的喷气式飞机[1]，洛克希德公司 33 岁的天才飞机设计师凯利·约翰逊（Kelly Johnson），和一群厌烦了体制内繁文缛节、希望打破条条框框的年轻技术人员，在一家充满恶臭的塑料工厂旁边，用闲置发动机的包装箱和从马戏团租来的帐篷搭建了一个秘密的临时建筑。这就是日后名满世界的臭鼬工厂。

为了创造一种全新且高效的协作方式，臭鼬工厂的工程师们提出了一个超前、大胆的理念——"削减一切不必要"，并颁布了 10 条管理细则。后来，这 10 条细则被凯利·约翰逊继续完善，直到变

---

[1] 1943 年 5 月，美国陆军和各大飞机公司在华盛顿召开了一次有关未来飞机发展方向的会议。会上，洛克希德公司负责人霍尔·希巴德认为喷气式发动机还处在萌芽阶段，无法与活塞式飞机一较高下。但是在军方和年轻设计师的强烈愿望下，霍尔·希巴德和另一位开明的领导罗伯特·格罗斯送了一个顺水人情，允许设计师凯利·约翰逊继续他的喷气式飞机研究，前提是凯利·约翰逊必须自己想办法组建工程部，自己去找生产人员，还要自己想办法找办公场所。1943 年 6 月 15 日，洛克希德公司以 L-140 喷气式飞机研发项目为基础，向美国陆军航空兵航空战术勤务部（Air Tactical Service Command，ATSC）提交了一份设计方案。两天后，洛克希德公司被正式授权按照此方案设计飞机，飞机编号为 XP-80，设计工作必须在 180 天内完成。这是臭鼬工厂的第一笔订单。

成影响管理界的著名的"14条规定"。

数十年后，陷入困顿的NASA期待借助外界力量唤醒创新机能。而SpaceX恰逢其时，大量吸取NASA过去的经验元素，像当年的臭鼬工厂一样，以一个破坏式创新者的姿态出现，给美国乃至全球航天产业带来巨大的视觉和理念冲击。

马斯克靠什么赢得NASA青睐？

NASA在新型管理模式下，把原来的一次性竞标改为里程碑式竞标，这就相当于打破了承包商的"铁饭碗"，有效促进了企业之间的竞争。此外，NASA也不再追求拥有产品的所有权和相关知识产权，只需要根据需求向企业采购相应服务。

这一根本性转变让NASA在和供应商议价时足够游刃有余。2020年12月2日，中国嫦娥五号在月球表面"挖土"成功。一天后，NASA宣布将聘请Lunar Outpost等4家公司为其采集月球土壤，合同总金额仅为25001美元。由于Lunar Outpost公司本来就有在月球"挖土"的计划，所以NASA所支付的费用仅为1美元。并且，这1美元尚需分三期支付，签约后先支付10%，着陆器发射后支付10%，在正式收到采集样品后支付剩余的80%。即便是这样的合同，投标者也趋之若鹜，NASA收到了来自全球至少16家公司的22份应征提案，竞争激烈程度可见一斑。

NASA改革后的管理模式，本质上是一种结果导向的精细化过程管理。NASA打破了原来"大锅饭"的管理机制，又以商业为导向，重新整合出一张更精密的拼图。

以COTS项目为例，NASA给SpaceX和轨道科学公司在预研、检验生产、飞行展示三个阶段内，又规定了许多个里程碑指标。NASA虽然也会预付一笔很少的费用，但只有当承包商完成里程碑任务后，NASA 才会支付更多，并把最终的大订单作为奖励送给承包商。SpaceX 也是在 COTS 项目的竞标中一路"打怪升级"，完成了 30 多个里程碑任务后，才拿到最后的大订单。

SpaceX 为什么能赢得 NASA 的青睐？答案是五个词和一句话。五个词分别是：效率、成本、资本、创新、可靠。

效率：灵活高效是新兴科技公司的撒手锏，也是 NASA 寻求商业合作的主要原因。SpaceX 压缩了决策和制造周期，在管理和技术开发过程中尽可能地精简团队规模，同时将管理层级控制到最少。

成本：这是洛克希德·马丁和波音公司出局的主要原因。洛克希德·马丁和波音结成垄断联盟，多年来狠敲 NASA 竹杠。NASA 与 SpaceX 合作之后，发现开发火箭的成本降到了原来的 10%—40%。最终，在商业船员项目的里程碑式计划——CCP 2 中，SpaceX 以 5500 万美元 / 席的价格赢得了 NASA 数百亿美元的订单。与此同时，SpaceX 的竞争对手波音公司的报价是 9000 万美元 / 席，甚至比俄罗斯宇航局给出的 8000 万美元 / 席的价格还要高。

资本：这是 Rpk 公司被淘汰的原因，也是美国发展商业航天的主要目的。美国太空政策首席分析师约翰·M. 洛格斯登（John M. Logsdon）曾经评价 NASA："多年来，人民和政府都愿意继续载人航天事业，但他们支付的预算仅够维系研究机构的勉强生存。"NASA 的预算有限，他们当然不想当"钱袋子"。NASA 对自己的定位是种子基金，以此为杠杆来撬动社会资本入局。在 COTS 项目中，NASA 把政府出资部分的占比压缩到 40% 左右。Rpk 公司入围但又被解约，是因为没能筹到足够份额的商业资金。

创新：由于没有历史包袱，SpaceX 可以轻装上阵搞研发。早在 2010 年 NASA 艰难适应数字化设计时，SpaceX 的团队已经实现了设计全流程无纸化。另外，由于 NASA 受美国国防法的严格限制，在国际交流方面较难开展合作。而 SpaceX 则少有体制束缚，方便推进更多的国际合作。

可靠：这是美国蓝色起源公司（以下简称"蓝色起源"）出局的主要原因。虽然都是互联网背景出身的创新者，但马斯克比贝佐斯更具有超级产品经理的稀缺品质——融资圈钱的同时还得把活儿干好。据 NASA 的文件记载，蓝色起源曾经有多次任务未达到时间和质量的要求。相比之下，SpaceX 的完成度和可靠性都较高。尽管马斯克看上去像个科技疯子，却是让美国政府操心最少的一个。1986 年，"挑战者"号航天飞机发射后爆炸，直接刺激了同年《美国航天商业货物禁令》的出台。这一事件也给后来的商业航天者留下了巨大的心理阴影。马斯克却能一边融资找钱，一边完成任务——这样上能为国分忧、下能自食其力的企业家，政府当然喜欢。

效率、成本、资本、创新、可靠，总结成一句大白话就是："为国分忧，干活靠谱。"

"打破常规"与创新协作

在 NASA 官员的眼中，马斯克和他创办的 SpaceX，就仿佛半个多世纪前的凯利·约翰逊和他率领的臭鼬工厂。臭鼬管理法重塑了当时先进航空器的研发制造流程，构建了创新性的组织管理文化和政企合作模式，也因此成就了臭鼬工厂和洛克希德公司半个多世纪的辉煌。

臭鼬工厂从当年呱呱坠地时便带有不安分的基因。几十年来，其著名的 14 条管理原则，不仅改变了航空工业的科研组织方式，更深刻影响着整个世界科技产业的创新管理。

表 1-7 臭鼬工厂著名的 14 条管理原则

序号	原文	中文
1	The Skunk Works manager must be delegated practically complete control of his program in all aspects. He should report to a division president or higher. (It is essential that the program manager have authority to make decisions quickly regarding technical, finance, schedule, or operations matters.)	项目经理应该有项目的全部管理权，他应该向部门总管或者以上级别的领导负责。（项目经理必须有足够的权限能够快速做出决定，不论是技术、财务、时间周期方面，还是管理方面。）
2	Strong but small project offices must be provided both by the military and industry. (The customer program manager must have similar authority to that of the contractor.)	军方和承包商方都需要准备小但有足够权利的项目团队。（承包商方面的项目团队有极高的自治权，则客户方面的项目团队也要有极高的自治权。）
3	The number of people having any connection with the project must be restricted in an almost vicious manner. Use a small number of good people (10% to 25% compared to the so-called normal systems). (Bureaucracy makes unnecessary work and must be controlled brutally.)	与项目有关的人的总数应该严格控制，使用少而优秀的人（与传统相比，只要 10%—25% 的人）。（官僚主义会带来许多不必要的工作，必须严格抑制。）
4	A very simple drawing and drawing release system with great flexibility for making changes must be provided. (This permits early work by manufacturing organizations, and schedule recovery if technical risks involve failures.)	必须提供一个简单的图纸设计和发布的机制，并且要能够灵活地通过它修改设计。（这样能给工厂加工充分预留提前量，并且如果存在技术风险也可以预先准备尽量减少损失。）
5	There must be a minimum number of reports required, but important work must be recorded thoroughly. (Responsible management does not require massive technical and information systems.)	报告越少越好，但重要节点和工作必须自始至终贯穿记录。（负责任的管理并不意味着繁多的文档报告。）
6	There must be a monthly cost review covering not only what has been spent and committed but also projected costs to the conclusion of the program. (Responsible management does require operation within the resources available.)	每个月都要做预算，不仅包括已花费成本，而且包括整个项目结项时的总成本。预算不要延迟，并且避免给客户一个远超项目预算的"惊喜"。（负责任的管理包括在有限的资源内运作。）

续表

序号	原文	中文
7	The contractor must be delegated and must assume more than normal responsibility to get good vendor bids for subcontract on the project. Commercial bid procedures are very often better than military ones. (Essential freedom to use the best talent available and operate within the resources available.)	供应商应经指定，并承担超出正常水平的责任，以便于分包商更好地履行职责。认真筛选分包商，招标来的往往比军方指定的好。(在有限的资源内充分寻找和利用最好的。)
8	The inspection system as currently used by the Skunk Works, which has been approved by both the Air Force and Navy, meets the intent of existing military requirements and should be used on new projects. Push more basic inspection responsibility back to subcontractors and vendors. Don't duplicate so much inspection. (Even the commercial world recognizes that quality is indesign and responsible operations not inspection.)	臭鼬工厂现有的检验已经通过了空军和海军的认证，达到了现有军用标准的，一定要沿用到新项目上。将基础的检验交给分包商做，不要重复做这么多检验。(即使在商界，大家也都认可质量是来自设计和负责任的操作而不是来自检验。)
9	The contractor must be delegated the authority to test his final product in flight. He can and must test it in the initial stages. If he doesn't, he rapidly loses his competency to design other vehicles. (Critical, if new technology and the attendant risks are to be rationally accommodated.)	供应商必须负责他所供应的产品在项目各个阶段的测试，直至试飞。他能够也必须从项目最初阶段就进行测试，如果他不这样做，下次招标就没他的事情了。(非常重要，如果有新的技术，那随之而来的风险必须合理转移安置。)
10	The specifications applying to the hardware must be agreed to well in advance of contracting. The Skunk Works practice of having a specification section stating clearly which important military specification items will not knowingly be complied with and reasons therefore is highly recommended. (Standard specifications inhibit new technology and innovation, and are frequently obsolete.)	硬件的技术指标一定要在签合同前明确。臭鼬工厂会预先清晰地列出那些重要的军事规格将不会被采用和不采用的原因和建议。(标准指标会抑制新技术和创新，而且这些指标经常过时了。)

续表

序号	原文	中文
11	Funding a program must be timely so that the contractor doesn't have to keep running to the bank to support government projects. (Responsible management requires knowledge of and freedom to use, the resources originally committed.)	资助一个项目必须持续,这样供应商就不需要总跑银行去接政府项目。(负责任的管理包括对先前承诺的资源的知晓和自由支配。)
12	There must be mutual trust between the military project organization and the contractor, the very close cooperation and liaison on a day-to-day basis. This cuts down misunderstanding and correspondence to an absolute minimum. (The goals of the customer and producer should be the same get the job done well.)	在军事项目公司和供应商之间必须相互信任。在日常合作基础上建立的信任可以将误解降至最低程度。(客户和生产商的目标应该统一为把工作完美地完成。)
13	Access by outsiders to the project and its personnel must be strictly controlled by appropriate security measures. (This is a program manager's responsibility even if no program security demands are made–a cost avoidance measure.)	必须严格控制外部接触项目的人,需要设定响应的安全权限。(这是一个项目经理的责任,即使项目的经费没有预设安全权限。)
14	Because only a few people will be used in engineering and most other areas, ways must be provided to reward good performance by pay not based on the number of personnel supervised. (Responsible management and technical & operational personnel must be rewarded. Responsible management does not permit the growth of bureaucracies.)	由于参与项目的工程师和其他方面的人员都比较少,支付奖金和薪水就要按照绩效而非人员数量。(管理人员、技术和操作人员必须予以奖励,负责任的管理不允许官僚主义滋生。)

但是臭鼬管理法的一些细节,在今天的航空乃至航天工业的研发环境中正逐渐失效。一是现代高性能飞行器的设计要复杂得多,设计团队规模比以往大 10—20 倍,协作单位也成倍数增长。臭鼬工厂的 30 人小团队理论在某些场景下不再适用。大团队的协调、纪律和严谨要求,会与自由创新产生一定程度的冲突。二是 CAD(计算

机辅助设计）和CAE（计算机辅助工程）软件的大量应用，飞行器设计全面进入计算机辅助时代，在智能化的协作流程下，臭鼬管理法面临着重新定义和定位的问题。

另一方面，这种抛开繁杂事务性工作、专注于目标的工作方式，确实给研发人员带来了极大自由，但这种相对的自由是有限制条件的。[①] 一切以删繁就简、提高研发效率为目标的臭鼬管理法，一旦得不到客户和协作方的认可和配合，将反受其困。就连凯利·约翰逊本人也承认，臭鼬管理法存在使用环境和使用条件的限制。臭鼬工厂的14条管理规定，需要具备几个非常明确的成立条件：一是臭鼬工厂的第一领导者，必须是一位有能力与政府高级官员打交道的人。二是尽可能集中最优秀的人。臭鼬工厂的项目经理或者总设计师，往往不是某一方面的专才，而是懂产品、懂技术、懂管理的复合型人才。三是小团队和扁平化。臭鼬工厂认为，太多的人员、烦琐的流程和官僚主义会拖垮项目、增加成本和降低产品性能，因此他们的研发团队从来不超过30人，子团队更是少于8人。

简单来说，不管是航空器制造还是航天器制造，臭鼬工厂的关键秘籍在于"打破常规"，同时推动与客户建立一种全新的协作方式。马斯克在缔造SpaceX的过程中继承了这一核心文化——"破而后立"，成为率先取得商业航天真经的"野蛮人"。

老资格航天专家创办的美国轨道科学公司（以下简称"轨道科学"）和Rpk公司都不具备这种打破常规的勇气和基因，贝佐斯的蓝色起源也选择了一条保守谨慎的道路，在守成和创新之间摇摆不定。蓝色起源以乌龟为吉祥物，公司标识上写着拉丁文的公司口号

[①] 臭鼬管理法的核心特点，是建立一个高度自治的研发团队，由项目经理全权负责所有问题，完全实现小团队、扁平化管理，并让客户提前参与到项目沟通中。

"Gradatim Ferociter"，意思是"小步快跑、勇往直前"。同为互联网大佬的贝佐斯虽然也常向洛克希德·马丁和波音公司这样的传统巨头取经，但是在创新上却表现得小心翼翼且充满纠结，更多局限于对既有模式的学习和模仿。从结果来看，蓝色起源几次与 NASA 的合作项目都不能做到按时交付，质量也不如 SpaceX 的产品可靠。

2019 年，蓝色起源为了和 SpaceX 竞标登月计划，一口气拉上洛克希德·马丁、诺斯罗普·格鲁曼太空技术公司（以下简称"诺斯罗普·格鲁曼"）和德雷珀实验室公司（以下简称"德雷珀"）三个老牌军工巨头，组成最强"梦之队"。但阵容强大并不意味着产品更好，最终 NASA 的橄榄枝仍然抛给了 SpaceX。

贝佐斯并不服气。几乎 NASA 每次公布合作项目入围名单后，落选的蓝色起源都要向美国国会下属的政府问责办公室（Government Accountability Office）申诉抗议。事实上，在 COTS 项目的推进过程中，保守派和利益受损者的阻挠从不曾停歇。各种质疑像雪片一般飞往政府问责办公室。一旦指责被认定有效，相关人员将被停职调查。为 COTS 项目创新改革立下汗马功劳的项目总经理阿伦·林登莫耶尔（Alan Lindenmoyer）甚至一度被 NASA "踢出群聊"，剥夺领导权。

NASA 扶持商业航天的一大初衷，就是希望这些生长于市场化环境中的科技公司能找到新办法，替美国航天杀出一条血路。相比之下，蓝色起源虽然穿上了新鞋，却似乎仍然在走老路。

在激进者、保守派和政府官员的多方博弈中，美国商业航天也正朝着规范有序的方向发展。从 COTS 项目之后的 CRS、CCP 项目，再到当前的阿尔忒弥斯计划，美国白宫和 NASA 也对改革创新过程中暴露出来的问题进行了及时处理，持续修正相关政策法案，并完善监管措施。对于羽翼日渐丰满的美国商业航天企业，来自各方面的约束也在不断加强。

NASA 在把"真经"传给 SpaceX 的同时，也不忘为其戴上一枚紧箍咒。或许马斯克心里也清楚，纵然自己有星际殖民的伟大梦想，但这个梦想终究还是要归属于"美国梦"。

从蚱蜢、猎鹰到星舰

虽然背靠 NASA 这棵大树，但是在美国航天经费锐减的当下，SpaceX 能从 NASA 获得的订单和原始技术支持终归是有限的，马斯克必须为 SpaceX 的长期发展设计一个更大的商业闭环。

马斯克的商业航天故事大致可以分成三个板块：低成本火箭、小卫星星座、星际殖民——低成本的可重复使用火箭给大规模发射小卫星星座带来商业上的可行性；由数万颗小卫星组成的庞大"星链"，又可以反哺火箭需求；星际殖民则是画给全人类的一张大饼，给这个商业故事设定了一个无上限的想象空间。

有技术基础、有商业逻辑、有想象空间，加上 NASA 的站台兜底，SpaceX 终于被资本市场认可为一门有"钱途"的生意，投资机构纷至沓来。而融到足够资金的 SpaceX，将全力突破低成本的可重复使用火箭，作为这个宏大商业航天故事的起笔之处。

2008 年 9 月 28 日，在经历多次失败后，SpaceX 的猎鹰 1 号火箭终于发射成功，这是全球首次由私人公司制造的液体火箭成功入轨。这次成功也给了马斯克更多的信心和动力，他开始着手研发更大、更先进的火箭——猎鹰 9 号。

即使将火箭的吨位和运力再提升一个数量级，仍然还是在走之前火箭工程师们早就走过的老路。马斯克心里也清楚，仅靠当时这点家底，根本无法与洛克希德·马丁、波音等老牌势力抗衡，

SpaceX 必须另辟蹊径。

2011 年，马斯克宣布开发可重复使用火箭。他认为，可重复回收利用才是商业火箭的未来，也是 SpaceX 未来在商业上取得成功的关键，用于测试火箭重复使用技术的模型火箭"蚱蜢"就此诞生。

从 2012 年 9 月 21 日到 2013 年 10 月 7 日，在短短一年里，"蚱蜢"在得克萨斯州试验场共进行了 8 次飞行测试矢量控制。其中，在第 7 次飞行测试中，"蚱蜢"火箭除了漂亮完成垂直升降动作之外，还完成了一项具有里程碑意义的"侧向转移测试"。火箭在发射后垂直上升了 250 米，接着又横向飞行了 100 米，最后成功返回原发射点，这也标志着 SpaceX 在火箭发射回收技术上取得了重大突破。

然而，模型火箭的成功并不意味着已经完全掌握了火箭回收技术，SpaceX 还需解决未来入轨火箭在实际发射环境中可能出现的众多技术问题。"蚱蜢"退役后，SpaceX 的火箭回收利用项目进入 F9R Dev1[①] 飞行测试阶段，基本按照 1∶1 比例，采用相同的箭体、燃料和新一代梅林 1D 引擎，打造了一台和猎鹰 9 号 V1.1 版第一级火箭几乎一模一样的实体样机，用于进一步测试可回收火箭控制系统的稳定性。

从 2014 年 4 月 17 日到 8 月 22 日，F9R Dev1 再度密集进行了 5 次飞行测试，最大飞行高度 1000 米。在最后一次测试中，火箭因为传感器异常触发了飞行终止装置而自毁爆炸。当众人都认为 SpaceX 应该很快推出一台 F9R Dev2 来继续这项试验时，马斯克再次选择了不按常理出牌——并未开展 F9R Dev2 计划，而是将 F9R Dev1 中的

---

① F9R Dev1 是 Falcon 9 Reusable Development Vehicle 1 的缩写，即猎鹰 9 号运载火箭可复用发展飞行器 1。F9R Dev1 火箭储箱使用 Falcon 9 V1.1 的一级，动力为三台梅林 –1D 液氧煤油火箭发动机，首次使用格栅舵进行控制，首次采用折叠式铝合金起落架。较之"蚱蜢"，F9R Dev1 更为接近猎鹰 9 号第一级实体，除引擎数量不同外，其大致和实体相同。

回收系统直接安装在猎鹰9号上，打算直接利用每次发射任务来进行实箭回收测试。

经历多次失利后，最终在2015年12月21日，猎鹰9号完成了首次一级火箭的陆地回收，创造了人类航天历史上的新里程碑。自此之后，猎鹰9号火箭凭借高稳定性和可回收利用，逐步占据了全球火箭发射市场的大半江山。到了2023年，猎鹰9号全年共完成91次发射任务，其"超级加强版"猎鹰重型火箭也实现了5次发射。这一数据意味着，猎鹰火箭的平均发射速度达到每4天一次，发射数量超过任何国家、任何一型火箭，载荷占据全球入轨载荷80%以上，入轨航天器数量更是接近全球90%。

在"猎鹰"系列迅速成为全球火箭榜单新晋"顶流"之时，马斯克商业航天蓝图上的"最强火箭"——星舰也开启了试飞。这个早在2012年就提出的概念火箭，最初被称为"火星殖民运输系统"（Mars Colonial Transporter），但由于并不仅仅满足于殖民火星，公司把2016年推出的第一个原型设计命名为"星际空间运输系统"（Interplanetary Space Transporter），随后历经多次更名和设计调整，最终定名为"星舰（Starship）"。

作为人类有史以来第一个完全可重复使用的太空穿梭系统，星舰是一艘未来感十足的宇宙飞船，它被堆叠在一个高71米、直径9米的超重型火箭助推器上。飞船和火箭两级相加超过120米，起飞质量约为5000吨，起飞推力7500吨[1]。这样的运送能力超过了人类之前建造的所有火箭，并且飞船和火箭两级均可重复使用。

---

[1] 根据2023年11月星舰第二次入轨试飞公布的参数，星舰分为两级，顶部为星舰飞船，高50米，总重约1350吨，配备6台猛禽发动机，主要用来运载人员和货物。底部的超重型火箭助推器高71米、直径9米，推进剂加注量为3400吨，配备33台"猛禽"发动机，起飞总推力超过7500吨，推重比接近1.5。

从 2019 年 9 月至 2020 年 12 月，SpaceX 制造了多个星舰飞船的原型机，并进行了多次短距离的高空试飞，外观也从早期的"垃圾桶"形状，进化成如今的模样。

2023 年 4 月 20 日、11 月 7 日，以及 2024 年 3 月 14 日，在美国联邦航空管理局的批准下，星舰连续进行了三次轨道级试飞，引发了全球科技爱好者的直播刷屏，人们在热切关注之余也展开了一场有趣的辩论——这三次试飞究竟算是失败还是成功？

如果按照传统航天以结果论成败的思维评价，前两次试飞均未达到最终预设目标，很难算得上成功；第三次试飞成功达到了轨道速度，但火箭在返回阶段发生解体，也算不上完美。但是从过程来看，SpaceX 一直采用"以飞代试"和"快速迭代"的研制模式，三次飞行测试进步明显，直接提供大量一手数据，促成技术修订和地面设施升级[1]，无疑又是巨大的成绩。

更为重要的是，能在短短一年不到的时间内完成三次轨道级试飞，这本身就是一件非常了不起的事情，让全世界看到了 SpaceX 惊人的火箭制造能力。在 2023 年 11 月星舰第二次试飞"炸箭"后不久，马斯克在自己的社交账号上展示了 4 艘星舰飞船并列摆放的场景，也间接印证了他此前"仅需要 3—4 周准备就能进行下一次试飞"的豪言。

北京时间 2024 年 6 月 6 日 20 时 50 分，第四艘完整版星舰从位

---

[1] 星舰首飞失利后，SpaceX 在 2023 年 11 月复飞的星舰上完成了 1000 多项修改更新，并进行了 63 次美国联邦航空管理局（FAA）规定的修正。例如星舰飞船和助推器的级间分离由常规分离改为热分离；首次采用新设计的电动推力矢量控制系统，在简化设计及减轻质量的同时，使得猛禽发动机调整喷口方向变得更为精确迅速。在地面设施上，SpaceX 启动了发射台防护结构改造，包括底部的桩基和混凝土施工、安装水冷钢板系统以及水箱等辅助设施。

于美国得克萨斯州博卡奇卡的发射基地发射升空，并首次实现包括海面软着陆在内的所有任务目标，标志着这款人类历史上最强火箭终于成功完成试飞。和前三次试飞引发的巨大轰动相比，这次各路媒体和全球航天爱好者们普遍淡定了许多，似乎认为第四次试飞成功理所当然。

从蚱蜢、猎鹰到星舰，马斯克曾经吹过的"牛"，正在一个一个兑现。公司经营方面，SpaceX 这家烧钱长达 20 余年的私营航天公司，也终于在 2023 年首次实现了赢利。根据公司披露的财务数据，SpaceX 在 2023 年第一季度实现了总共 15 亿美元的营收，获得了 5500 万美元的净利润。这一年里，马斯克的个人财富也增加了 1084 亿美元（约合人民币 7700 亿元），身家达到 2549 亿美元（约合人民币 1.82 万亿元），稳居全球首富位置。

02

全球角逐：抢占太空经济制高点

一、五个亿万富翁的太空生意

商业航天给马斯克带来极大声誉的同时，也帮助他本人实现了进一步财富积累，但严格意义上说，马斯克并不算是商业航天的鼻祖。早在 SpaceX 成立之前，就有不少人将目光投向太空创业，其中不乏马斯克在互联网和移动通信领域的"前辈"，例如保罗·艾伦、高尔文、维勒、贝佐斯等人。

由于这一领域的高投入、高风险，以及早期在商业回报上的不确定性，太空创业历来被视为"有钱人的游戏"，入局的玩家要么是实力财团，要么就是在各自领域功成名就的亿万富翁。而在这些人当中，除了一部分真正将航天当成一门"生意"来经营的人之外，另一批人则带有较强的玩儿票色彩，支撑其源源不断烧钱投入的大部分动力，源于创始人的太空"情怀"。

20 世纪末，随着超级大国之间较量的缓和，人们更多地将目光投向经济与科技的发展上，太空不再被认为是高不可攀的领域，商人和梦想家也开始投身其中。这批人堪称大航天时代的拓荒者，为全球航天商业化探寻新航线。

高尔文的"铱星"败局

1997、1998这两年，摩托罗拉（美国摩托罗拉公司）新任首席执行官克里斯·高尔文，陶醉在一枚枚火箭升空的场景中，畅想着改造世界的美妙计划。

这两年间，摩托罗拉投资的美国铱星卫星通信公司（以下简称"铱星公司"）密集发射了数十颗卫星，与一年前发射的试验卫星一起，组成一张共计66颗卫星的低轨"星网"，计划使无线通信网络覆盖全世界的每一个角落。这项人类通信史上前所未有的创新构想，从1987年开始便在克里斯·高尔文和他的父亲——摩托罗拉时任董事长罗伯特·高尔文的支持下开始筹划。经过11年的漫长技术通关，耗资50亿美元的铱星公司终于在1998年11月1日宣告组网完毕，正式投入商业运营。

然而，仅仅15个月之后，这家吸引了全世界眼球的公司便陷入前所未有的危机——高昂的终端使用成本、笨重的接收设备、无法在室内使用的致命硬伤，令铱星公司在商业开拓的道路上几乎完全陷入泥泞。2000年3月18日，背负40多亿美元债务的铱星公司，在纽约联邦法院宣布正式破产。

在铱星公司踏上"星辰大海"漫漫征途的这十年间，地面世界的变化远超人们预期。作为一项浩大的前沿科技工程，卫星通信需要在运载发射、精密制造、通信传输等漫长的技术链条上持续煎熬，而此时的地面通信技术，却在"摩尔定律"的驱使下，快速完成着一轮又一轮的迭代。这场希望通过"太空技术"完成降维打击的通信革命，最终败给了发展更为稳健的地面通信技术。但是铱星公司的故事，并没有因此结束。

接手铱星公司的丹·科卢西，重新梳理了铱星公司的业务定位。他将服务对象聚焦在更加靠谱的军方客户身上，凭借地面通信不可替代的全球覆盖优势，获得了美国五角大楼为期5年、每年3600万美元的巨额订单。紧接着，科卢西成功说服五角大楼动用其特别权力，补偿私人公司为维护国家安全利益所蒙受的损失。

2001年的"9·11"事件，让铱星公司的价值重新得到展现，卫星电话为整个救援工作提供了关键的通信联系。"9·11"事件之后，铱星公司的总通话时长提高了25%，总计通话费用为"9·11"之前的4倍。这家命运多舛的"星座"运营商，终于在国家力量的庇护下，找到了自己的用武之地。

这是继1984年美国《商业太空发射法案》颁布，允许民营企业涉足火箭发射业务以后，人类商业航天历史上的第二轮风口。美妙的故事催生了资本对商业航天的追捧，却又因无法兑现市场的承诺，在巨大的资金无底洞中纷纷坠向深渊。1997—1999这三年间，密集发射卫星的除了铱星公司，还有美国全球星公司（Globalstar）和美国轨道通信公司（Orbcomm）两家公司。但在接下来的三年里，这三家公司又纷纷迎来戏剧性的大转折，先后申请破产保护。

经过一系列破产重组和业务调整，三个"星座"最终绝地重生，实现了命运的逆转。他们不再醉心于向资本市场讲述虚无缥缈的故事，而是踏踏实实专注于自己力所能及的业务。2001年，拿到美国国防部高额补贴的铱星公司，在处理完债务问题后轻装上阵，挥出了自我重振的"三板斧"。

"第一板斧"是重新梳理市场定位。2001年，铱星公司开始提供互联网连接服务；2003 年，开始试水每条收费 40 美分的短信服务。曾经战天斗地的铱星公司，这一次摆正了自己的位置，不再与地面通信正面对抗：除了订单可靠的军方用户外，民用领域主要服务于偏远地区的刚需用户，如矿山开采、远洋运输、海上石油钻井平台、救灾抢险、野外旅游的组织和个人。

"第二板斧"是狠抓成本控制。在科卢西施行的一系列措施下，铱星公司将通话费用从每分钟 7—13 美元降到每分钟 1.5 美元，服务费下调到每分钟 10 美分；手机终端的价格从 3000 美元降到 1300 美元，而纯数据收发装置的价格则从 800 美元降到 250 美元。接近地面通信的价格水平，让更多用户用得起卫星通信服务。

"第三板斧"则是提升用户体验。针对终端设备笨重的诟病，铱星公司联合老东家摩托罗拉持续研发小型化移动终端，并升级卫星系统，使之有接近地面站的通信传输能力。

2004 年 7 月，铱星公司开始扭亏为盈。2008 年 11 月，铱星公司推出了小巧、灵敏度高的新产品 Iridium 9555；当年，铱星公司销售收入超过 3 亿美元，利润高达 5400 万美元，雄踞三大"星座"之首。至此，铱星公司以一个崭新的面貌，出现在移动通信市场。

2010 年前后，重获新生的三大"星座"也面临着一个新问题——第一代卫星设计寿命即将到期。三大低轨通信"星座"纷纷启动升级换代计划，率先启动二代星计划的公司是全球星。2010—2013 年，全球星公司完成了 24 颗第二代星的发射，每颗重约 700 千克。除了与地面的固定网和移动网兼容外，第二代"全球星"还增加了基于卫星的 WiFi 服务，使用户通过智能手机就可以直接上网。

"下一代铱星"（Iridium-NEXT）星座，是其中系统最复杂、耗资最为巨大的。在铱星公司的计划中，下一代铱星系统的卫星质量会更轻，造价将降低一半，在增加诸多新功能的同时，传输速度将是上一代星座的 100 倍，且每颗卫星留有 50 千克以上的有效载重余量，让其他服务商能够以搭载铱星的方式完成全球星座的建设，而不需要自己去研制一个卫星星座。

经历过一轮脱胎换骨的传统"三大星座"，在第二代星座的布局计划中，显得低调务实了许多。

维勒和马斯克的超级星座

以铱星公司为代表的通信星座大败局硝烟尚未散去，新的世纪悄然来临，人类再一次嗅到了通信变革的味道，开启了新一轮星座布局的热潮。这场"造星运动"的规模远胜当年，除了铱星、全球星、轨道通信三家公司陆续提出自己的第二代星座计划之外，还有两位亿万富翁相继入局。

2002 年，靠做 CPU（中央处理器）散热器生意赚到第一桶金的格里格·维勒创建了一家名为"地面通信"的企业，主要业务是在当时非洲通信最落后的国家之一卢旺达建设 3G 移动电话系统。但是当这个系统建好后，维勒本人却并不满意——这个通信系统顶多算一个大号的局域网，只能解决一个大陆小国的通信问题。要实现跨越大洋、覆盖全球各个角落的通信互联，必须找到一种能替代地面光纤和电缆网络的新型连接方式。

这种新型连接方式就是卫星互联网。维勒随即开始了第三次创业，筹资组建了 O3b 公司。O3b 全名叫作"Other 3 billion"（其他 30 亿），旨在建设一个工作在 Ka 波段的中地球轨道（MEO）卫星星座，服务地球上"其他 30 亿"无法与世界连通的人群。但是，由于 O3b 面向的主要客户是电信运营商，全球仍然有相当一部分人群是这些运营商也无法覆盖得到的。不满足于给大户打长工的维勒，将目光投向了低轨互联网星座，注册了一家名为"WorldVu"的公司。这家公司继承了 20 世纪 90 年代末互联网星座热潮留下的设计思想和资源遗产，其中包括从一家名叫"天桥"（SkyBridge）的公司手中买下的频率使用权。

WorldVu 的早期投资者中，包括谷歌公司和埃隆·马斯克。彼时的马斯克，正好需要给自己的猎鹰火箭找到可以批量采购的潜在买家，维勒疯狂大胆的计划正中马斯克下怀。

然而，这两个掌控欲都颇为强烈的男人之间仅仅短暂地擦出了火花，很快便由于技术和经营理念不合而分道扬镳。格里格·维勒希望从一开始就把尽量多的合作伙伴吸引过来，承担从卫星制造到市场运营的各个环节。而马斯克更希望将卫星制造、发射，用户终端开发和商业运营都掌握在自己手中，以最大限度地控制成本和确保质量。

两人散伙之后，维勒继续坚守 WorldVu，并于 2012 年将公司名字改为 OneWeb。马斯克则选择另起炉灶，随后提出了自己的卫星互联网计划——"星链"（Starlink）。

2016 年 OneWeb 在向美国联邦通信委员会（FCC）提交的计划中表示，将向距离地面高度 1200 千米左右的近地轨道（LEO）发射大约 720 颗小型卫星，打造一个巨型低轨卫星星座。此外，OneWeb 还计划建设一个由 1280 颗卫星构成的中轨道（MEO）星座。一旦这个横跨中低轨道的卫星星座建成，其他非静止轨道卫星星座就不能再使用 OneWeb 所占用的 Ku 频段，SpaceX、Leosat 等公司的规划频谱都将受到冲击。

而马斯克的"星链"则更为惊人。根据 SpaceX 早期提出的计划，将在 21 世纪 20 年代中期之前，在三个轨道面上部署 1.2 万颗近地卫星[1]。2019年，FCC代表SpaceX向国际电信联盟（ITU）提交申请，计划额外发射3万颗卫星，最终这个超级星座的卫星总数将达到4.2万颗。

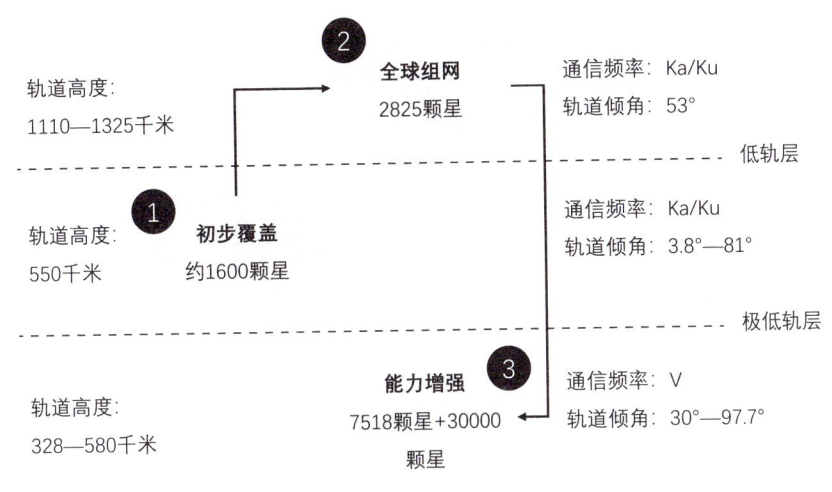

```
②  全球组网              通信频率：Ka/Ku
   2825颗星             轨道倾角：53°
轨道高度：
1110—1325千米
                                             低轨层
①  初步覆盖              通信频率：Ka/Ku
轨道高度：  约1600颗星    轨道倾角：3.8°—81°
550千米
                                             极低轨层
③  能力增强              通信频率：V
轨道高度：  7518颗星+30000 轨道倾角：30°—97.7°
328—580千米  颗星
```

图 2-1 "星链"（Starlink）计划实施三个阶段

注：上述三个阶段计划由 SpaceX 于 2015 年提出，后经多次修改。此图为 2019 年 4 月经 FCC 批准后的调整方案。

资料来源：钛禾智库团队整理

一场史无前例的太空棋局正式摆开。为了达到先发制人的目的，维勒凭借自己在电信行业积攒的声望，把产业生态圈中的各类资源方都发展成了合伙人——日本电信巨头软银公司、英国航空旅游巨头维珍公司、制造卫星的美国休斯公司和法国空客公司、芯片巨头

---

[1] 根据 SpaceX 于 2016 年向美国联邦通信委员会（FCC）提交的发射计划，将在 1110—1325 千米的轨道高度上部署 4425 颗卫星。但是后来 SpaceX 三次提出修改申请，将拟发射卫星全部改为在 540—570 千米轨道高度运行，并将此区间的卫星数量调整为 4408 颗。美国联邦通信委员会（FCC）也不顾众多竞争对手的反对，最终批准了这些申请。而在 345 千米的超近地轨道上，SpaceX 还将部署 7500 颗卫星。

美国高通公司、提供轨道和频率资源的国际通信卫星公司、提供分销服务的全球各地区电信运营商，甚至包括卖饮料的可口可乐公司。维勒认为，可以通过可口可乐分布在全球的饮料销售网点，直接面向终端用户搭售卫星数据服务。

截至 2020 年 3 月 OneWeb 申请破产保护前，这些战略投资者总计向 OneWeb 投资了 34 亿美元。尽管维勒凭借长袖善舞编织了一张巨大的商业生态网，但是在技术和产品端却做得不如人意，由于团队低估了卫星制造和发射的难度，导致单星成本大大超出预期。2020 年年初，新冠疫情引发的美国金融市场动荡，给了这家一直依赖融资输血的明星公司致命一击。

和广泛结盟的 OneWeb 相比，"星链"选择自建闭环的商业模式。卫星制造方面，马斯克强调核心能力自主，采用高度集成平板设计，大量系统部件采用标准产品，用批量化、工业化的方式制造卫星，在单星成本上远胜 OneWeb[1]；卫星发射方面，SpaceX 通过垂直整合的商业模式，使用自主研发的"猎鹰"系列运载火箭提供发射和回收，大幅降低了发射成本。以此计算综合运营成本，"星链"每兆带宽的单月成本足足胜出了 OneWeb 12 倍之多[2]。上述种种优势，也让 SpaceX 的"星链"计划成为当前全球太空互联网最经济、最高效的应用案例，且没有之一。

从技术和商业角度来看，这盘超级星座的大棋，马斯克完胜第一局。但是，OneWeb 的命运并没有就此停止，格里格·维勒苦心

---

[1] 据公开资料，2019 年发射的"星链" V1.0 版本（不具备星间激光通信能力）单星制造成本大约为 50 万美元，而同期竞争对手 OneWeb 的单星制造成本约为 338 万美元，二者相差 6 倍多。

[2] 根据综合成本计算，"星链"卫星每兆带宽的单月成本约合 3 美元，根据其 20 美元的报价，利润率近 7 倍，而 OneWeb 的此项成本约为每兆每月 37 美元，和"星链"相差了 12 倍有余。

经营多年的"政商朋友圈"再度发挥作用。2021年7月，包括英国政府、印度电信集团（Bharti Global）、欧洲通信卫星公司（ETCMY.EU）、日本软银集团、韩国韩华集团等在内的多国政府和财团联合出手，帮助OneWeb完成了资产和债务重组，并注入了新一轮发展的资金。

布兰森和贝佐斯的太空船票

正当卫星星座的竞争如火如荼之时，英国商业领域的"嬉皮士"理查德·布兰森和美国"电商之王"杰夫·贝佐斯则将目光投向了另一桩潜力无穷的太空生意——商业化的太空旅行。

太空旅行并不是新鲜事。2001年，美国富商丹尼斯·蒂托花费约2000万美元乘坐俄罗斯"联盟"号飞船进入太空，并在国际空间站里居住了8天，由此开创了富豪太空游的先河。

富豪们为了追求极致体验，愿意一掷千金来圆自己的太空梦想。正面临资金匮乏的俄罗斯航天局遇到了这些金主，自然也乐意赚这份外快。但毕竟这是第一次由非专业宇航员进入太空，丹尼斯·蒂托为了这次太空圆梦，经过了重重严格的体检，并在莫斯科接受了大量的专业训练和各项测试。

如何让普通人也能畅游太空，成为航天航空界长期以来探索的一项有趣课题。归纳起来主要有4种途径：飞机的抛物线飞行、接近太空的高空飞行、轨道飞行和亚轨道飞行。其中，亚轨道飞行指航天器飞到距离地面约100千米的位置，也就是"卡门线"[①]附近。在这个高度游客既能享受到几分钟的失重体验，又能欣赏到绝佳的地球美景。由于价格相对低廉、能覆盖更多用户，亚轨道飞行成为

---

① 卡门线（Kármán line）位于海拔100千米（3.3万英尺）处，是被国际航空联合会所接受，且被全球广泛认可的外太空与地球大气层的分界线。

最具可行性的一种太空旅行实现方案。

作为英国最具有传奇色彩的亿万富翁，理查德·布兰森以特立独行、热爱冒险著称，其创办的维珍集团旗下拥有 200 多家大小公司，业务和产品涉及航空、金融、铁路、唱片、婚纱，甚至安全套。早在 1999 年，冒险因子再度爆发的布兰森就将目光投向了太空旅行，注册了维珍银河商标，却长期没有进展、毫无头绪。

2004 年，著名航空工程师伯特·鲁坦（Burt Rutan）建造的"太空船一号"（Space Ship One）完成了数次高度超过 100 千米的飞行，成为第一架把普通人成功带到亚轨道空间的私人飞行器。"太空船一号"的设计思路是建造一架双机身的喷气式飞机作为载体，并将载人飞船挂载到双机身中间。载人飞船在平流层的高空中被释放，然后依靠自身动力飞向太空边沿，实现亚轨道飞行。伯特·鲁坦由此赢得了金额 1000 万美元的"安萨里 X 大奖"。这部形状奇特的飞行器立刻引起了布兰森的关注，他找到了伯特·鲁坦与其背后的资助者——微软联合创始人保罗·艾伦（Paul Allen）。三人一拍即合，由布兰森出资控股，伯特·鲁坦负责技术开发，专注于太空旅行业务的英国维珍银河公司（以下简称"维珍银河"）由此诞生。

在"太空船一号"的基础上，维珍银河开始了"太空船二号"的研发之路，但过程却充满曲折。2010 年 3 月 22 日，"太空船二号"完成首次运载能力测试飞行，测试飞行仅持续了几分钟，测试飞行过程中，"太空船二号"未能和负责搭载它的"白骑士二号"脱离。随后的 2014 年 10 月 31 日，"太空船二号"在试飞过程中坠毁在美国加利福尼亚州的沙漠，造成一名飞行员遇难，另一名飞行员重伤。这次严重的坠毁事故后令全球舆论一片哗然，很多人认为布兰森的太空旅行计划将会就此止步。

然而，维珍银河在"太空船二号"的基础上，很快开发出了全新的太空船。英国著名物理学家斯蒂芬·霍金为其命名"VSS Unity"。2018—2019年间，"VSS Unity"共开展了5次试验飞行，在这5次试飞中，维珍银河不断提升"VSS Unity"的飞行高度直至达到太空边界，并围绕其安全性展开验证。

其间，为了支撑巨大的研发投入，维珍银河除了通过努力融资和商业合作来获得资金外，还搞起了船票"预售"模式，只需以折合人民币不到300万元的价格①，就能获得一次短暂的太空失重体验。到2019年，已有600多人支付定金，定金总额达8千万美元。仰仗着布兰森的个人影响力，下单客户中不乏布拉德·皮特、哈里王子、霍金、贾斯汀·比伯、汤姆·汉克斯等知名公众人物。

2021年7月11日，在拿到由美国联邦航空管理局（FAA）颁发的全球首张"私人太空飞行商业牌照"之后，71岁的布兰森和其他三位乘客、两名飞行员一起，乘坐"VSS Unity"进行了商业飞行处女航，整个过程大约90分钟。"VSS Unity"由搭载它的"白骑士二号"飞机运载升空，与飞机脱离之后，借助自身动力进入亚轨道，在到达距地表约86千米后逐渐减速降落。

值得注意的是，"VSS Unity"的飞行高度虽然符合美国联邦航空管理局（FAA）规定的距地表80千米的"太空分界线"，但并未达到"卡门线"，布兰森"商业太空旅行第一人"的身份也由此引发广泛质疑，其中最不服气的当属蓝色起源公司的创始人贝佐斯。

作为布兰森在太空旅行领域最大的竞争对手，贝佐斯的个人财力和影响力丝毫不逊于布兰森，其一手创办的亚马逊网站是目前全

---

① 2005—2014年间，维珍银河曾接受商业太空游座位预订，每个座位票价20万至25万美元，此后售出的200张门票价格涨至每张45万美元。

球最大的电商平台之一。2000年,贝佐斯使用私人资金创建了蓝色起源,以实现他少年时期的宏大梦想——太空殖民计划。

与维珍银河选择的"飞机挂载飞船"技术路线不同,蓝色起源更接近传统航天的技术路线,其研制的亚轨道载人飞行器"新谢泼德"(New Shepard Rocket Ship),外形更像是一枚矮胖的火箭,竖立在发射架上垂直点火起飞,将顶端的载人舱推上高空,而后与载人舱分离,载人舱在"卡门线"停留4分钟左右后,以反推方式垂直落回着陆场。

2015年11月24日,"新谢泼德"火箭成功飞抵距离地面100.5千米的高空,并实现软着陆与回收,成为人类历史上首枚越过"卡门线"的可重复使用火箭。随后"新谢泼德"火箭共进行了15次无人飞行,以测试其安全可靠性。

2021年7月20日,就在布兰森"太空"旅行的9天后,"新谢泼德"火箭成功将贝佐斯及其他三位乘客送往距离地表107千米的高空,这次太空旅行耗时约10分钟。这也是"新谢泼德"火箭的首次载人飞行,贝佐斯成为继布兰森之后第二个乘坐自家公司研发的航天器进入亚轨道旅行的企业家。

两大亿万富翁为了争抢"商业太空旅行第一人"的头衔,不惜以身犯险,亲自充当第一批乘客,虽然赢得了光环与喝彩,但是距离太空旅行的真正商业化成熟依然遥远,亏损的阴霾长期笼罩着两家公司。

维珍银河尽管通过预售船票筹集了部分资金,但依然面临连年亏损、股东"出逃"的窘境。创始人布兰森更是多次套现,并公开表示他不打算进一步投资这家亏损的公司。蓝色起源依靠贝佐斯近年来大量出售亚马逊股票不断输血[①]，但离盈利仍然遥遥无期。

两家公司同样面临着后来者的竞争。就在布兰森和贝佐斯还在为争夺"第一人"头衔互打口水仗之时，马斯克的 SpaceX 在仅仅两个月后，于 2021 年 9 月 16 日，也用一艘二手的"龙"飞船进行了首次"全平民"太空旅游发射，将四位太空游客送到距离地面 575 千米高的轨道上环绕地球飞行，进行为期 3 天的太空旅游观光——相比于前两者只是在亚轨道短暂飞行停留，马斯克搞的这次入轨太空旅游才堪称货真价实。

抛开竞争背后的梦想、荣誉以及商业目的，富豪们投身太空旅行的勇气与坚持更加可贵——正是有了这群人的激情投入，才让太空旅游的平民化加速实现，成为普通人参与太空探索、身临地球之外广袤宇宙的第一步。

二、新航天，新经济

不管是建设卫星星座还是发展太空旅游，高尔文、维勒、马斯克、布兰森、贝佐斯这些亿万富翁之所以投身太空事业，都是因为看中了地球之外所蕴藏的巨大商机。这一商机并非来源于政府工程的向外承包，而是出于市场对新技术的自发需求。

从这几位富豪的商业履历来看，他们都堪称各自领域的冒险家，深知抢占先机的重要性。虽然地球之外的生意风险巨大、周期漫长，但是从长期来看，"有利可图"才是这些精明商人义无反顾投资航天的根本原因。

[①] 贝佐斯曾在 2017 年作出承诺，计划每年出售约 10 亿美元的亚马逊股票来支持蓝色起源。

既然要有利可图，那就决定了性价比必然是重要的竞争指标之一。而航天的高技术、低容错特性，又让这些商业公司很难以偷工减料的方式来降低成本，而必须通过技术创新和组织创新来实现。这就让航天活动的内生变革，从单纯的政治效益驱动，加入越来越多的经济效益因素。

从全球主要航天强国的态度来看，大多数国家也乐于推动这种变化。不仅仅是因为单凭国家政府财政已难以负担越来越复杂、多元的航天新技术研发，更重要的是，航天活动所带来的经济效益和技术外溢，已经越来越广泛渗透到社会生活的方方面面。"太空经济"不仅仅是地球之外的新经济、新商机，也正在深刻影响地球上生活着的每一个人。

太空经济

自从 NASA 正式将商业航天当作一个重要体系加以扶持之后，美国各界就不遗余力地宣传商业航天的光明前景。2006 年，美国太空基金会首次公开发布了《航天报告——全球航天活动指南》，报告颠覆了传统航天的分类方式，将全球的太空活动及太空产业重新划分为 6 大类 31 个小类。此后，每年《航天报告》都会照例发布一次，成为全球航天活动最权威的指南。从 2019 年开始，该报告的发布频率提高到每季度一次。

以这份报告为根据，2007 年 9 月，时任 NASA 局长迈克尔·格里芬在纪念 NASA 成立 50 周年的演说中，正式提出了太空经济概念，论述了航天活动带来科技创新，而科技创新又将反过来推动太空经济持续发展。格里芬阐述的太空经济包括卫星通信（如无线电通信、卫星电视和远程医疗等）、点对点的全球导航、天气预报与气候监测、保障国家安全的太空资产等，也包括刚刚出现的太空旅游以及发展中的太空后勤服务，后者可以帮助商业性的太空旅游形成一种可持续赢利的商业模式。

太空经济概念的提出，意味着人类正式将航天活动的机制效益拓展到了经济层面，全球航天活动进入一个崭新的阶段。在这个新阶段，航天活动将直接服务于社会经济，以商业航天为代表的大航天时代呼之欲出。

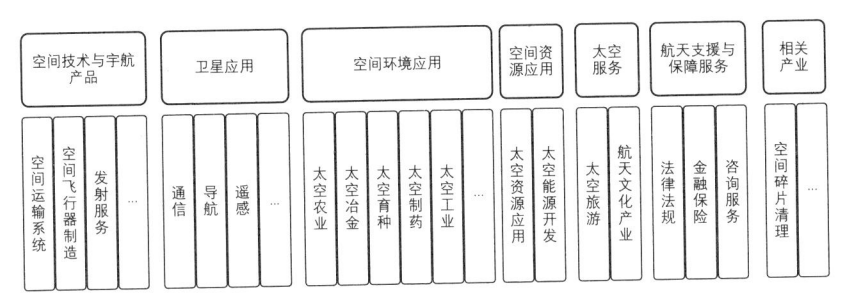

图 2-2 "太空经济"主要业务范围

资料来源：美国卫星产业协会（SIA）等

与传统军事航天、民用航天相比，商业航天的辐射面、带动面更能深入国民经济的各行各业，投入和参与主体也由原来较为单一的政府和科研院所扩展到各类用户单位、市场化公司、高校，甚至民间团体和个人。

传统航天技术起源于国防事业，虽极大促进了科技进步，却难以形成直接经济价值。美苏之间的太空竞赛带来了航天技术的跨越式发展，国家不遗余力地投入，带动了电子科技、材料科学、精密加工等领域的快速发展，各项技术成果转化令人类社会受益匪浅，间接带动了若干高科技产业的崛起。但是，这个阶段的航天活动，不论是发射卫星、载人航天还是深空探测，大多数服务于军事目的或政府目的，很少能对全社会形成直接经济价值。此阶段航天活动的主要驱动力仍然是政治效益而非经济效益。

大航天时代的一大显著特点，是航天技术的应用场景向着更广阔和纵深的方向发展，带来直接经济效益，形成相关垂直产业。其中，广阔是指航天技术与新技术紧密结合，形成了新的商业机会和想象空间，例如太空旅行、在轨科研、太空资源开发等应用方向。纵深则指传统应用方向上的技术挖掘和持续迭代，并向着商业化方向拓展，例如传统卫星应用主要包括通信、导航、遥感三大方向，其中卫星应用服务环节被认为是最重要的赢利终端，是整个行业需求的源泉。如今，基于传统的通信、导航、遥感技术，并和各行各业技术融合，发展出了新一代卫星互联网、高精度定位和图像测绘等，这些前沿技术与终端应用场景结合，兼具战略价值和广阔的商业前景，形成了新的垂直行业和商业模式。

据美国太空基金会2023年发布的《航天报告（2022）》统计，世界太空市场中的政府和商业收入攀升至5460亿美元，预计未来五年将再增长41%。商业航天收入占全球太空经济的78%，高达4266亿美元，相比于上一年增长了8%。除了经济效益，商业航天还辐射出巨大的社会效益。在欧洲和美国，商业航天是目前主要的就业增长点。在4266亿美元的商业收入中，太空产品和服务约占1/3；剩余1/3属于航天基础设施及相关产业。

开辟新场景、孵化新产业

新航天开辟的新场景、孵化的新产业，不仅包括传统航天运输、卫星应用的商业化延伸，还包括空间站应用、太空工厂、太空资源开发、航天器安全保障等众多新兴领域。

航天运输方面，载人航天和货物运输领域都涌现出一批商业化公司在探索新场景，并逐步实现产业化。其中，载人航天开辟的新场景以航班化航天运输、太空旅游为代表。航班化航天运输指航天、航空融合的未来交通方式，通过临近空间高超声速飞行，实现 1 小时内全球抵达——据瑞士银行（UBS）预测，未来该领域市场规模至少达到 200 亿美元。太空旅游被认为是目前新航天中最完整的产业场景之一，具有消费者购买服务、定制火箭和返回舱的较全产业链，目前全球已经有维珍银河、SpaceX、太空冒险（美国太空冒险公司）、蓝色起源等公司在实际开展业务。

无人航天的主要商业价值在于货物运输。除了传统的空间站物资运送，以及正在探索的点对点洲际运输之外，由于"进入太空"噱头十足，近年来还形成了一些颇具个性化的新型服务，例如通过航天器搭载一些特殊物品进行亚轨道或轨道飞行。这些搭载的物品也非常有意思，例如各类纪念物、逝者甚至宠物的骨灰等，并衍生出了如太空葬、行星葬等新概念服务，涌现出了一批如 Celestis、Elysium、Ascension Flights 之类的特色服务公司。

卫星应用形成的新产业主要是围绕卫星数据形成的融合应用服务，也包括由新型卫星应用带动的配套产业。卫星通信领域，除了全球各国正在踊跃建设的宽带互联网星座外，还有一批商业公司专注打造窄带物联网星座[①]，为垂直行业提供低成本物联网服务。而通信、导航、遥感三大传统卫星功能与各类场景化智能技术深度融合，又孕育出若干前沿技术，涉及领域包括环境、安防、海洋、农业、林业、能源电力、工程基建、智能汽车等，甚至可以通过卫星数据

[①] 海外从事卫星物联网建设的代表性公司包括 Astrocast、Fleet Space Technologies、Hiber、Kepler Communications、Lynk、Myriota、Skylo、Swarm Technologies 和 Totum Labs 等，其中 Swarm Technologies 在 2021 年 7 月被 SpaceX 收购。中国也有一批商业航天公司相继提出了天基物联网星座计划，包括航天科工集团的"行云工程"，国电高科的"天启星座"，九天微星的"瓢虫系列"等。

分析全球石油市场、区域农作物长势[①]等，由此赋能产业金融。

除了火箭和卫星之外，空间站的建设运营也正在逐渐由商业化公司接棒。公理太空（Axiom Space，美国公理太空公司）成立于2016年，这家商业公司的创始人和核心成员大部分来自NASA，目前正致力于依托国际空间站建造商业空间实验室模块。这个模块可以提供居住和空间实验环境，计划展开微重力科学、材料科学、生命科学、遥感等领域的在轨科研。公理太空实验室模块将在国际空间站退役时接棒美国部分，和国际空间站分离并重新组合，成为全球首个独立运行的商业空间站。

空间站提供的在轨科研条件，也孕育了一批基于太空环境开展前沿技术研究的新兴科技公司，这些公司在太空特殊的环境中，能够研发出地球上无法实现的新制造方法或材料。如美国的太空探戈（Space Tango）公司，依托国际空间站对两个活体类人脑器官进行实验，研究微重力环境对人脑的影响。这种做法并不新鲜，国际空间站在轨运行至今，已经承接了来自学术界、政府机构和商业客户的多项实验，如培育人体组织、制造更纯净的半导体，以及开发新的或更好的药物。在2024财年预算中，美国政府甚至为NASA专门预留了500万美元，用于在国际空间站上开展癌症相关研究。

太空独特的高洁净、微重力环境，也让一些商业公司尝试建造飘浮在轨道上的"太空工厂"。例如美国的太空制造（Made In Space）公司将3D打印技术运用到太空中，开发了一个名为"Archinaut"的飘浮机器人工厂，目前已成功试验在模拟太空环境下

[①] 美国卫星公司URSA Space，通过SAR卫星技术对全球123个国家971个地点的油储进行监测与分析，为石油价格走势提供参考。印度卫星公司RMSI Cropalytics提供的服务，基于卫星对作物进行健康监测和产量估算，其平台可以预测700多个地区的作物单产和总产，为农业部门、社会福利部门、银行、市场提供决策参考。

打印太空零部件，未来可以在轨道上制造重型设备，甚至直接在太空中打印卫星和空间站。

随着人类发射的航天器数量急剧增加，还出现了一批专门为在轨卫星和航天器提供在轨保障、清理太空垃圾①的专业服务公司。例如意大利的 Aviosonic 公司，研制出了帮助在轨卫星规避风险的碎片碰撞预警系统；瑞士的清洁太空（ClearSpace）公司，专门为欧洲航天局（ESA）提供太空垃圾清理服务。

此外，太空中还蕴藏着极为诱人的丰富资源。例如仅在地球公转轨道附近就有近万颗直径超过 150 米的小行星，许多小行星富含珍稀矿产成分。据科学家研究估算，一颗富含铂金的小行星价值可高达 3 万亿美元。一类科技公司也因此将目光投向了太空资源的探测和开发，太空采矿②、能源探测开发，甚至地外生命探索③都成为人类开发利用太空的下一个目标。

这些新产业兴起的同时，也带动了太空金融和保险、太空市场营销、太空法务等相关服务业的萌生。可以说，在蔚蓝色的地球之上、浩瀚的星空深处，处处充满商机。随着技术的不断进步，属于

---

① 人类航天活动开展数十年来产生了大量太空垃圾。据统计，截至 2020 年，尺寸大于 10 厘米的太空垃圾数量已超 3.4 万个，尚有数以万计的微小碎片未在编目之内。太空垃圾的质量从几克至几吨不等，尺寸在几毫米至数十米之间。有些太空垃圾个头不大，但飞行速度极快，达到每秒 6 千米至 7 千米，对航天发射、在轨卫星和载人航天器构成极大威胁。目前针对太空垃圾清理问题，各国科学家尝试了多种手段，包括机械臂抓捕、飞网捕获、磁铁捕获等，但是仍然面临着一系列技术难题。
② 目前，开采小行星矿产的可行性方法有两种：一种是派出采矿机器人搭载飞行器前往遥远的小行星，登陆后开采资源运回地球，但缺点是成本极高，能够携带回来的矿产也非常有限；另一种正在探索的方式是可将一颗重达数百吨的小行星"捕获"进月球轨道，然后近距离进行开采。以当前的技术能力来看，小行星采样只能带回极少量的样品供科学研究使用，还远远不到实现太空采矿的程度。
③ 目前一家名为 JOHNS HOPKINS APL 的公司，承包了 NASA 前往土卫六（土星卫星）寻找外星生命的任务。

全人类的大航天时代才刚刚开启。

新需求、新融合孕育新技术

航天领域历来是大量前沿技术和颠覆性技术的孕育之地。20世纪60年代，阿波罗登月计划总共获得了3000多项专利，美国的高技术产业发展受益匪浅。基于载人航天所衍生出的技术，有3万多种民用科技产品诞生——计算机、人工智能、遥感作业等技术的"军转民"，带动了整个工农业的繁荣。

航天技术的兴起和发展，促进了应用数学、微重力科学、微电子学、信息学、材料学等许多基础科学的发展；太空平台的应用，则使人类突破了地球表面的障碍，直接进入空间或通过各种空间探测器获取资料、信息，为人类对宇宙空间自然现象及其规律的认识与研究提供了前所未有的条件，对空间科学的发展起到了重要的支撑作用。此外，在航天产业链延伸过程中，通过与各产业尤其是当代电子、信息、生物、能源和材料等高技术产业的相互交叉、融合和集成，不断衍生出新型技术与知识产业，还促进了一些新的学科分支的繁衍，如卫星气象学、卫星海洋学、卫星测绘学等。

同时，在航天科技发展过程中，大量独有的设计、生产、试验等核心技术与能力，通过成果转移的方式，广泛而迅速地在其他技术领域获得推广和拓展应用，直接带动相关产业技术进步和产业升级。如太阳能技术、环保脱硫技术等，有助于降低能耗物耗，减少环境污染。据美国蔡斯经济计量学会统计，航天产业的直接投入产出比约为 1∶2，相关产业的辐射则可达到 1∶8 至 1∶14 的带动效应。

大航天时代，随着商业航天发展步入快车道，更多的新技术还将持续孕育，这些新技术将持续、深刻地改变社会经济的方方面面。新航天孕育新技术，主要得益于两方面的优势：新融合和新需求。

首先，新融合带来技术创新。以经济效益为主要驱动力的商业航天打破了传统军事航天和政府主导的民用航天的封闭性，兼具学科交叉、场景融合的属性，还有利于吸收国际先进技术。以智能控制技术为例，航天产业化有可能孕育更新、更好的智能感知与识别技术、智能制导与控制技术、智能规划与决策技术、智能协同与集群技术、智能计算与数据技术、智能设计与优化技术、智能测试与验证技术等，推动类脑智能计算、量子计算、人机融合、高级机器学习等前沿技术取得突破。这方面，在 SpaceX 的数字化、模块化设计，火箭实验室（Rocket Lab）的电泵发动机、真空 3D 电子束打印部件，相对论空间（Relativity Space，美国相对论航天公司）的 3D 打印火箭技术上已经有所体现。

其次，新需求带来技术创新。航天商业化的需求主要体现为低成本、高效率。为了降低成本，SpaceX 一直在可重复使用火箭技术上创新，间接带动了材料、工艺等各项技术的提升。为了提高效率，ACCION 公司和 NASA 合作研发"离子电喷雾推进系统"，比现在使用的冷气推进系统效率更高；Capella Space 卫星服务公司为了满足全天候数据采集需求，一直在努力改进 X 波段的 SAR 卫星技术……

大航天时代，全球航天产业链上的一个新环节，往往就能成就一家公司，更深更远的太空探索也催生各类新技术的蓬勃发展。这些新技术推广应用到其他领域，又将带动各行各业的技术创新和进步，最终服务于我们的生产生活。

三、抢占全球航天价值链

冷战结束之后，世界航天格局也随之发生深刻变化。保持和提升科技竞争力成为各国继续保留航天能力的核心动力,而改革现有体系、拥抱太空经济、发展商业航天则成为各主要航天强国推动航天可持续发展的主要命题。

美国在这方面尝到了巨大甜头,通过将民间资本引入航天领域,并向 SpaceX 这样的商业化公司转移研发成本,不仅实现了大幅度的降本增效,还突破了原有的预算限制,把 NASA 从经费泥淖中解救出来。然而,把一项烧钱的活动变成一个赚钱的产业,并不是美国的独醒和独创,一些国家和地区的航天商业化探索甚至比美国更早,例如俄罗斯和欧洲。

到目前为止,全世界仅有 20 余个国家和组织发射了人造卫星,其中,完全依靠本国力量独立发射卫星的只有美国、俄罗斯、法国、中国、印度、日本、巴西等不到 10 个国家。除此之外的其他国家,都不得不向这些国家购买卫星和其他航天服务。

除美国和中国之外,拥有完整航天工业体系的国家和地区当属俄罗斯和欧洲,为了继续维持在这一领域的竞争力,两大经济体纷纷开启了航天商业化改革。以色列、日本等科技强国在某些细分技术领域也拥有较强的实力,却出于地理条件限制、外部资源依赖、要素禀赋缺陷等原因,很难凭借一己之力打通航天全产业链,只能通过发展一些特色技术,抢占全球航天价值链上的重要环节。巴西、印度等第三世界国家在发展航天工业时会面对更为复杂的问题,比如本国的经济基础、路径选择、航天的"技术主权"等,这些问题直接影响各国的航天工业水平和产业发展模式。

俄罗斯:一波三折的航天商业化

作为曾经能够与美国分庭抗礼的航天强国,俄罗斯的航天商业化之路可谓一波三折。苏联解体后,深陷经济危机的俄罗斯已经难以继续负担航天活动的巨额开支。虽然俄罗斯人继承了苏联的航天工业，拥有令人艳羡的技术家底，但同时也接手了苏联留下的巨大烂摊子。几十年的太空竞赛严重透支了国家财政，僵化的计划体制束缚了手脚，苏联航天科技没能在国民经济的土壤里发芽开花。1992年2月25日，俄罗斯航空航天局[①]成立，负责管理以发展科学、发展国民经济为目的的航天活动，而将军事航天部分移交国防部管理。

俄罗斯航天的开局，基本可以说是穷得一塌糊涂，除了技术之外一无所有。1995年前后，太空预算仅占俄罗斯政府支出的0.2%。到1998年，俄罗斯太空计划资金相比于苏联解体之前被砍掉了80%。新成立的俄罗斯航空航天局虽然跟军方仍然保持联系，却分不到国防部门的预算，不但没有钱也没有权。此外，随着冷战结束，来自俄罗斯国内的航天订单急剧削减，工程项目基本无利可图，组织关系遭到破坏，顶尖人才大量流失，上游供应商价格飙升……种种问题叠加，更是让刚成立不久的俄罗斯航空航天局雪上加霜。

将看家技术拿出来变现，通过商业化反哺国民经济，几乎成了此时俄罗斯航天的唯一出路。1992年，俄罗斯航空航天局成立后的第一项主要工作，就是与俄罗斯国防部、科学院等部门联合制定了《俄罗斯2000年前国家航天计划》，把发展航天工业、推动航天技术成果转化、解决社会经济问题放在首位。俄罗斯航空航天局时任局长科普切夫强调："由于受到资金方面的限制，今后俄罗斯太空开发一定要与用户需求相适应。"

俄罗斯航空航天局时任副局长尤里·G.米洛夫更是明确表示，

---

① 2004年，俄罗斯航空航天局更名为俄罗斯联邦航天局（Russian Federal Space Agency）。通称Roskosmos。

发展商业航天是俄罗斯航空航天局四大任务之一。一方面通过商业投资机构等，构建一套完备的市场生态来支撑航天工业发展；另一方面通过引入竞争机制和推动"军转民"，用更高效率、更低成本，解决生态、气象、地质、测绘、农业等社会经济领域的实际问题。在组织架构上，俄罗斯航空航天局还特别成立了"商业项目协调处"。

这一时期，正值私有化运动在俄罗斯全国上下轰轰烈烈地推行。1994年，在时任总统叶利钦的签署下，曾经制造了世界上第一枚洲际弹道导弹和第一颗人造卫星的俄罗斯能源火箭航天公司（RSC Energia）成为俄罗斯第一家私有化的航天公司。1995年，赫鲁尼切夫国家宇航科研生产中心、能源火箭航天公司与美国洛克希德·马丁公司联合成立了国际发射服务公司，旨在将俄美先进的航天技术相结合，共同开发国际航天发射市场。

但"航天私有化"终究未能成为主流，随后的国有化浪潮给俄罗斯航天带来第二次转折。2007年前后，权力日渐巩固的普京强势出手，将大量私有化的军工资产重新收归国有。2013年，时任俄罗斯副总理罗戈津宣布对航空航天工业实行全面国有化，俄罗斯航天工业的大规模整合正式拉开序幕。与此同时，俄罗斯联邦航天局内部正在饱受财务丑闻、资金匮乏以及严重腐败等一系列问题的困扰。为了根治这些问题，普京于2015年12月28日签署总统令，宣布自2016年1月1日起撤销俄罗斯联邦航天局，由新成立的俄罗斯国家航天集团公司（Roscosmos）[①]取而代之。这一变化意味着俄罗斯联邦航天局将从原先完全由国家财政支持的政府航天机构转变为一家接

---

① 俄罗斯国家航天集团公司由俄罗斯联邦航天局（Roscosmos）与联合火箭航天公司（URSC）合并成立，仍沿用"Roscosmos"这一名称。

受政府监管，并且政府只提供部分资金的国有企业。

但是将俄罗斯联邦航天局转制为国企，并没有杜绝其内部的大面积混乱和腐败现象，Roscosmos 的各种问题仍然被频频曝出，甚至被俄罗斯金融审计机构负责人阿列克谢·库德林称为"最腐败、最浪费资金"的国有企业。与此同时，美国商业航天的迅猛发展也给俄罗斯带来了巨大冲击，俄罗斯航天面临着第三次选择。

随着 2020 年 SpaceX 载人发射成功后，俄罗斯不再是唯一能够将宇航员运送到国际空间站的国家，失去了多年以来的垄断地位。除了载人航天，俄罗斯的太空货物运输也风光不再。2017 年，SpaceX 发射总数第一次超过了俄罗斯（16∶15），且从发射价格来看，SpaceX 猎鹰重型火箭运送 1 吨货物的费用只有俄罗斯质子火箭的 1/2，安加拉 –A5 火箭的 1/3。2018 年，在全球空间商品和服务市场中，俄罗斯所占市场份额只有不到 1%。此时，俄罗斯国内开始出现两种声音：一部分人怀念苏联时代的辉煌，希望政府能继续加强航天产业中的国有力量，认为这样能重返美苏争霸时期的鼎盛，另一部分人则希望学习 NASA 模式，支持私营企业发展商业航天。

2020 年 7 月，陷入"中年困惑"的俄罗斯航天界召开了主题为"太空活动商业化：问题与前景"的大会。俄罗斯国家元首、航天活动主要负责人、商业航天企业代表齐聚一堂，共同探讨商业航天的出路。在这次大会上，俄罗斯航天界终于达成了表面上的共识：从俄罗斯目前的处境看，国家垄断航天产业不是一个好的状态。

但是，在积重难返的官僚体系里，推动私营航天企业发展壮大并不是一件容易的事。俄罗斯联邦航天局转制后不久，普京就曾下令，让 Roscosmos 牵头成立一只国家商业航天风险基金，用以扶持私营航天企业发展。但这项计划在实施过程中却困难重重，新成立的私营航天企业办理资质需要应付一堆繁文缛节，光跑完相关手续就需要三年。截至 2018 年，俄罗斯国内市场上只有不到 10 家私营航天公司，融资总额不超过 1 亿美元，其中发展相对较好的 S7 太空公司（S7 Space），也在随后几年里屡屡遭遇资金困难，甚至被迫中止运载火箭开发。

与此同时，俄罗斯的国有航天企业也在经历连年亏损。2023 年 4 月，俄罗斯国家航天集团公司（Roscosmos）第一副总经理安德烈·埃尔查尼诺夫接受媒体采访时透露，Roscosmos 在 2022 年的亏损高达 500 亿卢布，约合 6 亿多美元，相比于 2021 年 250 亿卢布的亏损金额直接增加一倍。其中固然有西方制裁的原因，但相当大一部分还是源自俄罗斯航天自身的问题。

欧洲："4.0 时代"的航天一体化

20 世纪以来，NASA 就不断将情报共享给欧洲航天局（ESA），希望盟友能紧紧跟随航天商业化的步伐。

实际上，欧洲的商业航天起步并不晚于美国，早在 SpaceX 成名之前就已经发展得红红火火，从运营发射工位到火箭发射、卫星运营，欧洲的私营企业在商业航天全产业链里都有亮眼表现。而欧洲航天局（ESA）的商业合作体系也比美国更加成熟和开放。

冷战后期，通过转让股份和变政府补助为商业购买，欧洲航天活动开始转向更加依靠市场力量的商业化模式。20 世纪 80 年代，在 ESA 的撮合下，法国带头成立了全球第一家商业发射服务公司——阿里安太空公司（Arianespace）[①]，主要为全球客户提供卫星发射与服务。在 SpaceX 注册成立之前，阿里安太空公司已经是欧洲航天局

---

① 阿里安太空公司成立于 1980 年，由 36 家航天与电子公司、13 家银行和法国国家航天研究中心（CNES）共同创立。

（ESA）商业发射项目的总承包商，一度占据全球近地轨道卫星发射市场的半壁江山。

新世纪以来，欧洲开始流行公私合营（PPP）模式开展商业航天项目合作。通过引入私营企业参与航天项目，并大力推进国际合作，不仅可以有效分摊欧洲航天局（ESA）的创新研发成本，还有利于拓展欧洲航天产业在全球的市场份额。其中，欧洲航天局（ESA）的首个公私合营项目是HYLAS-1宽带通信卫星。它由英国运营商阿万蒂（Avanti）通信公司于2006年建造并在2010年首次发射，成本为1.2亿~1.56亿欧元，其中欧洲航天局（ESA）出资0.34亿欧元，印度太空研究组织旗下的商业公司安瑞克斯（Antrix）参与了卫星平台的建造，法国阿斯特留姆（Astrium）卫星公司提供通信有效载荷。

2015年以来，ESA对标NASA，出台了"商业航天发展网络（BSGN）"的一揽子计划：将ESA在近地轨道中由政府运营的实验室转向市场，让私营企业参与近地轨道任务，甚至承担月球计划的部分基础设施建设。目前，ESA已经在近地轨道建立了三个商业项目：冰块（ICE Cubes）、生物反应器快车（Bioreactor Express）、巴托洛梅奥（Bartolomeo）。月球部分建立了两个商业项目：贡希利（Goonhilly）地球站、商业月球任务支持服务（CLMSS）。

此外，ESA也十分重视技术成果转化。2000年左右，ESA下属的技术转让计划办公室（TTPO）揭牌运营。这个办公室的主要任务，是推动成熟航天技术向民用领域进行商业转化。技术转让计划办公室（TTPO）下设商业孵化中心和知识产权池，还拥有遍布欧洲各地的经纪人网络和投资基金。私营企业可以通过自己申请或是等着ESA工作人员主动登门的方式，接触到ESA的宝藏技术。截至2020年，通过这个办公室，ESA已经成功将200多种航天技术转移到非航天领域，诞生了诸如方程式赛车防寒服、地雷探测雷达以及多项医疗保健产品，培育了700多家与太空技术相关的企业，创造了成千上万个新就业岗位。

私营航天企业也可以在技术有偿转让的过程中获得ESA提供的诸多增值服务，包括但不限于资金、技术、ESA的品牌认证、上下游渠道网络，以及全方位的咨询服务。

除了ESA这个大联盟，欧洲各国也都在不遗余力地开发商业航天。法、英、德、意等国的航天局一旦发现有商业潜力的航天项目，就会鼓励研究机构将技术转移给私营企业，进行进一步的商业开发，推向国内外市场。

2015年7月1日，ESA时任局长约翰·迪特里希·沃尔纳在就职演说时表示，"欧洲已经进入'航天4.0'阶段"。2016年11月，ESA在部长级会议即将召开之际，发布了《"航天4.0"》白皮书，书中指出，像工业革命一样，航天演变过程也经历了四次革命。在经历了以16世纪天文学革命（"航天1.0"）、20世纪60年代"阿波罗"计划实施（"航天2.0"）、20世纪80年代国际空间站计划实施（"航天3.0"）为代表的三个重要的发展时期后，航天即将进入"航天4.0"时代。在"航天4.0"时代，私营航天企业持续涌现，学术界、工业界、公众大量参与航天活动；航天发展将由政府、私营企业、社会政治力量共同推动，领域拓展特征明显；航天合作呈现数字化、全球化趋势。

从产业链培育来看，欧洲商业航天的成熟度并不逊于美国。欧洲航天企业输给SpaceX的地方，主要还是在成本控制和经营效率方面。虽然欧洲的整体市场规模和航天技术储备具备支撑商业航天头部企业的条件，但是这些市场分散在近20个国家，技术分散在四五个主要国家，这就决定了欧洲很难整合出像 SpaceX 一样高效率、快决策、竞争力十足的企业。

ESA 也意识到了这个问题。这次部长级会议上还通过了一项名为迈向"航天 4.0"时代的欧洲航天一体化决议。该决议涉及三方面内容：一是确定了欧洲航天一体化目标。强调提升 ESA 在促进欧洲航天创新、协同、开放、激励中的地位，推进 ESA 与欧盟、各成员国以及其他欧洲公私部门合作。二是关于 ESA 的长期计划和产业政策。强调进一步优化产业政策，保持产业地理布局均衡特别是增强产业部门的竞争力、创造力，方便新兴力量和新成员国融入，支持私人投资和创业，推进公私伙伴关系建立，促进长周期、低回报产业能力发展。三是关于 ESA 在"航天 4.0"时代的优化发展。强调提升航天活动和计划执行效率，变革采办和组织管理等管理手段，推进跨国交流，保障基础设施高效持续发展，确保人才、资金和资源，优化采办计划和降低成本等。

从政企关系的角度来看，"航天 4.0"时代和之前航天时代的最主要区别是，欧洲航天企业不再是政府航天计划的被动"接受者"，而正在逐渐成为"陪伴者"。在这个演变过程中，不仅要交融出有形的技术和产品，更需要融合出无形的思维、秩序和目标，成为一种高效率的融合模态。简单来说，就是政府能实现战略目标，企业能够赚钱，社会能获得技术红利。

以色列：专注"小而美"和"高精尖"

与传统巨无霸的发展路径不同，小国由于受地理条件、经济体量等限制，发展航天很难凭借一己之力打通全产业链。在某些技术方面拥有突出特长的国家，专攻个别子领域，也能做到小而美，抢占全球航天价值链上的重要环节。

在拥有本土卫星发射能力的国家中，以色列是面积最小的国家。在航天等高精尖技术的赛道上，以色列特色鲜明，例如受益于国内发达的光学技术，以色列在高分辨率卫星领域独步全球，鲜有国家能比其做得更好、更小、更轻。

以色列航天局（ISA）的前身是一个成立于1963年，由高校主导的研究机构。在ISA成立前的20年间，这个机构为以色列航天事业奠定了坚实的理论基础，并储备了大量人才。1979年，埃及和以色列签订了一系列和平条约，史称《埃以和约》。和约规定以色列的军事力量在3年内全部撤出西奈半岛，这意味着以色列无法进行侦察飞行。但和约不等于和平，以色列急需一个既不违背和约，又能确保本国国防安全的解决方案。

既然搞不了航空侦察，就搞卫星侦察。1983年，以发展侦察卫星为主要任务的以色列航天局（ISA）应运而生。以色列航天局全盘主导的Ofeq系列侦察卫星、TechSAR侦察卫星逐步上线。然而，国土狭小的以色列只有一个帕勒马希姆空军基地可用作航天发射场。由于发射场很小，只能发射逆向轨道，使火箭有效载荷严重折损——这一地理条件限制，要求以色列所有发上天的东西都必须做得更轻、更小，性能还必须好。

由于资源受限，以色列的国防科技发展理念一向秉承"质量高于数量"——只求"王炸"，不求大而全。以色列航天领域专攻高分辨率、轻型、微小卫星，其他环节实在不能做的就找美国、欧洲、俄罗斯帮忙。有这么先进的技术产品，只用于本国国防实在太过可惜，精明的犹太人自然想着将这些技术卖到全世界赚取外汇。从20世纪90年代开始，由以色列国内唯一一家国有航天企业——以色列航空航天工业公司研制开发的军民两用AMOS系列通信卫星和

EROS 系列商业观测卫星，就作为以色列尖端技术的代表，成为以色列航天出口创汇的拳头产品。2015 年，时任以色列航天局局长艾萨克·本（Issac Ben）为以色列设定了一个经济目标——要占到世界航天市场份额的 3%。

至于私营航天企业，以色列此前对其并未刻意扶持，但在内盖夫沙漠贫瘠的土地上，却意外开出了一朵小花——SpaceIL（太空IL，以色列非营利性航天组织）。这是一家专注于登月的私营企业，产品同样具备"微、轻、小"的技术特征。该公司研制的"创世记（Beresheet）"月球探测器号称有史以来最小、最便宜的航天器，也是全球私营企业开发的第一架月球探测器。

2009 年，SpaceIL 的创始人之一约纳坦·温特劳布（Yonatan Winetraub）在 NASA 工作时，偶然看到谷歌举办的登月航天器大赛"Google Lunar XPrize"居然有 3000 万美元的奖金，他当即决定辞职创业。回到家乡后，航天工程师温特劳布、计算机工程师巴什、企业家欧麦，三人在酒吧里正式组团，下决心要造出"创世记"月球探测器。虽然温特劳布后来并没拿到谷歌 3000 万美元的大奖，却获得了以色列电信大亨莫里斯·卡恩（Morris Kahn）的巨额投资。

2019 年 4 月，创世记 1 号最终坠毁于离月球表面 150 米的高度，却"虽败犹荣"。这架月球探测器的净重仅 350 磅，包括发射在内的总成本仅 9500 万美元，史称"麻雀登月"。对此，连温特劳布的老东家 NASA 也发稿祝贺："在人类活动的'处女地'月球，创世记 1 号能砸个坑都算不小的成就。"

私营企业的成绩极大鼓舞了以色列的航天界乃至国民。以色列科学、技术和太空部部长伊扎尔·柴（Yizhar Shai）不无欣慰地对媒体表示："我们已经产生了'阿波罗效应'，鼓励了许多以色列的企业家、科学家，甚至儿童，来参与航天发展。"

日本：亚洲科技强国的突围

相比上述国家，作为亚洲科技强国的日本，在航天方面的成果同样可圈可点。日本航天技术早期主要靠美国扶持，从20世纪80年代开始培养自主研发能力，并在一些方面取得了不俗成绩，大推力火箭、太阳帆卫星、深空探测器的研制一度走在世界前列。

和中、美等国更关注对月球和火星的探测有着明显的区别，日本的深空探测计划重点瞄准小行星开展。2014年12月3日，日本制造的"隼鸟2号"小行星探测器由H-2A运载火箭搭载从种子岛宇宙中心发射升空，并在完成长达6年的太空之旅后，携带小行星样本物质于2020年年底返回地球。

由于第二次世界大战后的军事限制，日本在航天领域的活动一直由政府主导，打着民用航天的幌子发展相关技术，政府小心翼翼地保护着技术研究并尽量不扩散。2010年，关于日本航空航天探索局（JAXA）的改革一度被提上议程。当年4月，曾有一份《日本战略航天政策建议》的报告被提交到国土交通省，报告建议解散日本航空航天探索局，在首相内阁成立一个专注于科学研究的新航天局。在当年9月的国际宇航联大会上，日本政府宣布把航天经费从科研转向商业，并制定了一系列商业发射服务法案，以推动私营航天发展。

然而，各种反对的声音层出不穷，直到8年后的2018年11月15日，日本《宇宙活动法》才姗姗来迟，该项法律许可了私营企业也可以制造和发射卫星。而在此之前，在日本只有日本航空航天探索局和其委托的三菱重工业股份有限公司才可以使用运载火箭发射人造卫星。

目前，日本的航天新势力主要包括研究小火箭的星际科技公司、Space One 株式会社，研究探月机器人的私营航天公司 iSpace 等屈指可数的几家私营公司。其中星际科技公司近年来广受关注，主要因为其创始人堀江贵文曾经是与马斯克、贝佐斯等人有着相似背景的日本互联网大佬。

这位互联网大佬的另一面是航天爱好者，发表过不少支持火箭发展的言论。1999 年，堀江贵文受邀加入了星际科技的前身"夏天火箭团"，并亲手制作了液体燃料火箭。2005 年，星际科技技术团队初步组建。但随后堀江贵文的互联网公司 Livedoor 却曝出丑闻，堀江贵文深陷"重大经济犯罪事件"，前后两次入狱。2013 年，堀江贵文再度出狱之后洗心革面，一头扎在了航天技术上，正式成立了星际科技公司。

2019 年 5 月，在屡经失败和延期后，星际科技公司终于成功发射了日本第一枚商业火箭 Momo-F3。然而，这枚直径仅有 0.5 米的探空火箭，充其量算一个实验项目。如今星际科技公司正在研发直径 1.7 米、长 25 米的两段式运载火箭 ZERO，并宣称将使用从牛粪中提取的液体生物甲烷（LBM）作为 ZERO 火箭的推进剂，旨在瞄准 100 千克以下的超小型卫星发射市场。

另一家小型火箭开发公司 Space One 成立于 2018 年 7 月，由佳能电子、IHI 航空宇航、清水建设、日本政策投资银行等四家株式会社共同出资组建，并在和歌山县建设了日本国内首个民营火箭发射场。2024 年 3 月 13 日，Space One 的小型固体燃料火箭 KAIROS 进行首次试飞，火箭点火升空不久后即发生爆炸。

私营火箭公司屡屡受挫，代表日本"国家队"的大火箭发展也不顺利。2023 年 2 月和 3 月，日本航空航天探索局曾两度发射日本新一代运载火箭 H3，均以失败告终。

虽然日本航天在 21 世纪初取得了一系列亮眼成绩，但出于政府经费削减、工业体系壁垒和国内资源限制等原因，近 10 年来日本在航天技术发展上有停滞不前的迹象。尤其在竞争日趋激烈的太空经济领域，日本与其他大国相比优势并不突出，面对中国甚至朝鲜、韩国等邻国航天技术的快速发展，日本国内日渐生出焦虑感。

2023 年 4 月 26 日，日本私营航天公司 iSpace 开发的月球着陆器"白兔 -R"在历经四个多月的漫长跋涉后，尝试挑战全球首次商业登月，遭遇失败。消息宣布的当天，日本首相岸田文雄在社交媒体推特上发文称，"iSpace 公司的挑战虽然未能成功，但传达了'我们将继续前行'这一强有力的信息，我将继续支持我国新兴公司对太空项目无止境的挑战"。

同年 6 月，岸田文雄内阁批准通过的"宇宙基本计划"修订案提出，要强化日本航空航天探索局战略性且灵活的资金支持功能，培育具有竞争力的航天企业，并计划在日本航空航天探索局设立一只 1 万亿日元（约合 67 亿美元）规模的"太空战略基金"，分 10 年向公开招募遴选出来的企业、大学等提供资金支持。旨在通过加大政府补贴力度，推动民间力量参与航天技术开发。

巴西：资源换技术陷入尴尬

和大部分国家一样，巴西的航天事业也是起源于学术研究，发展于军事，再逐步转向民用。目前巴西是南半球唯一掌握航天技术的国家，巴西政府将航天活动列于优先发展领域之首，最近几年的投资也是成倍增加，希望未来在此领域能和世界强国一较高下。1994 年，巴西航天局（AEB）成立，成为推进巴西航天目标的管理机构。巴西航天局负责制定、协调和执行巴西国家太空活动发展政策（PNDAE）和巴西国家太空活动计划（PNAE），还负责协调研究所和企业参与国家的航天计划。

巴西的航天事业起始于发射领域，目前拥有卫星、火箭、航天器和发射场。但局限于巴西本国科研和工业基础，大量技术依靠和其他国家合作取得。在航天研究方面，巴西与德国、俄罗斯、法国、阿根廷、美国等国均签有合作协议。巴西和中国的航天合作一直卓有成效，1988年开始与中国合作的中巴地球资源卫星项目，被誉为"南南合作"的典范，卫星提供的数十万幅遥感图像已被两国广泛应用于国民经济的各个领域。

巴西也一直努力研制火箭，但是实验却屡屡失败，事故频出。为此巴西航天局不得不调整重点，在2003年时制订了新的十年发展计划，把航天研究主要聚焦到地球观测、通信和气象卫星等方面。直到2004年，巴西与德国航天局合作，才终于成功发射了第一枚火箭。

巴西航天拥有一张独步全球的资源王牌，即阿尔坎塔拉发射中心（CLA）。这个发射中心坐落于巴西西北部马拉尼昂州的大西洋海岸线上，距离赤道仅2.3个纬度，是世界上距离赤道最近的发射基地。由于在赤道处的地球自转线速度最快，和美国卡纳维拉尔角发射基地相比，在此发射不仅可节省约30%的燃料，还能大幅提高火箭的有效载荷。此外，靠近海岸线的地理位置也能提供向北和向西面向大海的广阔发射角。

这个被誉为世界上最灵活且费效比最佳的发射中心，每年的维护费用也十分高昂。财政拮据的巴西政府也一直想推动其商业化，以换取更多资金来发展本国航天技术。过去20余年，巴西一直在努力把阿尔坎塔拉发射中心改造为一个纯商业发射场，但是在过程中却遭遇了重重阻挠，阿尔坎塔拉发射中心至今也未能实现纯商业化，其背后的主要干扰者就是美国。自1999年阿尔坎塔拉发射中心正式对外国开放后，美国人就盯上了这个位置绝佳的发射场，在给予大量资金和订单支持的同时，也限制巴西在该中心只能使用美国技术。2000年，巴美两国首次签订的《巴美技术保障协定（TSA）》中，规定有四项霸王条款：

第一，在太空港内建立禁区，只有美国批准的工作人员才能进入；

第二，禁止对前往阿尔坎塔拉的美国太空设备和物项进行海关检查；

第三，禁止由导弹技术控制制度（MTCR）以外或发起国际恐怖主义的国家进行发射；

第四，禁止使用从阿尔坎塔拉发射中心的商业用途获得的资源生产或购买火箭系统。

2019年重新签订的《2019年巴美技术保障协定》，还增加了"禁止非美国技术的商业公司购买阿尔坎塔拉发射中心服务"一条，美国人送上的"大礼包"背后，是其惯用的政治套路。

然而巴西人终究抵挡不住糖衣炮弹的诱惑，巴西科学和技术大臣马科斯·庞特斯（Marcos Pontes）认为，《巴美技术保障协定》通过吸引投资和创收来克服该国的太空挑战至关重要。通过协定，巴西阿尔坎塔拉发射中心能获得35亿美元的订单。

实际上，巴西并没有从美国获得真正意义上的技术转让，美国许诺的技术交接一再拖延。反而是美国人画的这张技术大饼，一定程度上绑架了巴西的航天主权，让巴西航天的商业化之路陷入泥潭。巴西国内唯一"自主可控"的航天资源，至今仍然处于一个非常尴尬的境地。

印度：野心勃勃的南亚大国

印度航天工业是在苏联的援助之下建立起来的。印度的国家航天机构创建于1972年，官方名称为"印度空间研究组织（ISRO）"，隶属于印度太空部（DOS），负责开展与航天和空间科学有关的研究，以实现印度的航天计划。从1973年开始，印度空间研究组织共成功研发了4种型号的国产火箭：卫星运载火箭（SLV3），加大推力卫星运载火箭（ASLV），极地轨道运载火箭（PSLV），地球同步运载火箭（GSLV）。

一直把中国当作最大竞争对手的印度，在航天方面的布局也极具野心。目前，印度具备从制造和发射运载火箭、人造卫星，到地面控制与回收等技术能力。绝大多数第三世界国家不敢搞的载人登月、探测火星，也都在印度的计划之内，其在某些方面的进度甚至超过中国。例如，中国2020年才实施的火星探测任务，印度早在6年前就已经取得成绩。2014年9月24日，印度"曼加里安"火星探测器成功进入火星轨道，印度成为全球第一个首次尝试便成功入轨的国家。2017年，印度成功发射了一枚携带104颗卫星的运载火箭，一举打破当时由俄罗斯人保持的"一箭37星"世界纪录。

印度对于航天的野心、决心和资源投入，在第三世界国家中都遥遥领先，甚至不逊色于欧美和中国。除了大而全的布局，印度还建成了相对完善的航天研发体系，有500多家公司作为其航天工业支撑。

印度航天相对于中国的最大优势在于：作为美俄同时拉拢的对象，可以比较便利地获得两家的技术。但这枚硬币的反面也正是印度航天的尴尬之处——中国航天的自主化程度远远高于印度，配套体系的厚度也远远强于印度。

印度人也意识到了本国航天发展的瓶颈,近年来多次发射计划的失利,也印证了目前印度航天科研和工业体系的负荷已达到极限,且部分关键技术存在被"卡脖子"的风险。对于经济实力远不如中国的印度,急需寻找一种方案来打破这个困局。

全球商业航天的兴起,让印度人看到新的希望。尤其是以 NASA 和 SpaceX 为代表的美国商业航天模式,带给印度人巨大启发。印度人下决心对自己的航天体系进行大刀阔斧的改革。在此之前,印度的航天工业和航天经济基本都是由印度空间研究组织所定义,私营企业的参与范围也仅限于为 ISRO 的项目提供一些技术支撑或产品配套。

2019 年,ISRO 成立了下属机构印度新航天有限公司(NewSpace India Limited,NSIL),旨在加强太空技术转让,在参与航天活动的企业与印度空间研究组织之间发挥窗口作用。2020 年 5 月,时任印度财政部长尼尔马拉·西塔拉曼(Nirmala Sitharaman)宣布,印度政府将采取一切必要措施,为私营企业参与印度太空活动创造公平的竞争环境,包括允许私营企业使用印度空间研究组织拥有的设备等资源,开放政策限制,开放相关数据等。同年,印度空间研究组织起草的新空间通信政策规定,允许印度私营企业发射卫星并出售服务。

2023 年,印度空间研究组织发布了酝酿多年的《2023 年印度空间政策》,旨在将私营企业全面参与太空活动制度化,并重新划分了国内相关部门的职责。其中印度空间研究组织未来将专注于开发新技术、研发新系统,运营部分将转移到 NSIL。同时,该政策还明确规定,允许印度私营企业建立和运营太空资产、地面设施和通信、遥感、导航等相关服务，在太空领域开展端到端活动。

如此"三板斧"下来，印度几乎全面开放了航天体系，改革决心和力度不可谓不大。在政策的激励下，印度国内私营航天企业的数量也从 2012 年的仅有 1 家，增加到 2023 年的 500 多家。

这些私营航天企业通过技术转让等方式获得了印度空间研究组织的大量技术，不少企业也因此迅速发展。2022 年 11 月 18 日，印度首枚由私营企业研制的火箭维克拉姆 –S（Vikram-S）号发射升空，并将 3 颗卫星送入轨道。维克拉姆 –S 号由成立仅 4 年的 Skyroot Aerospace 公司研制，火箭高约 6 米，采用了 3D 打印固体推进器等新技术。2024 年 4 月 7 日，印度首颗完全由私人企业研发和生产的军用卫星 TSAT-1A，由 SpaceX 的猎鹰 9 号运载火箭运送进入近地轨道。这颗卫星由塔塔集团下属的防务部门塔塔先进系统公司（TASL）制造，主要用于提高对边境地区的监控能力。此外，塔塔先进系统公司还计划与美国 Satellogic 公司合作，每年生产 25 颗卫星，以构建 TSAT 系列卫星星座，进一步增强印度的卫星侦察能力。

03

再问苍穹：迈向商业化的中国航天

一、什么是商业航天？

从全球航天发展史来看，商业航天并不是最近几年才兴起的新概念。1984年，美国国会通过《商业航天发射法案》允许私人发射火箭的同一年，NASA就在宪章文件《政策与宗旨》中新增了"尽最大可能寻找和鼓励商业航天发展"的目标。1988年，美国政府在《国家航天政策》（*National Space Poling*）中增加了商业航天的相关内容，将航天活动分为军事航天、民用航天和商业航天三部分。

进入21世纪，美国三任总统专门委员会对政府航天计划进行了细致考察，得出的共同结论是："发展商业载人航天非常迫切，未来新兴航天力量必须成为载人航天发展的突出角色。"在一系列政策支持和措施引导下，SpaceX、蓝色起源等一系列私营航天公司纷纷崛起。2010年，美国《国家航天政策》中首次给出了商业航天的定义，将"商业"定义为由具有合法资质的私营企业提供航天产品、服务或开展航天活动，按照市场化机制来控制成本并获得最大投资回报。

和美国有所区别的是，欧洲航天局（ESA）在对商业航天的定义中并未提及所有制属性，而是将商业航天定义为按市场规则运行的所有航天活动。

事实上，所有制属性并不是各主要经济体发展商业航天过程中最关注的问题。美国航天产品和服务的传统提供商——洛克希德·马丁、波音之类的老牌军工巨头都被划入私营企业之列，虽然名义上如此，但这类公司实际上都是与白宫和华尔街紧密捆绑的股份制企业。美国政府对这类涉及国家安全的航空航天企业，态度历来都是"以自由竞争为基石，以国家利益为最高准则"，并通过订单、行政手段、法律、资本等方式对其进行约束。欧洲情况则较为复杂，航天资源分散在几个主要国家，这些国家政府对这类涉及国家安全、具有军事科技双重价值的航空航天企业所实行的产权制度又各不一样。[①]

站在各国政府的立场上，支持商业航天向新兴科技公司开放有助于打破历史形成的条条框框，寻找一种更高效的政企资合作模式。而从产业发展规律来看，只有让航天逐步摆脱政府财政输血，形成一种"来源于市场，又最终回到市场"的循环造血机制，才能获得源源不断的后续力量，驱动航天产业持续向前发展。

按市场化方式配置要素

商业航天是按市场化方式配置要素、具有商业盈利模式的航天活动，商业化、产业化是航天发展到一定阶段的必然趋势。当前，各国大力发展商业航天的意义在于：通过市场化竞争降低航天活动

---

① 有关欧洲主要国家的航空航天企业产权制度差异详见本书第八章第一节。

成本，推动航天技术服务于社会和国民经济的各行各业，实现航天产业的可持续发展。

大航天时代，全球商业航天构成太空经济的主体，具有区别于传统航天的两大特征：

第一个特征是按市场化方式配置要素。商业航天的组织方式以市场规律为原则，航天活动所需的人、财、物、知识等要素，均按市场化方式配置，并按市场竞争的规则优胜劣汰。在美国商业航天发展过程中，配置这些要素的主体主要是私营企业。而在中国，航天系统的国有企业、混合所有制企业和取得资质的民营企业，甚至包括一部分事业单位都是参与这些要素配置的主体，这就意味着中国发展商业航天的体制环境比美国更加复杂。

第二个特征是具有商业赢利模式。经济效益是驱动商业航天发展的内在动力。在航天活动中，企业和资本均以赢利为目的，并自主承担风险，具有明确的目标客户和商业赢利模式，在符合国家安全和国民利益的前提下，实现经济效益的最大化。

需要说明的是，一方面，商业航天是新航天的重要组成部分，但是商业航天不等于新航天，大量的基础研究和前沿技术探索仍然由政府机构发起，这在全球任何一个国家都不例外。

另一方面，由于航天技术同时具有极高的战略价值和军事潜力，企业行为必须以符合国家安全为第一前提。这也意味着，在商业航天的发展过程中，按市场化方式配置要素也是一个渐进的、相对的过程。任何一国的航天活动都不可能完全摆脱政府之手，即使如SpaceX这样的商业航天先行者，也不能做到百分之百按市场化方式配置要素，大量的企业行为必须妥协于国家意志，甚至在某种程度上仍然是NASA意志的延续。

更高效的政企资合作模式

当前,全球航天的发展正呈现出商业化、产业化、规模化等特点——"如何在政府、企业、资本之间,寻求更高效率的合作模式"是新时代发展商业航天的核心命题之一。

商业航天不仅表现为技术创新和工程制造的升级,更表现为航天科技与社会和国民经济的深刻融合。与传统军事航天、民用航天相比,商业航天的辐射面和带动面已经深入国民经济发展的各行各业,投入和参与主体也由原来较为单一的政府和科研院所扩展到各类用户单位、市场化公司、高校,甚至民间团体和个人。

新航天带动面远超传统航天,同时兼具广阔的市场前景,也对航天技术的创新发展提出了更高要求,产业链升级所需的整体投入远远大于过去,单靠政府财政已无法负担技术投入的所有开支,仅凭政府之力也难以独立推动产业变革。

此外,航天技术的应用又必然与各行各业的场景实践深度融合,航天产业的外延边界日趋模糊。因此,引入社会化资本、市场化机制进入航天领域,是航天活动发展到新时期的必然选择。

在全球各主要经济体的航天局改革中,都能看到对"NASA+SpaceX"模式的借鉴,但是又都走出了自己本国的特色。"太空经济"时代到来,航天要不要走商业化道路已经毫无悬念,目前全球各个地区和国家自上而下改革的本质,是探索一套适合于本国航天经济发展的政企资合作模式。

比如欧盟虽率先开启了航天领域的商业化,但迟迟未能形成SpaceX这样高效、低耗的模式。新航天之路也意味着探索与试错,谁能更好地摆正国家战略与市场配置的位置,让政府与企业、资本进行高效率的交融协作,谁就有更大概率赢得未来。

做蛋糕与分蛋糕

中国发展商业航天相比于美国的最大区别在要素配置环境上。虽然中美两国大批商业航天企业的兴起，都得益于资源要素从"体制内"向"体制外"外溢，但是两国的航天体制却有着巨大差异。

掌握美国航天核心资源的NASA一直作为一个行政性质的研究机构，并不具备企业职能。而中国航天系统则从20世纪90年代就开始实行"政企分家"，启动了企业化改革。[①] 改革后的两大航天集团下属院所，掌握着中国航天工程研究的主要资源，国家航天局（国防科工局）则主要负责航天活动的组织管理和统筹规划。

当前，在中国民营商业航天企业纷纷涌现的同时，两大航天集团也正在深入推进新一轮市场化改革。两股力量交织在一起，不可避免地存在着一定程度的竞争。部分人因此担心新兴民营企业会对传统航天带来冲击甚至伤害，这种担心不无道理——传统航天作为一个国家军事工业的战略高地，如果根基受到侵蚀，后果将会非常严重。

对于当前中国迅速发展的商业航天来说，其中需要注意平衡和度的掌握，一是要把牢法律法规和国家安全底线，二是要处理好"做蛋糕"与"分蛋糕"的关系。

大航天时代，国家对民营商业航天企业参与竞争的范围需要划界和引导——核心能力由国家主导；重要能力发挥国家主导和市场机制作用，促进竞争，择优扶强；一般能力完全放开，充分竞争。大量民营企业进入商业航天领域，如果还是走传统航天的老路，挖传统航天的墙脚，势必给传统航天带来伤害。只有通过不断创新，

---

① 1993年6月6日，经国务院批准，撤销航空航天工业部，成立兼挂企业和行政两块牌子的中国航天工业总公司（国家航天局）。1999年7月1日，在五大军工总公司改组的大背景下，中国航天工业总公司一分为二，组建中国航天科技集团公司和中国航天机电集团公司（2001年更名为中国航天科工集团公司）。

开辟新领域和新市场，和传统航天院所、企业一起把新航天的蛋糕做大，建立新的经济循环体系和产业生态，才是民营企业和社会资本入局的正确姿势。

对于传统航天来说，有序开放的市场并不是坏事，一些成熟技术成果迟早会由市场来推动产业化；民营企业和社会资本也并非"洪水猛兽"，只有在做大蛋糕的同时把蛋糕分好，竞争带来的才不是互相消耗，而是更多的互相促进。

2015年，国家发展改革委、财政部、国防科工局联合颁布的《国家民用空间基础设施中长期发展规划（2015—2025年）》指出，明确以改革为动力，以创新为引领，探索国家民用空间基础设施市场化、商业化的新机制——"创新"和"改革"，是国家近年来在涉及商业航天的文件中反复提到的关键词。事实上，20世纪以来，中国航天就从未停止过创新和改革的步伐。中国航天的商业化探索，也可以追溯到30多年前的改革开放初期。

二、初探商业化

1979年元旦，中美正式建交。

1979年1月28日农历大年初一，邓小平访问美国。在卡特总统的特意安排下，邓小平先是参观了位于华盛顿的美国航空航天博物馆，随后又飞往休斯敦，参观了位于克利尔湖畔的林登·约翰逊航天中心。在阿波罗17号登月舱前，邓小平见到了第一位绕地球飞行的美国宇航员约翰·格林，随即握着他的手，开了一句中国式玩笑："今天我可是见着活神仙了。"

这一幕，据说让当时随行的中国航天专家看得心里很不是滋味儿。

改革开放，中美建交，国内外形势在随后几年里发生了天翻地覆的变化。在短期内"打不起大仗来"的判断下，党中央提出了"军民结合，平战结合，军品优先，以民养军"十六字方针。在这一方针指导下，国务院、中央军委对国防科工委和航天工业部提出了由军品转入民品的新思路。这就意味着，除了少数重大项目外，国家将不再拨专款来养活这支航天队伍——计划经济的"皇粮"不够了，以后得自己想办法找米下锅。

以前只用管"上天"的事，现在也得同时考虑如何"下海"，中国航天系统的第一次变轨，就此悄悄展开。

几张草图卖火箭

对于当时的中国航天人来说，创收最快的办法就是"卖火箭"。把已经发射成功 10 余次的长征火箭推向国际市场，既能赚取外汇，又能养活队伍。

然而，一直封闭在体制内钻研技术的航天人，完全不懂得怎么和外国人做生意。反过来，国外对历来高度保密的中国航天技术也知之甚少。既然闭门谈不成买卖，那就先走出去"投石问路"。

1985 年 5 月，由钱继祖、屠守锷、陈寿椿、黄作义 4 人组成的中国代表团飞赴日内瓦，参加国际空间商业会议。会上陈寿椿代表中国航天工业部，作了题为"中国空间活动及提供国际服务的可能性"的报告。报告中提道："由于中国原材料和劳动力比较便宜，长征三号的价格将比国际市场同类服务价格低 50%。"

这份报告当即引发了轩然大波。报告中虽未明说中国人"卖火箭"的计划，但是参会的外国专家和记者们已经隐约嗅到了气息。第二天，法国一家报纸在醒目位置刊登了标题为《羽毛未丰的中国航天技术要参加国际竞争》的文章——和好奇相比，充斥舆论的更多是质疑声。

同年 10 月 26 日，时任航天工业部部长李绪鄂通过新华社向全世界宣布："中国将开放西昌卫星中心，将自行研制的长征二号、长征三号运载火箭投入国际市场，承揽国外卫星发射业务。"

发射外国卫星不仅能带来经济效益，同时也是提振国威的大事，1986 年 7 月，中央正式将发射国外卫星列为重大工程，按照惯例命名为"867"工程。

这一年，恰逢全球航天发射流年不利：1 月 28 日，美国"挑战者"号航天飞机失事，7 名宇航员罹难。2 月 22 日，欧洲"阿里安"火箭第二次发射失利。接着 4 月 18 日，美国"大力神"火箭升空后爆炸，酿成美国历史上最"昂贵"的一次航天灾难。紧接着 5 月 3 日，美国麦道公司的德尔塔火箭升空后飞行姿态失控，地面控制台被迫实施自毁命令。

3 个多月内，全球主力火箭接连发射失败，各国航天机构元气大伤，几十颗造好的卫星搁在地上，缺少合适的运载火箭发射上天。中国紧紧抓住了这个机会，由时任航天工业部副部长刘纪原领导的"发射服务市场开发 10 人小组"在短短一个月内，连续进行了 24 场长征火箭的推销宣讲。美国、加拿大等国 17 家空间公司相继与负责中国航天外贸的中国长城工业总公司（以下简称"长城公司"）建立业务联系。经过这一轮密集沟通，10 人小组形成了一个重要的调研结论：只有 1.45 吨地球同步转移轨道（GTO）运载能力的长征三号火箭，已经很难满足新一代国际通信卫星的发射需求。

但是，留给中国队的时间并不多，重新设计一款大推力火箭肯定来不及。在北京一个寒风瑟瑟的夜里，火箭专家黄作义突然有了灵感：将拥有不败战绩的长征二号丙火箭芯级加长，再绑上四个助推器，就可以组成一款新的两级大推力火箭。有了这个想法，黄作义和弹道专家余梦伦等人开展了进一步设计，并提出了捆绑火箭 CZ2-4L 的方案设想，以直径 3.35 米的长征二号丙为基础，增加 4 个直径为 1.65 米的并联液体火箭助推器组成捆绑火箭，再加上适当的上面级，使得地球同步转移轨道的运载能力可以增加到 2.5 吨左右。从更长远的发展来看，还可以在芯级周围并联 8 个助推火箭，从而使火箭的低轨道运载能力从 9 吨提高到 1.35 吨。

这个方案被拿到国际市场上投石问路，得到了美国等西方潜在发射客户的积极反响，黄作义被任命为长城公司驻美代表处总代表，负责谈判事宜。没有样机，连个模型都没有，黄作义和助手拿着几张手绘的草图和美国人展开了长达两年的谈判，硬是从美国休斯公司接下了"长二捆"[①]火箭的第一单——发射休斯公司为澳大利亚制造的通信卫星。

这个"拿着草图签合同、拿着合同找贷款、拿着贷款造火箭"的传奇案例，成为中国乃至世界航天史上破天荒的一次事件。这张经典的手绘草图，日后也被发表在美国航空航天杂志上。

虽然靠"纸上谈兵"拿到了订单，但是精明的美国人也抓住中国人急于开拓国际市场的心态，不仅把价格压到不能再低，还在合同中明确写入了对赌条款："如果'长二捆'不能在 1990 年 6 月底前保证有一次成功试射，美方有权中止合作并对中方相应索赔。"这就意味着，留给中国航天人的时间只有不到 20 个月。而当时在国内，一枚新型号火箭从研制到定型，一般需要四五年。

航天系统内部也因此产生了巨大分歧。反对者除了认为时间进度无法接受外，争议焦点主要集中在经济风险上，有人提出，接下

[①] "长二捆"是长征二号 E 的简称，是一种大型两级捆绑式运载火箭。

一个订单并不能说明问题，只有拿到至少12个订单合同才不致亏本。甚至还有人直接批评，这简直就是中国航天版的"辛丑条约"。

激烈的交锋持续了一个多月，最终立项意见占据了上风。1988年12月14日，在时任国务院总理李鹏主持召开的国务院办公会议上，长二捆运载火箭上马的决议正式通过。随后，时任航天一院院长王永志被任命为型号总指挥，王德臣被任命为总设计师。此时距离和美方约定的期限只剩下18个月。

在一张超常规的时间进度表面前，举国之力的优势再次凸显。从北京的火箭院到西昌的发射架，乃至国内25省300多个配套厂所里，一场又一场的攻坚战役同时打响。

1990年6月26日，比合同规定的时间提前一天，新型"长二捆"运载火箭竖立在了西昌卫星发射中心新建的2号工位发射架上。7月16日，搭载澳大利亚通信卫星模拟星和另一颗巴基斯坦科学试验星的"长二捆"运载火箭成功首飞。此前曾经尖锐质疑中国火箭的法国媒体再次刊文称："这是一枚令人生畏的火箭，中国对欧美竞争对手的嘲笑，肯定不是最后一次。"

这是中国第一枚为国外客户量身定做的运载火箭。3个月前的4月7日，长征三号火箭刚刚完成了我国第一次国际商业发射，将休斯公司制造的"亚洲一号"卫星送入预定轨道。两次成功发射不仅向国际客户证明了中国火箭的技术能力，更重要的意义在于，就此开启了中国航天与国际市场接轨的新纪元。

然而，闯荡世界的中国航天并未就此一路奔向坦途，"长征"路上的风雨才刚刚开始。

风雨兼程"长征"路

1992年3月22日傍晚，万人空巷。据有关部门统计，这一晚至少有 6 亿中国人端着饭碗坐在电视机前，收看澳星发射的实况直播。远在距发射场百里之外的西昌腾云楼宾馆内，庆祝发射成功的晚宴已经准备就绪；负责直播的中央电视台，也只准备了祝贺发射成功的唯一一套解说词。

然而，当点火命令下达之后，火箭发动机喷出棕黄色的浓烟，却并未腾空而起，紧接着开始剧烈地颤抖……围坐在电视机前的中国人，看到了一个令人终生难忘的片段：现场指挥员高喊"紧急关机！"后，直播画面就定格在了浓烟滚滚的发射场上。

事后查明，这次发射失败的原因是火药启动器控制连接点上出现了一个不该出现的、质量仅为 0.15 毫克的铝屑。

"3·22"成为中国航天史上的黑色一页。国人失望、痛苦甚至愤怒，但是背负巨大压力的航天人却"连哭的时间都没有"，立刻投入下一枚火箭的生产中。只用了仅仅 100 天，一枚新的"长二捆"火箭再次装上专列，驶向西昌卫星发射中心。8 月 14 日，火箭再次竖立在发射架上待命，中央电视台也鼓足勇气进行了再次直播。这次发射没有让国人第二次失望，在全国人民的注视下，8 条橘红色的火焰托举着火箭腾空而起。发射后第 675 秒，星箭分离成功，澳星进入预定轨道。长城公司总裁唐津安激动致辞，对全国人民和美澳合作方的支持表示深深感谢，并且欢迎更多用户和长城公司合作。

一方面，中国航天以代表国家的身份开拓国际市场；另一方面，中国航天的体制改革也在同时推进。1993 年 6 月 6 日，兼挂企业和行政两块牌子的中国航天工业总公司（国家航天局）正式成立，标志着中国航天事业逐步与传统计划经济体制松绑，向市场经济靠拢。新成立的中国航天工业总公司提出了"发展航天、加强民品、提高效益、走向世界"的发展方针，希望加快推动中国航天走向世界。

然而，刚刚通过几次成功发射艰难树立起来的口碑，随即被接二连三的发射失利打破。1995年和1996年这两年，成为中国长征火箭的"厄运之年"。

1995年1月26日，"长二捆"火箭在西昌发射美国"亚太二号"卫星时横空爆炸，星箭俱毁。1996年2月15日，中国首次使用新研制的长征三号乙捆绑火箭发射美国通信卫星"国际708"，起飞后20秒就坠入山谷，炸成一片火海。

"2·15"事故让中国长征火箭的国际声誉一落千丈，包括长期合作伙伴美国休斯公司在内的世界各国卫星公司纷纷中止已签订的合同。然而厄运还未结束，仅仅半年后，另一枚长征三号火箭在发射美国"中星七号"通信卫星时，因三级二次工作段提前48秒关机，将卫星送到了一个无用的低轨上，发射再次失败。

一连串的发射受挫直接影响了开放中国的国际形象。党中央、国务院和中央军委对航天发射作出指示，明确提出了"质量要严上加严，工作要细上加细，思想要慎之又慎"的总要求。面对困境，中国航天人开始自省自查，全面开展质量整顿与专项技术改造工作，制定并推行了"72条"①、"28条"、质量问题归零"双五条"②等一系列质量管理制度。这些著名的规范措施，如今正被越来越广泛地应

---

① 1997年3月8日，面对中国航天连续出现各类质量问题的严峻形势，中国航天工业总公司颁布了《强化科研生产管理的若干意见（试行）》，即"72条"，提出了解决航天深层次问题的政策和办法。此后，又先后颁发《强化型号质量管理的若干要求》（又称"28条"），制定了质量问题归零的"双五条"标准。这一系列系统、严格的质量管理措施，为后续中国航天的连续成功奠定了坚实基础。

② 归零"双五条"是两套体系的简称：一是管理归零五条标准，即针对发生的质量问题，从管理上按"过程清楚、责任明确、措施落实、严肃处理、完善规章"的五条要求逐项落实，并形成管理归零报告或相关文件的活动。二是技术归零五条标准，即针对发生的问题，从技术上按"定位准确、机理清楚、问题复现、措施有效、举一反三"的五条要求逐项落实，并形成技术归零报告或技术文件的活动。

用于国防科技工业的各个技术领域，成为规范科研生产质量活动的重要行为准则。近 20 年后，由航天科技集团主导制定的国际标准 ISO 18238 *Space systems-Closed Loop Problem Solving Management*（《航天系统：闭环问题解决的管理》），于 2015 年 11 月由国际标准化组织（ISO）正式发布，被全球航天界奉为圭臬。

1997 年，卧薪尝胆的长征火箭总算迎来了逆转，创下"六战六捷"的佳绩，中国航天重新挽回了国际声誉。1998 年 7 月 18 日，长征三号乙运载火箭将欧洲制造的"鑫诺一号"通信卫星成功发射入轨，让中国航天人士气大振，中国航天进军国际商业发射市场的道路似乎又看到了光明。

然而随后而来的 1999 年，以美国为首的北约悍然轰炸我国驻南联盟大使馆，中美关系跌至冰点。就在中国民众声讨北约野蛮行径，等待美方出具事件调查报告的同时，美国国会却抛出另一份所谓的调查报告——《考克斯报告》。在这份长达 872 页的报告中，美方诬称中国在发射美国卫星的过程中，通过故障调查等手段非法"窃取"美国航天技术。

随后，中国商业通信卫星被列入军品管制清单，美国限制用中国火箭发射美国制造和含有美国零部件的卫星，导致随后的 APR-3 卫星、"韩国星"、"意大利星"的发射服务合同被迫终止，长征火箭一度占到全球发射服务 9% 的市场份额一夜归零。

1999 年 6 月 12 日，长征二号丙改进型火箭在太原卫星发射中心，以"一箭双星"的方式将两颗"摩托罗拉铱星"精确发射入轨，此后 6 年里，长征火箭再没有进行过国际商业发射。

来自中国的卫星套餐

1999 年 7 月 1 日，按照国务院批复的改革方案，包括中国航天工业总公司在内的五大军工总公司正式一分为二，改组成为十大军工集团。改组后的中国航天科技集团公司，进一步实行政企分开。在继续肩负国家空间探索使命的同时，还要考虑如何推进市场化经营，与市场经济体制兼容的问题。

就在踌躇满志的时候，日臻成熟的长征火箭却因为西方国家的制裁，被堵在了进军世界的道路上。在国际航天市场上，运载火箭最大的订单需求来自发射卫星。中国航天要想重新回到国际舞台，必须从发射卫星上打开突破口。

中国航天人不得不探索国际合作的新路，长城公司的业务团队在重重压力下，再次迸发出智慧火花，通过与欧洲国家尝试"中国火箭+欧洲卫星""中国火箭+中国卫星平台+欧洲载荷"的创新模式，摆脱了美国的技术限制，突破了西方国家的封锁线。

2005年4月12日，长征三号乙运载火箭在西昌卫星发射中心刺破夜空，将法国阿尔卡特空间公司制造的"亚太六号"通信卫星送入太空。这是时隔6年之后，中国火箭再次重返国际商业发射舞台。

两年之后，2007年5月14日0时01分，长征三号乙运载火箭再次从西昌卫星发射中心腾空而起，将一颗由中国空间技术研究院为尼日利亚定制的"尼星一号"通信卫星送入轨道，这是第一颗实现"整星出口"的中国卫星，也是我国首次以"火箭发射+卫星在轨交付"的全套餐方式，为国际用户提供商业卫星服务。

"尼星一号"基于东方红四号卫星平台开发。作为"十五"期间我国重点开展的民用卫星工程，东方红四号和后续的增强型平台开发应用，标志着我国迈入世界通信卫星一流平台行列，不仅推动了国内广播电视和移动通信事业的发展，也成为中国卫星进军国际市场的拳头产品。基于东方红四号卫星平台，我国先后向委内瑞拉、巴基斯坦、玻利维亚、老挝、白俄罗斯、阿尔及利亚、印度尼西亚等国出口了9颗通信卫星。

国际生意越做越大，来自中国的"卫星套餐"还在不断增加服务内容。2012年9月29日，我国为委内瑞拉研制的"遥感卫星一号（VRSS-1）"在酒泉卫星发射中心升空，这是中国航天首次向国际用户提供遥感卫星整星在轨交付，并同时提供数据接收、处理、分发、应用的完整产业链服务。

2013年12月21日，玻利维亚总统莫拉莱斯亲自来到西昌卫星发射中心，观看玻利维亚第一颗通信卫星的发射。在"玻星"项目中，我国首次把轨位咨询、地面应用纳入合同内容，并通过商业贷款的方式推进合作。"玻星"发射成功后，在场的玻利维亚使馆人员泣不成声。玻利维亚首都拉巴斯的民众走上街头举行了盛大的庆祝活动，并打出了标语："我们终于盼来卫星了！"

和运载火箭有所区别，卫星应用本身就具有全球化属性。在广泛开展国际合作的过程中，中国人的卫星事业从技术、人才、资源到标准，也在深入与国际接轨。

早在1988年，巴西总统萨尔内访华期间，中巴两国政府就签订了航天合作协议。从1999年第一颗"资源一号"01星发射成功到2019年"资源一号"04A星发射成功，30多年里，中巴两国联合研制并发射了7颗地球资源卫星，为两国乃至亚非拉的、诸多发展中国家提供了海量的卫星遥感数据，这些数据广泛应用于农业、林业、水利、国土资源、环保和防灾减灾等社会经济领域，中巴地球资源卫星项目也被誉为南南合作的典范。

此外，我国遥感卫星领域的风云系列气象卫星、海洋系列海洋监测卫星和环境系列环境与灾害监测卫星也纷纷实现了"走出去"。

2020年5月，中国航天科技集团科技委主任包为民院士在接受记者采访时介绍，我国风云系列气象卫星提供122类产品，有19个国家实时接收风云卫星数据，29个国家建成风云卫星数据直收站，24个国家级注册用户。

继通信和遥感卫星后，目前公认为最具国际合作潜力的是中国的北斗卫星。2020年6月23日，长征三号乙运载火箭将北斗系列第55颗导航卫星，也是北斗三号最后一颗全球组网卫星发射入轨。至此，北斗三号全球卫星导航系统星座部署全面完成。7月31日上午，习近平主席面向世界庄严宣布，北斗三号全球卫星导航系统正式开通。

据媒体报道，截至北斗系统开通时，已有137个国家与我国签订合作协议。来自中国的"北斗套餐"，正在成为太空中一块新的万亿级大蛋糕，用北斗卫星首任总设计师、"两弹"元勋孙家栋院士的话来说就是："北斗的应用，只有想不到，没有做不到。"

民间资本初入局

早在20世纪80年代，就有一批具有国际市场经验的爱国商人，密切关注着中国的"航天生意"。

1984年2月，美国休斯公司制造的一颗Westar-6通信卫星发射后未能进入预定轨道。9个月后，美国两名宇航员乘坐"发现"号航天飞机进入太空，通过出舱捕捉的方式将这颗卫星带回了地球。供职于泛美航空公司的美籍华人黄翔俊看到了机会，想把这颗卫星带到中国来。

虽然出于资金等原因，黄翔俊虽四处奔波却最终无果，但以此为契机，1988年，中国国际信托公司与香港的英资公司大东电报局、和记黄埔有限公司共同成立了亚洲卫星有限公司，几经周折，最终从美方获得了这颗卫星的出口许可证。这颗卫星就是日后大名鼎鼎的"亚洲一号"。

继亚洲卫星有限公司成立之后，20世纪90年代，中国航天工业总公司又和包括外资在内的多方资本联合，相继组建了亚太卫星公司、亚太移动通信卫星公司等股份制公司，这几家身披"红色马甲"的卫星公司，除了肩负着让中国卫星"走出去"的使命，也负责将国外先进的卫星技术产品"引进来"。

进入新世纪以来，通信卫星、遥感卫星领域开始陆续出现"生力军"的身影。2001年，位于北京中关村的高新技术企业北京二十一世纪科技发展有限公司，投资成立下属子公司——二十一世纪空间技术应用股份有限公司，成为中国遥感卫星商业化的先行者。

与此同时，伴随着2000年第一颗北斗导航试验卫星上天，规模庞大的北斗产业就此奠基，嗅到商机的民间资本也开始跃跃欲试。2000年7月，从技术军人岗位转业的周儒欣，向主管北斗的首长汇报了将北斗应用推广向民用领域的想法，得到了首长的肯定和支持。两个月后，北京北斗星通导航技术有限公司（以下简称"北斗星通"）注册成立。2007年8月，在北京中关村管委会的支持下，北斗星通A股股票在深圳交易所挂牌上市，成为中国卫星导航行业首家上市企业。除此之外，北斗星通还创下了我国民营企业中的多个第一：第一个获得北斗运营服务许可牌照，第一个自主研发北斗芯片……

同年11月，国防科工委、国家发展改革委联合颁布《关于促进卫星应用产业发展的若干意见》，意见提出鼓励社会投资和企业参与卫星应用，推进投资主体多元化，并要求国家和各级地方政府对具有产业化前景、列入国家发展规划、以企业投资为主的重大卫星应用项目，给予投资补助或贷款贴息。

在此政策鼓舞下，更多社会资本开始参与卫星应用领域的投资建设。几年间，仅围绕"北斗"概念注册成立的公司就高达数千家，其中不乏一批从服装、电器、贸易等传统行业转型进入的民营企业，一些地方也蜂拥而上建设北斗产业园。但是由于缺乏清醒的产业规律认识和成熟的市场环境，绝大多数民营企业生存发展艰难，仅仅凭借情怀和概念勉力支撑。

到2014年左右，全国范围内已规划的北斗产业园大多呈现出较明显的建设停滞或发展缓慢状况，建成并投入运行的不到一半，新园区申报明显降温。

下游应用成为各路资本追逐的概念，而在上游配套领域，一些在市场经济中壮大的民营企业也开始越来越多地进入航天供应商名录。从2002年开始，创办于浙江温州的德力西集团有限公司（以下简称"德力西集团"）就开始为酒泉卫星发射中心生产电器产品，随着"神舟五号"和"神舟六号"飞船的成功升空，德力西集团也借此扬名海外。另一家温州企业环宇集团有限公司生产的低温燃料加注测控系统，则在合作过程中凭质量和性价比优势屡屡击败对手中标，成为长征七号运载火箭的配套产品……

从21世纪初到2014年这一时期，尤其是2007年之后，国家对民间资本试探开放部分领域，社会资本进入航天产业的步伐加快，民营企业开始崭露头角。这一阶段，民营航天企业发展艰难的主要原因在于：

一是缺乏直接的政策许可和激励。这一时期，政策出台较少，且缺乏完善的引导措施和配套细则，民间资本参与航天产业总体处于自发和混沌状态，并且无法进入核心环节，只能在卫星下游应用和低层级配套等边缘地带徘徊。

二是行业准入严格，审批流程冗长。企业从事卫星运营，需要中国无线电台执照、基础电信业务经营许可证等，2002年颁布的《民用航天发射项目许可证管理暂行办法》要求民用航天发射项目需要在预定的9个月前申请，接受主管部门审查，并向有关部门申请轨道和频率资源。

三是技术资源获取困难。航天上游供应链资源长期处于国有企业垄断状态，民营企业难以获得采购渠道或者采购成本过高。而西方国家从1999年开始对我国实行的技术封锁，也严重堵塞了我国民营企业从国际市场获取卫星资源的道路。

三、政策破坚冰

之所以将2015年作为中国商业航天的分水岭，是因为这一年之前的中国航天商业化，与之后所说的"商业航天"存在重大区别：此前30年的航天商业化，主要是市场销售环节的商业化。而2015年以后，国家政策允许和鼓励民间资本进入航天活动的核心环节，航天产业加快进入组织、生产、销售全流程按市场化方式配置要素的新时代。

20世纪80年代中期我国开始探索航天商业化，其本质是由政府推动，将计划经济下研发出来的航天产品销往国际市场。这个过程与中国航天系统的市场化改革交替进行，体制内的航天人在"走出去"的过程中逐渐学会了"下海经商"。

科研经费的窘迫、国际贷款的压力让那时的航天人不得不绞尽脑汁创造收益，日后被人津津乐道的"直播卖火箭"、"火箭贴广告"

并不是近几年的创意，早在20世纪90年代初体制内的航天人就想出了在火箭上"卖广告"的办法。华凌空调、健力宝等民族品牌的广告都曾经登上过中国的长征火箭。

从1999年开始，我国对国防和军队现代化建设的重视程度被提到新的高度，军费预算逐年增长，包括航天在内的各大军工集团迎来一轮新的发展期，靠"推销火箭"赚外汇、养队伍、搞科研的日子逐渐成为前尘往事。随着神舟飞船的升空，新成立的航天科技集团提出了"创人类航天文明，铸民族科技丰碑"的发展使命。中国航天人在日益强大的综合国力护航下，专注于往更远更深的星空迈进。

这一时期，正值全球商业航天快速发展，NASA、ESA等政府航天机构推进改革和以SpaceX为代表的航天新势力纷纷崛起，给国内航天机构带来思想上的冲击和启发。与此同时，中国航天商业化经过激荡三十年的风雨探索，也积累了宝贵和深刻的经验教训。

"民营商业航天"，是我国在2015年左右诞生的一个新名词。在此之前，民营企业无法直接参与空间飞行器的总体设计研发；在此之后，民营企业被允许研发火箭、卫星和其他大气层以外的飞行器。从这一年开始，一大批民营商业航天企业快速崛起，国有航天企业的混合所有制改革也在加快推进，体制内和体制外的"两张皮"被逐步打破，民营企业、风险投资机构等各类社会资本进入航天领域，一大批从体制内外溢的航天人才投身创业大潮……

自此，属于中国商业航天的崭新故事，才刚刚开始。

从"加快开放"到"规范有序"

进入21世纪，我国经济发展进入新的阶段，航天领域也不再是社会资本不可触及的禁区。国家对社会资本投资航天领域的态度，历经了试探开放、加快开放、有序规范三个阶段，直到将商业航天正式纳入国家支持发展的战略性新兴产业。其中，从 2007 年左右开始，国家在卫星通信广播、遥感应用、北斗应用等领域试探开放，先后出台了多项政策，鼓励社会资本和企业参与卫星应用。

党的十八大以来，以习近平同志为核心的党中央深刻把握世情、国情、军情的变化，在国家总体战略中兼顾发展和安全，把军民融合发展确立为兴国之举、强军之策。与此同时，党的十八大强调"要坚持走中国特色自主创新道路、实施创新驱动发展战略，推动以科技创新为核心的全面创新"。

在党的十八大精神的引领下，2014 年 11 月 16 日，国务院正式发布了《关于创新重点领域投融资机制鼓励社会投资的指导意见》，首次提出鼓励民间资本参与国家民用空间基础设施建设；鼓励民间资本研制、发射和运营商业遥感卫星，提供市场化、专业化服务；引导民间资本参与卫星导航地面应用系统建设。随后，由国家发展改革委、财政部、国防科工局联合印发的《国家民用空间基础设施中长期发展规划（2015—2025）》中明确写道，支持民间资本开展卫星商业发射、卫星应用等有关领域的增值产品开发、运营服务和产业化推广。

两份具有里程碑意义的文件出台，让我国民间资本和民营企业参与商业航天的政策门槛被打破，意味着民营企业可以直接参与入轨火箭和卫星总体的研制，也正因如此，2015 年被称为中国商业航天的"破冰"元年。

在此之后，国家各部委陆续出台顶层规划和相关政策，航天集团、大型央企也纷纷提出了自己的商业航天发展计划；翎客航天（深圳市翎客航天技术有限公司）、零壹空间（重庆零壹空间科技集团有限公司）、蓝箭航天（蓝箭航天空间科技股份有限公司）、星际荣耀（北京星际荣耀空间科技股份有限公司）、九天微星（北京九天微星科技发展有限公司）、天仪研究院（长沙天仪空间科技研究院有限公司）、银河航天［银河航天（北京）科技有限公司］等数十家民营商业航天公司相继成立，并获得社会投资；相当数量的专业技术和管理人员"走出体制"，投身商业航天创业大军。2018 年，蓝箭航天取得国内首张民营运载火箭发射许可证，成为我国第一家将自研火箭竖立在国家发射场上的民营商业航天公司。

政策利好助推行业迅速发展，呼吁监管的声音也接踵而至。航天工程毕竟有其特殊性，例如运载火箭技术与弹道导弹技术一脉相承，制造和发射活动涉及国家安全——伴随着一大批民营火箭公司的成立，如何从国家层面加以有效规范、加强引导也成为重要课题。2019 年 5 月 30 日，国家国防科技工业局与中央军委装备发展部联合下发《关于促进商业运载火箭规范有序发展的通知》，明确了商业运载火箭科研、生产、试验、发射、安全和技术管控等有关事项要"规范有序"，将探空火箭、亚轨道发射纳入统一的运载火箭管理体系。

从国家对商业航天提出"加快开放"到"规范有序"用时仅仅 5 年左右，这可以被视作一个积极的信号，间接证明了航天行业快速发展，社会资本投资热情高涨，既反映出民营商业航天企业的数量、运营和制造能力已经具备了初步规模，对航天产业产生了一定的触动与促进，又深刻体现出商业航天要以确保国家安全和国民利益为前提，在商业利益和技术风险之间寻求平衡。

2023 年 12 月，中央经济工作会议提出要打造若干战略性新兴产业，其中首次纳入商业航天，引起外界广泛关注。这说明商业航天在未来的社会经济发展中的潜力和价值得到充分认可，也意味着国家将在这一领域投入更多的资源和精力，支持引导行业健康、良性发展。

表 3-1　中国航天商业化改革的各个政策阶段

阶段	出台日期	代表性政策文件	主要内容
试探开放 2007—2013	2007.11	国防科工委、国家发展改革委出台《关于促进卫星应用产业发展的若干意见》	提出加快发展卫星应用产业，推进卫星通信广播产业集约化发展，鼓励社会投资和企业参与卫星应用
	2012.6	国防科工局、总装备部印发《关于鼓励和引导民间资本进入国防科技工业领域的实施意见》	提出要按照走中国特色军民融合式发展路子的要求，进一步扩大民间资本进入国防科技工业的领域和范围
	2013.9	国务院办公厅发布《国家卫星导航产业中长期发展规划》	提出发展卫星导航产业要以市场主导、政策推动；以市场需求为导向，统筹规划，协调发展
加快开放 2014—2018	2014.11	国务院发布《关于创新重点领域投融资机制鼓励社会投资的指导意见》	首次提出鼓励民间资本参与国家民用空间基础设施建设。鼓励民间资本研制、发射和运营商业遥感卫星，提供市场化、专业化服务。引导民间资本参与卫星导航地面应用系统建设
	2015.10	国家发展改革委、财政部、国防科工局联合印发《国家民用空间基础设施中长期发展规划（2015—2025年）》	明确以改革为动力，以创新为引领，探索国家民用空间基础设施市场化、商业化发展新机制，支持和引导社会资本参与国家民用空间基础设施建设和应用开发
	2016.12	工信部印发《信息通信行业发展规划（2016—2020年）》	提出信息通信行业正在面临重要技术迭代期，要建成较为完善的商业卫星通信服务体系
	2016.12	国务院新闻办发布《2016中国的航天》白皮书	提出要合理配置各类资源，鼓励和引导社会力量有序参与航天发展
	2016.10	国防科工局、国家发展改革委印发《关于加快推进"一带一路"空间信息走廊建设与应用的指导意见》	提出要积极推动商业卫星系统发展。积极推进"一带一路"沿线国家政府对"一带一路"空间数据和服务的采购力度，不断探索政府引导下的市场运行新机制
	2017.11	国务院办公厅印发《关于推动国防科技工业军民融合深度发展的意见》	探索研究开放共享的航天发射场和航天测控系统建设。促进通信卫星等通信基础设施统筹建设积极引导支持卫星及其应用产业发展，促进应用服务创新和规模化应用

续表

阶段	出台日期	代表性政策文件	主要内容
有序规范 2019—	2019.5	国防科工局、中央军委装备发展部印发《关于促进商业运载火箭规范有序发展的通知》	对商业运载火箭规范性和安全性作出规定，明确其中的科研、生产、试验、发射、技术管控等具体事项
	2020.4	国家发改委首次明确"新基建"范围	将卫星互联网纳入新基建
	2021.3	《中华人民共和国国民经济和社会发展第十四个五年规划和2035年远景目标纲要》	指出要打造全球覆盖、高效运行的通信、导航、遥感空间基础设施体系，建设商业航天发射场
	2022.1	国务院新闻办发布《2021中国的航天》白皮书	提出要研究制定商业航天发展指导意见，促进商业航天快速发展。扩大政府采购商业航天产品和服务范围，推动重大科研设施设备向商业航天企业开放共享，支持商业航天企业参与航天重大工程项目研制，建立航天活动市场准入负面清单制度，确保商业航天企业有序进入退出、公平参与竞争。优化商业航天在产业链中布局，鼓励引导商业航天企业从事卫星应用和航天技术转移转化
正式纳入国家战略性新兴产业 2023—	2023.12	中央经济工作会议	首次将商业航天纳入战略性新兴产业
	2024.3	第十四届全国人民代表大会《政府工作报告》	将商业航天作为国家提出要积极打造的"新增长引擎"之一，首次写入《政府工作报告》

资料来源：钛禾智库团队整理

久有凌云志，重上井冈山

春江水暖，资本先知。但是当投资人怀揣"热钱"在市场上寻找项目的时候，却发现中国商业航天的赛道上，已经有了先行者的身影——早在"破冰"元年之前，就有一批年轻的技术极客以马斯克为榜样，试图研制中国版的"猎鹰火箭"。

2011年的《中国达人秀》，一名1995年出生的深圳少年卢驭龙来到舞台上"操控闪电"，给在场评委留下了深刻印象。媒体没有报道的是，这一年，这位少年极客同时在自家小工厂里制成了第一台固液混合火箭发动机。第二年，卢驭龙的"驭龙航天"（深圳驭龙航天科技有限公司）正式注册成立，但是因为资金、场地、团队等各方面条件限制，研究时断时续，直到2015年年底才勉强发射了第一枚探空小火箭。

几乎同时，1993年出生的胡振宇正联合一群广州的在校大学生组织了一个探空火箭团队。大学毕业之后的胡振宇，逐步将这个由业余火箭爱好者组成的团队，发展成研制可垂直起降小火箭的翎客航天。比驭龙航天幸运的是，翎客航天陆续拿到了来自吴鹰、冯仑等商界前辈的风险投资，并且完成了几次短距离的垂直回收试验。

这些年轻的太空追梦者，给正待落地的中国商业航天带来了第一波流量，引发了众多话题和争议。2014年之后，随着科研院所改革深入推进和商业航天政策破冰，一大批"专业选手"开始走出体制，踏足这一赛道。这些"专业选手"大部分来自航天专业院所，或选择自主创业，或选择加入初创企业，给新成立的民营商业航天企业带来丰富的航天工程经验。

然而，随着出走人才越来越多，且人才级别越来越高，"挖体制墙脚"的声音也不绝于耳。这些人出走体制的原因各有不同，除了一部分人确实是出于实现理想抱负之外，有的是因为待遇、分房、职称问题，有的则是因为从事方向在原单位得不到重视。2018年的"张小平离职"引爆舆论，围绕民企挖人与体制留人的争论从圈内蔓延到圈外。

2018年9月27日，一篇题为"离职能直接影响中国登月的人才，只配待在国企底层？"的文章引发朋友圈刷屏，文章中称，西安航天动力研究所一位科研人员张小平被一家民营企业挖走，原单位就张小平离职发出一封公开信，信中痛陈张小平离职对在研的四型发动机的方案论证及研制工作均造成了极大的影响，"甚至在某种程度上会影响到我国载人登月重大战略计划的论证和策划工作"。

公开信发出之后，一时间引发了全网热议，评论区出现了两种截然不同的声音。一种声音认为，"国内搞航天的人总共就那么多，无论搞出多少家公司，人大多还是原来的那些人，重复投资建设反而分流人才、浪费资源"。另一种声音认为，"应该支持甚至鼓励一些在体制内难以获得核心资源的技术人才，去更有可能实现抱负的平台施展才华，闯出一条全新的路子"。

两种声音代表了两种截然不同的立场态度。随着国家事业单位改革的深入推进，在鼓励事业单位人才离岗或在职创业的政策支持下，人才要素流动的大门越来越开阔。对于这些长期置身于象牙塔中的专业人才来说，留在体制内或者去往体制外，都不过是干事创业的平台选择，一批商业航天企业的成立，为他们提供了更多元化的自我价值实现路径。

然而深蓝寻梦的道路，并非通天坦途。对于这些"走出根据地，重上井冈山"的航天人来说，需要面对各种条件环境的变化，以及一个现实的问题——穿了新鞋，如何才能不走老路？

第一，是资源条件的变化。航天院所有强大且成熟的研发体系作为保障，无论是在零部件供应、分系统开发、实验条件，还是在测试平台等方面，均拥有初创公司无可比拟的优势。而出走体制的航天人，必须在市场经济的游戏规则中重新组织这些资源，甚至不得不在以前走过的研发步骤上重来一遍。

第二，是竞争环境的变化。国家队的资金往往是预先拨付——"先拿钱，后干活"已成为科研人员的习惯状态。而一旦进入市场的野生环境，则意味着必须同时讲好"商业故事"，持续寻求后续融资，这是一场生存与挑战的博弈。一方面，社会资本的入局，加速了企业的奔跑步伐；另一方面，企业为了向资本证明自身能力，不得不改变原来的研发节奏，甚至在产品开发的某些关键时间节点上作出妥协。

第三，是研发导向的变化。与"保成功"的国家任务相比，商业航天的经济效益特性，决定了研发导向将会更多聚焦于产品的性价比。这与此前的研发模式大不相同，众多目标设定都需要因此调整，组织形态需要二次塑造，以建立更加灵活高效的研发体制。在这一过程中，科研人员心态也会发生变化，一些在原单位拔尖儿的人才也难免出现"水土不服"，需要重新适应新的环境和任务导向。

风雷动，旌旗奋

政策之锤敲开了中国民营商业航天企业发展的第一层坚冰，社会资本迅速嗅到机会，在资本助推下，中国民营商业航天企业纷纷注册成立。

2015—2019年是我国民营商业航天企业涌现的第一个高峰期。据不完全统计，这一时期注册成立的民营商业航天企业超过百家，主要集中在火箭和卫星研制领域。

这些民营商业航天企业中，有的是创始人跨界创业，例如蓝箭航天、银河航天等；有的是航天系统的资深专家离职创业，例如星际荣耀、凌空天行、微纳星空（北京微纳星空科技有限公司）等；也有中科院系统孵化的混合所有制企业，例如长光卫星（长光卫星技术股份有限公司）和中科宇航（北京中科宇航技术有限公司）。除此之外，还有一类是传统科技企业布局商业航天，例如浙江吉利控股集团有限公司控股的时空道宇（浙江时空道宇科技有限公司）、珠海格力集团有限公司控股的欧比特（珠海欧比特宇航科技股份有限公司）等。

北京亦庄经济技术开发区紧邻中国运载火箭人才的"黄埔军校"——中国运载火箭研究院，大量火箭工程技术人才在此安家落户。这片仅占首都 0.3% 土地面积的区域，创造了北京约 20% 的工业总产值，一大批制造加工和配套企业位于此处，也让亦庄因此成为民营火箭公司创业的首选福地。至少九成的民营火箭公司将总部设在亦庄，荣华南路—地盛街附近还因为商业火箭企业聚集而被称作"火箭街区"。

民营火箭公司扎堆北京亦庄，商业卫星企业则在北京海淀聚集。这片涵盖了中关村的土地，是中国最著名的科技创新高地之一，国内卫星制造最大的总体院——中国空间技术研究院也坐落于此。从亦庄到海淀，在这条贯穿首都的连接线上，形成了北京商业航天"南箭北星"的发展格局。

在人才、资金、资源、政策的驱动下，商业航天企业总部多聚集于北京，研发中心和生产基地则分布于全国各省市。短短几年间，北起东三省，南至海南岛，西到戈壁大漠，东至江浙沪，中有湖南、湖北，商业航天的旌旗几乎插遍全国。众多城市将商业航天作为当地产业发展的"高端题材"，纷纷放出优惠政策，配置引导基金，吸引优质商业航天项目落户。

建设低轨小卫星星座是商业卫星公司争抢的第一块大蛋糕，商业火箭公司的产品设计也大多瞄准这一发射需求，从宽带互联网、窄带物联网到遥感星座，2015—2019 年这段时期商业航天企业的融资故事多围绕"星座"展开。截至 2018 年年底，国内发布的卫星星座计划超过 27 项，其中由民营企业发起的星座项目就超过半数。

但是，骨感的现实随之而来。商业卫星星座建设前期耗资巨大，且依靠应用服务收费的商业模式不确定性强、回本周期长。在国内廉价火箭运力跟不上、小卫星关键技术亟待突破、频率申请受限等因素的制约下，大多数商业星座计划在此后几年里历经了屡屡调整甚至被迫中止。截至 2022 年，这些规划中的星座，从演示文稿展示走到现实发射阶段的不到 5%。

成立于 2015 年的九天微星是一家"网红企业"。在该公司组建的第一年里，创始人谢涛几乎所有时间都在"找钱"中度过，这一年，谢涛不仅要从零开始组建卫星研发团队，还要带着融资商业计划书奔走于各地，向上百位投资人科普航天知识。

九天微星成立之初的理想是要打造中国版的"星链"，后来发现实现难度太大，于是将目标重新调整为建设一个能覆盖全球的窄带物联网星座。即使降低技术难度，要实现这个计划仍然烧钱耗时，对于一家完全依赖社会资本的初创企业来说压力巨大。如履薄冰的创始团队不得不绞尽脑汁开源节流，通过开垦中小学 STEAM 教育[①]等空隙市场为自身造血，保证公司"先活下去"。

正当这家公司奋力跋涉，刚刚看到一线突围曙光之时，国内商业通信卫星市场再次发生巨大变化。2020 年，卫星互联网被纳入我国新基建范畴，行业迎来关键节点。次年 4 月 28 日，中国卫星网络集团有限公司（"星网"集团）正式成立，传言一年多的中国版"星链"计划终于水落石出。"星网"集团的成立，意味着大部分宽带通

---

① STEAM 教育就是集科学（Science）、技术（Technology）、工程（Engineering）、艺术（Art）、数学（Mathematics）多领域整合的综合教育。

信卫星星座将被"整合收编",窄带物联网星座前景不明。

积累了一定技术能力的九天微星被迫再次调整经营方向,将研发重点回归到宽带互联网卫星的"初心"上。只不过,这次不再是自建和运营星座,而是专注于研发制造,努力成为"星网"的合格供应商。但是第三次转型仍然十分艰难,经历多次折腾的九天微星,不断传出公司资金链紧张、高层人事动荡的消息。

九天微星的曲折经历,可以视为中国商业航天混沌初开之际,各路民营力量草根创业的一个缩影。这些听闻春雷响动进入市场的先行者,台前引人注目的背后,大多经历了不为人知的辛酸。

从2015年开始至今,中国民营商业航天已经跨过了近十个年头,商业航天的旌旗插遍了半数以上中国主要省市,一盘新航天产业的大棋在中国广袤的领域上徐徐展开。但是从航天工程的普遍周期来看,十年磨一剑并不算长,国内绝大多数的民营商业航天企业目前仍处于能力建设和产品打磨阶段,距离商业价值的兑现仍然有很长的路要走。

九天揽月,五洋捉鳖

从明朝时的"万户飞天"到新中国成立后的"两弹一星",从载人航天到探月探火,在人类探索苍穹的历史上,中国人从来没有缺席过。即使国家再困难,中国人也没有远离过世界航天舞台的中心。

如今,随着载人航天、探月探火工程、空间站计划的相继实施,中国人"九天揽月"之梦已逐步变为现实。星辰之下,另一幅商业航天的太空画卷正在徐徐展开。蓬勃发展的商业航天,不仅仅是技术能力的竞技,还是商业运营的角逐,需要依靠"五洋捉鳖"的商业模式来支撑梦想。

与财政拨款、"不计代价"的传统航天相比,商业航天需要自成

"投入—产出—再投入"闭环，才能维持良性运转。相比于美国，目前中国商业航天不仅是在某些关键技术环节上存在"卡脖子"问题，更重要的是整个体系尚需抬升和磨合。商业航天作为一个全新的经济闭环，任何一个环节存在短板，都有可能影响整个系统的运行。

从整体进度来看，得益于国内完备工业体系加持和科技创新热情高涨，中国商业航天企业的追赶步伐并不算慢，甚至在美国SpaceX一枝独秀，其他国家商业航天公司表现不尽如人意的局面下，初步形成了中国"多强"追赶美国"一超"的局面。2023年，中国商业航天迎来第一个"井喷"之年，发射密度和发射成功率明显提升，高光时刻频现。

火箭方面，北京星河动力航天科技股份有限公司（以下简称"星河动力"）的谷神星一号小固体火箭年内一共发射7次，并首次实现海射，成为首家具备高密度发射能力的民营商业航天公司。4月，北京天兵科技有限公司（以下简称"天兵科技"）的天龙二号遥一运载火箭成功首飞，打破了全球液体商业火箭首飞必败的魔咒。7月，蓝箭航天的朱雀二号遥二运载火箭发射成功，抢在"星舰""人族""火神"等一众美企火箭之前，成为人类首次入轨的液氧甲烷运载火箭；12月，朱雀二号遥三运载火箭首次商业发射再获成功。2023年年末，东方空间（山东）科技有限公司（以下简称"东方空间"）研制的全球首型全固体捆绑运载火箭完成总装，并于2024年1月14日发射成功，一举打破多项世界纪录。除此之外，中科宇航、星际荣耀、深蓝航天等商业火箭公司，也纷纷完成入轨发射或技术试验，实现了各自的里程碑式突破。

卫星方面，2023年中国发射了大量应用卫星，包括导航、通信、气象、对地遥感等类型，大众和媒体对此都已习以为常。值得重点关注的是，7月9日、11月23日、12月6日、12月30日，长征2C、长征2D、捷龙三号运载火箭四次发射，将不少于6颗卫星的互联网技术试验卫星送入轨道，开启了小规模组网试验。这标志着中国"星网"星座大规模组网发射即将展开。

随着商业航天的整体发展，参与配套研发和相关技术保障的产业链企业越来越多，产业生态圈逐步成形。一个明显的现象是，近几年新成立的民营火箭和卫星公司，从公司组建到首款产品推出所需的时间越来越短。这意味着国内商业航天产业链供应链越来越成熟，并逐步形成一个开放型、生态型、创新型的产业体系。

环境的变化要求创业者具备新的能力。当"航天"和"商业"两个关键词结合在一起，意味着创业者不仅仅需要具备勇攀高峰的科学家精神，更需要具备掌舵全局、驾船出海的企业家能力。

对于政策制定者来说，不仅仅需要考虑如何加强鼓励支持，优化规范监管的问题，还需要进一步考虑确保公平竞争、激发创新活力的问题。产业政策需要从"扶上马，送一程"，逐渐转向构建平等、开放、有序、健康的市场竞争环境。只有当政策促进、技术竞争、资本投资三者之间形成良性循环，企业看到持续获利的前景时，才会更有动力专注研发和经营，成为推动行业创新和进步的中坚力量。

我国商业航天产业开放和新势力培育的过程，与当年汽车工业、能源工业等行业有颇多相似之处。当汽车从战略物资转变成为一般消费品之后，国家支持民营企业入局充分参与竞争，提升产业整体活力和创新力，就成为行业发展水到渠成的事。而能源工业的开放则走过一段纠结期，21世纪初，大量民营企业在政策默许下进入能源行业，收获利润的同时也给整个行业体系带来了诸多不稳定性，行业政策多年来在"收"与"放"之间摇摆，不少尚在成长期、免疫力还不够强的新兴力量因此折戟。

　　航天技术普惠化是大势所趋。但就短期来看，其核心技术部分又很难去掉国家安全属性，航天器也很难成为像汽车那样的大众消费品。如今，在政策、市场的双重利好下，我国商业航天新势力脱颖而出。但我们也要清醒地看到，摊子铺得大并不等同于拥有核心竞争力，行业正在从早期占道式的野蛮生长进阶为精细化发展、差异化竞争，唯有尊重市场规律，发挥新型举国体制优势，通过加大自主创新补齐技术短板，避免低端重复建设和无序竞争，才能让我国商业航天产业的竞争后劲绵延不断。

04

奋楫者先：九天竞技的商业火箭

一、商业火箭公司的晋级赛

作为基础运载工具的商业火箭，是新一轮中国商业航天创业浪潮中风险资本押宝的重点赛道，也是率先被媒体和公众关注的"网红"项目。

对于投资机构来说，火箭属于典型的技术和资金密集、前置研发成本极高的风险型项目，而一旦产品研发成功，形成技术壁垒，也能带来高额回报。运载火箭的商业模式比较简单清晰，即通过发射卫星和货物获得收入，直白一点说就是天上的物流，典型的需求牵引——只有"包裹"多了才能创造更多的配送岗位。

传统航天时代，火箭作为强国太空竞赛的压箱底技术，不断挑战更大和更强的纪录，但由于成本高昂和需求有限，实际上全球每年火箭发射的数量并不算多。大航天时代，商业卫星的规模化应用带来了"包裹"数量激增，其中，全球范围内掀起的低轨互联网星座建设热潮，成为商业火箭市场未来若干年内，最诱人的一块大蛋糕。①

大洋彼岸，马斯克凭借着史无前例的"星链"计划，用自家公司制造的猎鹰火箭，将数量庞大的小卫星密集送入太空轨道。对于追求投资回报的商业航天来说，发射成本是其中重要的考量因素之一。SpaceX 之所以有能力布局大规模星座，与其拥有世界上最便宜、可靠的运载火箭猎鹰 9 号密不可分。截至 2024 年 2 月 21 日，猎鹰 9 号火箭已经完成 300 次成功发射，超过美国历史上任何一型号火箭。

转回国内，低轨互联网星座建设的起步虽然落后于美国，但近年来也在快步追赶。国际电信联盟（ITU）披露的文件显示，2020 年 9 月，中国以"GW"为代号向国际电信联盟（ITU）申报了两个低轨卫星星座，共计 12992 颗卫星，分布在距地面 590 千米至 1145 千米的低轨道。次年 4 月，经国务院批准，中国卫星集团有限公司（简称"星网"集团）正式成立并落户雄安新区，主要负责统筹国内卫星互联网的规划和发展，坊间传言已久的中国版"星链"终于逐步揭开神秘面纱。

除了央企之外，地方国企和民营企业也纷纷提出或修正原有的星座计划。由上海市国资委控股、上海联和投资有限公司牵头发起设立的上海垣信卫星科技有限公司（以下简称"垣信卫星"），正在加速打造国内另一个商业低轨宽带卫星星座，计划到 2030 年年底，实现超过 10000 颗星提供手机直连多业务融合服务。民营卫星公司中，长光卫星、天仪研究院、银河航天、和德宇航（北京和德宇航

---

① 根据美国 Tauri Group 2016—2022 年《卫星产业报告》和美国卫星工业协会（SIA）数据，近年来全球商业采购卫星发射市场规模维持在每年 45 亿—65 亿美元的区间。当前全球运载火箭发射市场受到低轨小卫星组网需求驱动而快速增长，但由于微小卫星占比提高，商业运载火箭也同时向"一箭多星"、低成本化的趋势发展。

技术有限公司）、时空道宇等，也纷纷围绕遥感、通信、导航等星座开展规划部署。

在以"星网"为代表的国内星座建设高潮期即将来临的背景下，低成本的商业火箭需求已经形成"堰塞湖"。根据目前国内已经公开的星座计划推算，预计2024—2027年将成为商业运载火箭的需求爆发期。低轨星座的组网和补网，也将成为各家商业火箭公司争夺的黄金窗口期。由于小卫星发射具有密集性和灵活性，对火箭档期、发射公司的客户响应效率和综合发射服务能力也提出了较高要求——谁能稳定提供高频、可靠、灵活、便宜的发射运输服务，谁就能在这轮竞赛中切分到更大份额的"蛋糕"，甚至出现"赢者通吃"的局面。

政策破冰之后的短短三四年间，国内先后成立近20家民营商业火箭公司，外加"国家队"培育的商业火箭型号，这条赛道一时间选手云集。对于这些穿上了"新鞋"的商业火箭公司来说，这无异于一场残酷的晋级赛。选手们需要同时拼研发、拼管理、拼产品、拼融资、拼市场。在这场寂寞且煎熬的比赛中，大家都有一个默契——谁先构建起自己的能力护城河，谁就能率先卡位市场，晋级下一场淘汰赛。

八仙过海，"国民并进"

作为把卫星送上天的"物流服务"，布局商业火箭也需要综合考虑"派送"成本和效率，合理规划每型火箭的商业定位。目前，国内开展发射服务的主流商业模式可大致概括为四类：

第一类火箭可以比喻为"班车"。主要瞄准大规模星座组网需求，可同时搭载多星入轨的中大型火箭。代表箭型包括航天科技一院的长征八号（CZ-8）和八院的长征六号甲（CZ-6A），航天科工火箭技术有限公司（以下简称"科工火箭"）的快舟十一号，蓝箭航天的朱雀二号和在研的朱雀三号，星河动力在研的智神星一号，东方空间的引力一号等。

第二类火箭可以比喻为"专车"。主要是瞄准小卫星星座快速组网和补网需求，一次搭载1—2星入轨、快速发射的小型固体火箭。代表箭型包括航天科技一院的捷龙一号和捷龙二号，科工火箭的快舟一号甲，星河动力的谷神星一号，星际荣耀的双曲线一号等。

第三类火箭可以比喻为"顺风车"。当上述火箭有剩余座席空间且档期合适的时候，一些单星客户可以选择和其他荷载一起"拼车"发射。

第四类火箭则是一些"特种专用车"。主要切入部分长尾细分市场，如特殊用途航天器、高超声速飞行试验、亚轨道空间科学试验等，代表箭型如北京凌空天行科技有限责任公司（以下简称"凌空天行"）的天行Ⅰ和天行Ⅱ系列、北京星途探索科技有限公司（以下简称"星途探索"）的探索一号，火箭派（北京）航天科技有限公司（以下简称"火箭派"）的达尔文一号等。

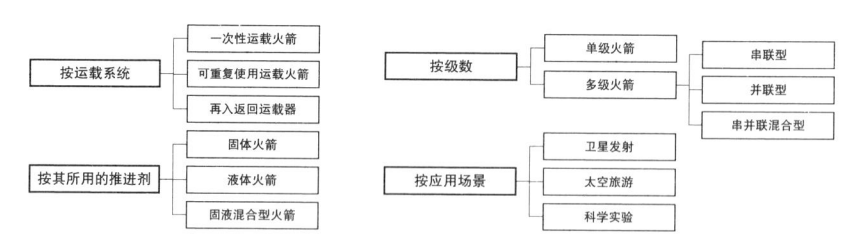

图4-1 商业运载火箭分类

资料来源：《关于促进商业运载火箭规范有序发展的通知》等资料，钛禾智库团队整理

可以看到，在上述商业火箭型谱中，既有民营企业主导研发，也有传统航天院所下场竞争。为了在即将到来的大规模商业发射市场竞争中抢占先机，国家队和各家创业公司都纷纷使出看家本领，开启了一场"八仙过海，各显神通"的技术竞技。

事实上，主要承担国家任务的长征系火箭，早就开始承揽商业发射任务，长征二号丙（CZ-2C）、长征二号丁（CZ-2D）、长征六号（CZ-6）、长征十一号（CZ-11）等火箭都发射过来自商业市场的载荷。由于国内两大航天集团分别在相关技术方面具有深厚的能力积累，商业火箭研制可以在大量采用原有军工型号成熟技术的基础上，进一步优化成本结构，开发具有市场竞争力的产品。例如航天科技集团旗下中国运载火箭技术研究院（航天科技一院）抓总研制的长征十一号火箭，2010年作为内部型号立项，主要用于快速机动发射应急卫星，满足自然灾害、突发事件等应急情况下微小卫星发射需求，在研制过程中长征十一号火箭大量采用了已有的成熟技术。[①] 随后，在此基础上进一步创新，衍生出更具经济性和敏捷性、专注于未来商业发射的"捷龙"系列固体火箭。

与此同时，航天科技一院还瞄准未来太阳同步轨道（SSO）的巨大发射需求，针对中低轨主流卫星发射任务，结合并优化长征七号（CZ-7）和长征三号甲（CZ-3A）的技术方案[②]，打造了被誉为中国版猎鹰9号的长征八号系列，旨在填补目前长征系列"中型火箭运力

[①] 《长征十一号固体运载火箭研制历程——继承，但不守旧》，中国航天科技集团公司官网，2015年9月25日，https://zhuanti.spacechina.com/n1038285/c1039953/content.html。

[②] 长征八号在原有技术基础上取长补短，火箭芯一级基于长征七号（CZ-7）的发展型CZ-722S（HO）方案，二级继承自"长征三号甲"系列运载火箭的三级方案。同时对标猎鹰9号所采用的一系列可回收关键技术开展进一步技术创新，如可大范围调节推力的发动机、着陆缓冲装置、回收制导控制系统等，都已经列入长征八号回收型（CZ-8R）的研制规划。

不足，大型火箭运力过剩"的性能覆盖"断档"，目标是成为未来商业航天发射的主力箭型。

航天科技八院和航天科工四院（航天三江），历来被视为两大航天集团内部的"鲇鱼"角色，也同时将商业火箭作为未来的重要发展方向。其中航天科技八院（上海航天技术研究院），在继承原来长征六号（CZ-6）技术的基础上，研制了与长征八号运力相当，但技术路线大相径庭的新一代商业运载火箭长征六号甲（CZ-6A）[①]，并进一步探索重复可回收使用火箭长征六号 X（CZ-6X）。而航天三江则立足武汉这一重要根据地，采用国际首创的星箭一体化技术，推出了中国首枚具有快速集成、快速入轨能力的"快舟"系列固体运载火箭，从履约周期到发射时间，都创造了我国众多运载火箭中的最快纪录。同时，航天三江还围绕"快舟"品牌成立了航天科工火箭技术有限公司，通过积极引入社会资本，成为混合所有制改革走在前列的航天院所。

国家队基于深厚的能力积累，循序渐进扩展商业火箭型谱。对于起步资源有限的民营火箭公司来说，则更多主打"创新牌"，并逐渐在产品研发和商业化探索的过程中，形成了各自鲜明的技术特色和经营风格。

从 2014 年 1 月注册成立的翎客航天开始算起，目前国内已经陆续成立了近 20 家民营商业火箭公司，其中从事火箭总体研发的代表性企业主要包括蓝箭航天、星河动力、星际荣耀、东方空间、天兵

[①] 航天科技八院此前研制的运载火箭为长征四号系列，其与长征三号甲系列拥有近似的一二级，但第三级采用的是完全不同的偏二甲肼 – 四氧化二氮燃料体系，为了实现运力增加，长征六号需要通过加大储箱来延长火箭二级的点火时间，由此，长征六号的二级直径从 2.25 米扩大至 3.35 米，并增加了一台发动机和若干助推器。为了降低成本和结构复杂性，长征六号选用了固体燃料助推的方式，成为我国第一枚应用固体燃料火箭助推器的运载火箭。

科技、深蓝航天、零壹空间、凌空天行、星途探索、翎客航天、北京箭元科技有限公司（以下简称"箭元科技"）、陕西华羿鸿达科技发展有限公司（以下简称"华羿鸿达"）、火箭派等，以及混合所有制的中科宇航；从事动力系统研发的代表性企业包括九州云箭（北京）空间科技有限公司（以下简称"九州云箭"）、北京宇航推进科技有限公司（以下简称"宇航推进"）、西安空天引擎科技有限公司（以下简称"空天引擎"）、陕西天回航天技术有限公司（以下简称"天回航天"）、北京灵动飞天动力科技有限公司（以下简称"灵动飞天"）等。甚至家用扫地机器人领域的"网红"创业公司追觅科技（上海）有限公司也宣布跨界进军商业火箭赛道，并推出了对标猎鹰9号和星舰的产品规划。

众多初创公司入局，让商业火箭赛道一时间热闹非凡。但造火箭毕竟是一项高技术、高投入、高风险和长周期的复杂系统工程，不论是选择从"班车""专车""顺风车"，还是"特种专用车"哪一类发射市场切入，这些创业公司要想造出能飞上天的火箭，首先需要通过发动机这一关。

对发动机技术路线的选择，决定了火箭公司的产品起点，也将成为随后几年里影响这些民营商业火箭公司逐渐拉开梯级、走出差异化发展道路的关键因素。

抢占动力制高点

航天界历来有种说法："火箭的能力有多大，太空探索的舞台就有多大。"在运载火箭的各个系统中，发动机是火箭产生推力、摆脱地球引力的核心装置，被称为火箭的心脏。

长期以来，"发展航天，动力先行"已经成为全体航天人的共识。对于火箭发射来说，只有两种结果：成功或者失败，不存在中间地带。火箭之所以难造，其中重要一点是发动机的技术难度高。一台合格的火箭发动机需要同时满足推力够大、爆发力够强、质量够轻、强度够高、控制够精细、稳定性够高等一系列要求，这对材料和制造工艺都提出了非常严苛的要求。一台发动机从立项预研到投产使用，其间需要反复经历"设计—制造—总装—试车—设计优化……"的循环，其研制周期对于火箭的研制周期往往产生至关重要的影响。

从成本角度来看，发动机占火箭的成本大头。根据美国联合发射联盟（ULA）公开的数据，二级中型液体运载火箭成本构成主要包括发动机、结构、电子设备三大部分，其中第一级火箭发动机成本占比达55%，第二级火箭发动机占比约在28%；对于大型、重型液体运载火箭，发动机成本占比将更高。因此，发动机成本很大程度上决定了火箭成本。

传统航天和商业航天的理念差异，在火箭发动机研制方面得到了集中体现——传统航天"保成功"的任务要求和"小步快跑"的研制风格，决定了发动机的代际大多是局部的改良和演进，很少出现颠覆性的突破。但是成本定成败的商业火箭公司却需要保证每次发射服务都具备足够的价格竞争力，还要争取利润空间，因此发动机技术的突破，就成为国内商业航天企业的兵家必争之地。

从大类来说，火箭发动机可分为固体发动机和液体发动机。固体发动机结构相对简单，原理类似于"二踢脚"，主要组成部分包括燃烧室壳体、喷管、点火装置和固体推进剂药柱。相比于液体发动机，固体发动机的缺点也非常明显，例如工作时间短、加速度大导致推力不易控制、重复启动困难等。同时，由于固体推进剂涉及火工品管控，药柱加工浇筑这一核心环节需要由体制内相关单位协助完成。

表 4-1 不同类型发动机的火箭对比

项目	固体发动机火箭	液体发动机火箭	固液混合发动机火箭
推进剂	固体推进剂有聚氨酯、聚丁二烯、端羟基聚丁二烯、硝酸酯增塑聚醚等	液体氧化剂有液态氧、四氧化二氮等，燃烧剂由液氢、偏二甲肼、煤油、甲烷等	组合使用液体和固体推进剂
发动机组成	固体发动机由药柱、燃烧室、喷管组件和点火装置等组成	液体发动机一般由推力室、推进剂供应系统、发动机控制系统组成	混合发动机由喷注器、燃烧室（内装药柱）、喷管、液体推进剂供应系统和贮箱等组成
优势	·推力大 ·发射便捷，快速响应 ·结构简单，研发成本低 ·可长期储存	·比冲高，推重比大，运载能力强 ·推力可调，关机和启动灵活 ·燃料成本低，回收再使用优势大	·发挥综合优势，灵活实现各种推力需要 ·可靠性更高，性价比更优
劣势	·燃烧时间短，比冲小 ·推力不可调，燃烧不稳定 ·燃料成本高，储存有风险	·发动机结构复杂 ·研发和生产成本高	·推力小，燃烧均匀性较差
应用	适用于应急发射和卫星补网发射等	适用于卫星批量组网、深空探测等	探空火箭、小型运载火箭、亚轨道飞行器及载人飞船、助推器及上面级和姿轨控系统的动力装置
代表箭型	长征十一号、"捷龙"系列、"快舟"系列、力箭一号、谷神星一号、引力一号等	长征二、三、四、五、七、八号，朱雀二号、天龙二号等	长征六号甲

资料来源：钛禾智库团队整理

液体发动机一般由推力室、推进剂供应系统、发动机控制系统等组成，具有比冲高、推重比大、运载能力强、推力可调、开关机灵活、燃料成本低等诸多优点，但由于设计相对比较复杂、组部件较多，也具有研发生产成本高、制造工艺烦琐、质量控制难度大等缺点。目前我国与美国在火箭回收复用技术上的差距，也主要体现在液体发动机技术上，多次启动、深度变推力、可重复使用、快速维护等火箭回收所必需的关键核心技术，都是当前我国发展可重复使用运载火箭亟须突破的瓶颈。

概括来说，固体发动机更适合探空火箭和机动性强的中小型入轨火箭，液体发动机则更适合未来大运力、可复用的中大型商业火箭。对于处于初创阶段的商业航天企业来说，从固体发动机火箭入手，相对来说研发周期更短、成本更低，但是要想在未来发射市场中占据更大份额，往中大型液体发动机火箭发展是不二选择。

基于团队的专业背景、公司成立时间、资金预算，以及对市场的研判，各家民营商业火箭公司纷纷选择了适配自家的技术迭代路线，并由此形成了各自鲜明的风格特色：

一类企业选择了"先固后液"或"固液并行"的发展路线，以星河动力、星际荣耀、东方空间、中科宇航等商业火箭公司为代表。这类企业先通过快速组装发射固体火箭，在发射市场占据一席之地，再进一步研发液体发动机，探索更大运力的液体火箭。这类企业在延续成熟的固体火箭技术的同时，也不断通过技术创新，探索更高性能的固体商业火箭。2022—2024年里，继中科宇航的力箭一号、航天科工集团的快舟十一号、航天科技集团的捷龙三号在"大运力"方面争先恐后打破纪录后，由东方空间研制的引力一号于2024年1月11日首飞成功，起飞推力达到600吨，一举刷新了全球最大固体运载火箭的纪录。

另一类企业则选择全力突破液体发动机核心技术，其中以蓝箭航天、深蓝航天、天兵科技等民营商业火箭公司为代表，主要围绕液氧甲烷和液氧煤油[①]两种燃料的液体发动机开展技术攻关。蓝箭航天在经历朱雀一号固体火箭发射失利之后，选择直接放弃固体小火箭，将全部精力转向80吨级大推力液氧甲烷发动机和液氧甲烷火箭的研制，并于2023年7月12日成功发射朱雀二号遥二火箭，成为全球首款成功入轨飞行的液氧甲烷火箭。深蓝航天（江苏深蓝航天有限公司）则专注于液体可回收运载火箭研发，至今已完成多次可重复使用液氧煤油发动机试车和液氧煤油火箭垂直起降试验。天兵科技成立之初以研发新一代常温绿色HCP液体推进剂和HCP液体发动机为特色，后来终止了该项目，转为全力投入液氧煤油发动机的研制中。

当商业火箭公司纷纷抢占动力制高点，以构建自己的技术护城河时，也有一些创业公司选择了不搞总体，而是聚焦研制发动机。典型企业如九州云箭，核心团队成员都是出自航天动力主力院所，公司定位为航天运载器的动力系统服务商，并创下了首次突破火炬式电点火技术、首次完成液氧甲烷发动机深度变推力热试车、首次突破发动机整机的全氮气使用维护技术等多项国内第一，目前已获得多个商业火箭型号的订单。

大航天时代的梦想需要引擎，就连声名显赫的航天动力国家队也下场竞争，甚至向民营企业开放配套。2023年4月2日首飞的天兵科技制造的天龙二号运载火箭，一级所用的就是由航天科技六院

[①] 液氧甲烷和液氧煤油是目前商业火箭选用较多的两种液体发动机燃料，其中煤油具有高密度比冲、低成本、易储存、绿色环保等优势，且技术较为成熟，是目前商业火箭发动机应用较多的液体推进剂。但国内高品质煤基航天煤油提取难度大、对原油品质要求非常高，也成为制约发展的因素之一。与煤油相比，甲烷除了具有获取更便利、比冲高、便宜、清洁环保、维护使用方便等优点，还可以实现全流量分级燃烧，能最大限度释放发动机的性能，并且大幅度改善了积碳问题，适合发动机重复使用，成为未来商业火箭动力发展的重要思路。

研制的液发-102（YF-102）开式循环液氧煤油发动机[①]。首飞成功当月，航天科技六院还在西安举办产品推介会，发布了YF-102、YF-102V和YF-209等三款为商业航天量身定做的液体发动机。与此同时，航天科工集团也不甘落后，加快了"鸣凤"系列液氧甲烷火箭发动机的研制，以补齐航天科工集团在液体发动机方面的短板。

国家队的正面入局，让本就显得拥挤的商业火箭赛道变数陡增。此前凭借灵活机制和技术创新争得一席之地的民营商业火箭公司，将在多个维度直面"最强选手"的竞争。至此，商业火箭公司的新一轮角逐赛，才刚刚拉开帷幕。

"玻璃做的天花板"

和民营商业火箭公司可以另起炉灶、轻装上阵不同的是，国家队在发展商业运载火箭的过程中不是一蹴而就的，更多时候是采取一种循序渐进的方式进行系统集成创新，推进运载火箭的商业化并拓展商业火箭型谱。

21世纪初，随着我国军工集团的"政企分家、一分为二"，新成立的航天科技集团和航天科工集团由单纯的军工科研生产单位，逐步转变成服务于社会主义市场经济的高技术企业实体，在火箭研制、生产、发射、服务等方面，逐步培育商业化成分。

树大根深的体系、相对充裕的国家拨款，以及"保任务、保成功"的惯性思维，决定了这两大航天集团和民营商业火箭公司在定位产品和开拓市场的方式上有着巨大差别。航天集团掌握着国内航天产业最完整的资源池和供应链，从人才、试验、发射资源到配套

[①] 作为"天龙二号"商业火箭的一级动力，YF-102发动机成功装配在这枚商业火箭上并顺利实现了首飞。未来，这款发动机在应用于商业火箭发射的同时，也将助推长征二号系列等常温液体火箭的更新换代。该款发动机可实现3.35米直径的火箭箭体5机并联布局、3.8米直径的火箭箭体7机并联布局等多种组合方案，可作为中小型运载火箭的主动力发动机。

元器件，都有着初创民营企业无可比拟的优势，但是体制膨胀沉积多年的冗余问题，也可能成为一时难以卸下的沉重包袱。

作为"鲇鱼"和补充力量进入行业的民营企业，在研发和经营机制上的灵活性，可以弥补部分资源不足的短板，但在创业初期，"水面下的成本"和"玻璃做的天花板"，是这些民营火箭公司需要面对的共同问题。

在民营商业航天企业纷纷成立的最初几年里，笔者和多家公司的创始人交流，有近半数的创始人认为，"信任"是公司在初创阶段遇到的第一道隐形门槛。其中一位从航天某院离职创业的"老航天"感触较深："以前在单位完全没有'信任资本'这个概念，国家队的招牌就是最大的信用。但是现在都必须重新积累。"

"信任资本"对这些火箭新势力至少产生三个方面的影响：一方面是客户端的影响，在火箭被充分验证其可靠性之前，即使报价再低，甚至半卖半送，客户也不敢轻易将数百万乃至数千万元一颗的卫星交给民营火箭公司发射。一方面是对供应商的影响，由于试飞阶段的火箭批量小、周期长，且很难说未来会不会有批量，一些需要特殊定制甚至专门研发的零部件，有一定规模实力的上游企业常常不愿意为其单开一条供应链。另一方面的影响在资本端，如果无法通过一次次里程碑式的成功来证明能力，那很可能对潜在投资人的投资决策造成直接影响。

这位"老航天"因此感慨："以前在单位干的叫作'航天事业'——'事业'意味着即使发射失败，国家也会买单。但是现在出来创业干的是一门'生意'，做生意就必须按做生意的规矩办事，出了任何事都得自己担着。"

信任资本需要靠一次次成功发射逐渐积累起来，背后所需的时间和资金,都是"水面下的成本"。对于深耕沉淀数十年的国家队来说,一次发射失利不足以动摇根基。而对于初创期的民营火箭公司来说,一次发射失利往往意味着对信任资本的巨大伤害,甚至可能引发多米诺骨牌般的连锁效应,带来资金链断裂的致命风险。

另一项巨大的隐性成本,在于供应链体系需要重新构建。国家队经过数十年搭建起来的配套供应体系,即使不考虑涉密和安全问题,也未必能直接为民营企业所用。例如,负责重点型号任务的国家队,对于某些关键零部件的保障可以说是不计成本,一些解决"卡脖子"问题的材料或零部件背后,都可能存在一个专门为其服务的庞大科研体系。而民营火箭公司即使找到同一供应商,也需要基于新的成本要求、性能指标重新设计生产,更多情况下,不得不从"圈外"寻找和培养新的供应商。

这是一个漫长、复杂且精细的过程,一旦衔接不顺就可能拖累整个型号进度。没有突破这层"玻璃做的天花板"之前,民营火箭公司即使团队技术背景再强,也将巧妇难为无米之炊。

除产品研制外,地面试验和发射保障是火箭升空绕不开的另外两个重要环节。例如,火箭发动机的试验需要试车台等研制保障条件,发射需要专门的发射工位,这类基础设施造价不菲。对于无力自建设施的民营企业来说,租用科研院所的试车台,和国家队型号共享发射工位是成本最低、效率最高的方式。

2019年6月,军委装备发展部与国防科工局联合颁发了《关于促进商业运载火箭规范有序发展的通知》,明确规定国家有关部门和企业所属发射场或试验场等设施,可以面向民企开放。理论上说这是一件一举多得的好事,既能充分提高实验设备利用率,又可降低民营火箭企业成本。但落实到实际操作层面,还有很多具体困难。

首先是这些设施在现实排期中，必须优先保障国家重大型号任务。当这些任务在执行过程中出现与预期不符的情况，例如因反复试验验证而产生的使用超时，都有可能打乱原来的排期计划。反之，假如民营企业在使用试车台等设施的过程中，一旦发生损坏、超期占用等情况，商业违约还是次要的，若是影响重大项目进度，代管单位将面临巨大的压力。相比于这种政治风险，共享租赁产生的收益几乎不值一提。

收益与风险无法平衡，让代管单位不敢轻易冒险。虽有政策在前，但在资源实际调度时，留给民营企业的通道上仍然关卡重重。

在政策落实的"堵点"尚未完全打通的时候，一批"跑在前面"的民营火箭公司选择了自己花钱建设保障能力，如蓝箭航天、天兵科技、中科宇航、九州云箭等，纷纷选择了自建发动机试车台。蓝箭航天甚至自筹数亿元资金，在酒泉卫星发射中心内主导建设了国内首个液氧甲烷专用发射工位。这些民营火箭公司之所以不惜重金投入基础设施建设，本质上都是希望尽早构筑壁垒，在越来越激烈的竞争中跑赢市场、跑赢融资。

从行业发展规律来看，商业火箭赛道未来必将经历一轮残酷的淘汰。在此之前，各家火箭公司都需要有一个"打排位"的过程，而参与这场排位赛的不止民营企业，还有国家队选手。这是一场资本与时间赛跑的竞技，对于早期需要靠一轮轮融资来支撑发展的民营火箭公司来说，一方面拼的是融资能力，另一方面拼的则是资金使用效率——简单概括就是，谁能融到更多的资金，并用融来的钱将护城河挖得更深，谁才有可能在未来竞争中活得更好。

拨开迷雾见九霄

腾云九霄的航天梦，注定需要经历"九死一生"。

商业运载火箭的一大特点是研发成本大量前置、研发周期漫长，并且企业短期内很难自我造血。对于站上这条赛道的创业公司来说，拿不到融资，往往意味着生死劫。另一位曾在航天院所工作的企业创始人对笔者感慨："过去老是吐槽体制的'束缚'，走出来后才知道还有资本的'绑架'。"

技术研发并非一日之功，需要在各要素具备的前提下，遵循自身规律推进。但是这些创业者不得不面对一个现实问题——资本市场有退出周期，企业必须在预设时间内跑到下一个里程碑，才有可能顺利融到下一笔钱。对于这些习惯了在体制内按部就班搞科研的创业者来说，需要重新调整自己的时间表，让产品开发里程碑和融资节奏对齐。

除了被资本"架着跑"之外，昔日的老东家也在悄悄改变。传统航天院所近年来纷纷试点混改，内部也在不断孵化新的子公司和事业部门，加速向市场化的轨道靠拢。尤其在一些前沿技术与探索性领域，没有旧包袱，资源有优势，再加上丰沛的人才储备——如今的国企在诸多竞争性领域里，并非如想象中的"缺乏活力"。

在这场产业和资本的接力赛中，民营火箭公司的创业者往往要经历两轮角逐：第一轮是技术能力的赛跑，第二轮是商业能力的较量。每一棒的领先并不意味着最终问鼎，只有能力建设和产品创新持续跑赢市场"内卷"，才能获得下一赛段的晋级。

随着一批商业火箭公司相继实现入轨发射，各家身位逐渐拉开，早期靠"讲故事"融资的阶段基本告一段落。资本市场对商业火箭项目的投资也更趋于冷静，并开始呈现向头部企业集中的态势——这意味着至少在资本市场层面，民营火箭公司的比拼已经进入下半场，未来很可能是一轮更加残酷的淘汰赛。

选手们在场上激烈比拼，从国家主管部门到地方政府，也在积极改造"赛场"，为企业打造更好的发展环境。"拆壁垒、破坚冰"的国家意志，正在自上而下将长期封闭固化的传统航天体系撕开裂缝。在各家商业航天企业奋力突围的过程中，"玻璃做的天花板"也被一层层突破。经过多年的探索论证和各方博弈推动，目前国内无论是针对商业火箭的试验平台，还是商业航天专用发射场的建设，都已经有了实质性进展。

试验平台方面，地方政府配合企业投资兴建相关设施，成为吸引商业航天企业落地生根、打造产业集群发展的重要手段。北京、广州、浙江湖州、安徽蚌埠、陕西铜川等城市纷纷在此方面参与规划甚至直接投入。2023年，北京亦庄围绕"火箭街区"提出了全方位的升级计划，其中就包含占地近百亩的商业航天共性科研生产基地，内含10余个试验平台、两个实验区、多座厂房及5万余平方米企业孵化空间等。

发射场方面，除了酒泉卫星发射中心等传统发射场积极面向商业发射开放之外，位于山东海阳的海上发射母港"东方航天港"也全力完善保障条件，推动海上发射高频化、常态化、系统化，并密集承揽了长征十一号、捷龙三号、谷神星一号、引力一号等固体火箭的商业发射任务。此外，我国首个国际商业航天发射中心于2022年7月6日正式在海南文昌开工建设，目标是打造国际一流、市场化运营的航天发射场系统，并计划于2024年实现常态化发射。

除了基础设施短板加快补齐外，为商业火箭行业服务的供应链和金融资本也在迅速壮大。经过行业近十年的共同培育，国内商业火箭的配套体系和供应链生态愈加成熟，一大批市场化的配套企业纷纷突破关键技术，开始向下游客户稳定供货。资本支持方面，除了民营投资机构之外，国有资本和各级政府引导基金也加大了对赛道的投入，其中如蓝箭航天这样的头部民营企业，还获得了国家级政府引导基金的支持。

从行业特点来看，商业火箭赛道最终可以容纳的晋级者数量十分有限，未来有可能呈现"赢者通吃"的局面。目前美国已经出现了 SpaceX 垄断火箭发射市场的情况。2022 年，SpaceX 的"猎鹰"系列火箭承担了 66% 的全美国客户发射任务，而到了 2023 年上半年，这一比例提升至 88%。美国空军太空作战前军官约翰·霍尔特（John Holst）曾表示："竞争对手目前无法推出任何产品，这使得 SpaceX 成为事实上的垄断者。"

对于我国商业火箭公司来说，虽然国家队和民营企业分别具备的先天优势，可能会影响各家企业俯身抢跑的姿态，却并不意味着谁就一定能率先撞线。在从指令性科研转向竞争性采购的大趋势下，国有企业"近水楼台"的优势只会越来越弱，而羽翼日渐丰满的民营企业，也将逐步具备承接更大市场订单的能力——各路选手站在同一个赛场上，在这场必然到来的淘汰赛开启之前，唯有专注产品、修炼内功，尽早围绕技术开发—生产交付—运营服务形成系统化的保障能力，并完成商业闭环构建，才有可能成为最终的晋级者。

翻越重重关山，不仅需要愚公精神，还需要"借梯登高"的中国式智慧。虽然新生代的中国商业火箭公司大多数还处于低头铸箭、抬头观星阶段，但是头顶的迷雾正在被逐渐拨开，浩瀚苍穹已经隐现。对于这些志在九霄的追梦者来说，不存在寒冬与仲夏之分，脚踩蓝色星球，前方永远是寂寞漆黑的宇宙。

二、解剖一只造火箭的"朱雀"

2015 年初春,在北京鼓楼附近一家宾馆里,31 岁的张昌武、60 岁的王建蒙、50 岁的吴树范三人坐在了一起,决定成立一家以市场化模式运作的商业火箭公司。

王建蒙作为航天老兵,已经和卫星发射打了大半辈子交道;拥有在欧洲空间局工作经历的吴树范也熟悉国际商业发射市场。两位资深航天人再加上投行出身的张昌武,三个不同年龄、不同背景履历的人,组成了蓝箭航天的联合创始团队。这一年 6 月 1 日,蓝箭航天在北京北五环附近一间面积不到 100 平方米的办公室内正式成立。成立之初的蓝箭航天总共只有 5 个人,注册资本 50 万元人民币。

3 年之后,在酒泉卫星发射中心的发射架上,蓝箭航天竖起了第一枚固体运载火箭"朱雀一号",虽然离成功入轨"只差一点儿",但是在张昌武眼里,带着中国首枚民营运载火箭标签的"朱雀一号"能够完成生产、制造、审批、发射全流程,本身就是一个重大里程碑:"液体火箭研发周期较长,蓝箭更希望用那枚固体火箭为行业蹚开一条政策通路。"

随后 5 年里,蓝箭航天没有继续发射火箭,而是把大部分精力放在了浙江湖州的山间竹林里,潜心研制大推力液氧甲烷发动机。直到 2023 年 7 月 12 日,朱雀二号遥二液氧甲烷运载火箭在酒泉卫星发射中心发射成功,不仅创造了中国商业航天的里程碑,甚至抢在马斯克的 SpaceX 之前,成为全球首枚成功入轨的液氧甲烷火箭。与此同时,蓝箭航天也在资本市场上持续获得大额融资,成为目前国内估值最高的民营商业火箭公司之一。

从公司成立到朱雀二号成功入轨的八年多里,这家民营火箭公司所走出的每一步，从选择液氧甲烷动力路线，到自建试车台乃至发射工位，几乎都伴随着业内的巨大争议。至今仍然有很多人看不懂这家公司，不理解为什么这家由"外来者"掌舵的商业火箭公司，反而可以创下多个业内第一；蓝箭航天执着建设的核心能力究竟是什么；完全依靠社会资本自建火箭研制和发射服务体系，其中的困难和突破又有哪些。

先把试车台建起来

2018 年，在朱雀一号运载火箭发射前 3 个月，蓝箭航天对外公布了中型液体火箭朱雀二号的设计方案，这是一款采用液氧甲烷动力的商业运载火箭，太阳同步轨道最大运力可达 4 吨。

在朱雀一号发射失利后，蓝箭航天内部开了一次闭门会，决定中止固体火箭的研发，将全部精力放到朱雀二号上来。多年之后，张昌武回忆起当时的决策时说："朱雀一号虽有遗憾，但这次宝贵的经历也让蓝箭团队确信，团队完全有能力开发出性能更优的火箭。"

发射小型固体火箭更多是为了"蹚开通路"。既然目的已经达到，就应该把有限的精力聚焦到更具市场潜力的产品上来。在当时国内众多的商业火箭公司里，"重设计、轻制造"是主流思想，但张昌武认为，相较于单纯的设计能力，商业航天要实现以高可靠为前提的低成本、以低成本为导向的高可靠，夯实制造端能力才是实现突围的关键。

蓝箭航天的中大型液体火箭计划，早在公司成立之初就已经开始酝酿。在液体火箭动力选择时，蓝箭团队做了一个在当时看来有些超前的决定：跳过国内已经较为成熟的推进剂技术，直接攻坚下一代大推力液氧甲烷发动机。

液氧甲烷发动机具有燃料容易获取、比冲高、推力大、冷却性能高、不易结焦积碳等优点，被誉为未来最适合商业航天的动力。这项技术于20世纪60年代被提出，但直至80年代，它的优势才逐渐被世人所知。星舰所用的"猛禽"发动机是最著名的液氧甲烷发动机，但在早期的猎鹰9号上，SpaceX仍然选择了当时技术更为成熟的液氧煤油发动机。

2016年，北京某航天研究所的动力研发工程师唐牧星第一次听说蓝箭航天要研制液体发动机时，并不认为这件事有多靠谱——从常识上来说，一款成熟可靠的火箭发动机不仅是设计出来的，更是通过反复点火试车测试出来的，其中的时间和资金成本消耗巨大，一家初创的民营公司，显然不具备这个实力。

2017年年初的一个周末，在蓝箭动力团队时任负责人葛明和的力邀下，唐牧星在北京亦庄和张昌武见了第一面。相比于期权高薪，唐牧星更好奇这位没有航天工程背景的创始人，到底是想讲故事，还是真心实意地想造火箭。唐牧星试探性地问张昌武："做发动机最好是自建试车台，蓝箭有这个打算吗？"让唐牧星颇感意外的是，张昌武几乎毫不犹豫地回答："蓝箭一定会尽快自建试车台，再难也要建！"

自建试车台这个决定并非张昌武一时冲动，而是在他脑海里已酝酿多时，甚至在公司内部也已经算过一笔细账，如果租用国内现有的试车台，短期内也许能避免重资产的负担，但从长期来看，效率远远不如自建。更重要的是，在之前和业内人士接触的过程中，张昌武就察觉到，当下的商业火箭同行们普遍高估了设计，低估了制造。他的判断是，谁先拥有了制造能力，谁才能在今后的冲刺阶段赢得更多的时间。

两周后，唐牧星加入蓝箭航天，参与一款真空推力8.5吨的小型液氧甲烷发动机的设计工作。这是蓝箭航天初步尝试研制的液体火箭发动机，但是当产品雏形设计出来之后，技术团队意识到这款小型发动机可能与预期目标相去甚远——支撑一枚运力较强的液体火箭，需要更大推力的发动机。

此刻摆在蓝箭航天面前的是两条路：一条是继续以小发动机为基础，构建一款运力较低的液体火箭。这个方案难度较低，可以快速做出一款过渡产品试水市场，风险是产品竞争力有限，并且会影响中型火箭的研发进度。另一条路则是对标 SpaceX 的梅林发动机，直接攻坚 85 吨级中大型液体发动机，构建中大型液体火箭路线。这个方案可以尽快推动中大型火箭投入市场的速度，但也意味着资金需求和技术难度陡增。

经过短暂的激烈讨论，张昌武果断拍板——蓝箭航天是一家商业航天企业，应该以市场需求为导向，而不是看现在"有一块钱，就做一块钱的事情"。为了让技术团队安心研发，张昌武承诺："你们只负责技术，资金我来想办法！"

发动机和总体团队再次进行了仔细论证，从火箭性能倒推发动机需求，最终锁定了研制一款真空推力 80 吨、起飞推力 67 吨的液氧甲烷发动机——2017 年下半年，天鹊 TQ-12 发动机正式立项。

多年的投行工作经历让张昌武非常具有目标感。在他的眼里，沿着前人已经蹚开的路再走一遍并不是蓝箭航天想要的结果。蓝箭航天希望做"长期有价值的事"，而兑现这个价值，首先要确定一个符合商业航天发展规律的远景目标。以这个目标为导向，再来反向拆解关键里程碑，推导过程如何去支撑目标。

液氧甲烷发动机前途光明，但液氧甲烷毕竟是一种全新的推进剂，摸准这个推进剂本身的燃烧特性，找到能够和它匹配的工艺材料，是一件难度巨大、周期漫长的事情。其中要完成的第一个"小目标"，是把与之配套的试车台建起来。

在当时看来这个决定十分大胆，因为它不光意味着大笔资金投入，而且国内尚无民企自建航天发动机试车台的先例。在业内的一片质疑声中，蓝箭航天再度成为"第一家吃螃蟹的公司"。

既然作出了决定就得果断开干，但是具体问题接踵而来，首先是试车台的选址，既要交通方便，又要符合各项试验条件要求。蓝箭航天的动力系统团队沿着中国地图自北向南，走遍了北京周边的山沟河谷，也考察过沿海地区的人工岛，甚至还构想过用几辆大卡车搭建方舱、组建移动试车台的方案。2018年4月，蓝箭航天的试车台选址最终锁定了浙江湖州美女山一个废弃的采石场矿坑。

仰望星空，先站稳地面

马斯克的 SpaceX 具备两项出类拔萃的能力：一是构建了自主可控的研发制造全闭环；二是拥有强悍的工业化批量交付能力——即使上一枚火箭发射失败，下一枚也可以很快竖起来。张昌武认同马斯克的基本理念：将商业火箭当成一件工业产品而非高科技作品打造。这意味着需要更大规模的基础设施建设投入，以此来构建全链条的生产交付能力。

在商业火箭赛道发展早期，行业内对此模式的争议就一直不断，资本市场的认知是其中的重要因素。初创的商业航天企业大多会选择轻资产方式研发火箭——以设计人员为核心组建团队，大量研发工作外协，希望以快速发射、成功入轨作为里程碑来博取资本的青睐。蓝箭航天这种一头扎进重资产、埋头搞基建的方式，从业界到投资人，很多都不理解。

试车台开工顺利，但张昌武的压力并没有因此减小，公司账上每天的开销都是价值不菲的。恰逢 2018 年这一年年底，国内资本寒潮来袭，民营企业"造火箭"这件事在众多投资人眼里，是一门周期长、风险大、不能带来快速回报的生意，很多风险投资、私募股权都对这一赛道踩了刹车，持审慎观望态度。

不过，资本市场趋于冷静，也让一批着眼于长期价值的投资者浮出水面。凭借着自己投行从业多年积累的人脉和经验，张昌武再次说服投资机构，为蓝箭航天争取到两轮关键的融资。

获得资本加持的蓝箭航天，随即在邻近浙江湖州的嘉兴开工兴建航天中心。这个中心集总装总测厂房、设计仿真及配套设施于一体，也是目前国内商业航天企业里规模最大、数字化程度最高的火箭工厂之一。据蓝箭航天产业发展部时任负责人高永宏回忆，之所以选择落户嘉兴，除了看中长三角的营商环境、科研制造基础和配套资源外，还有一个重要原因是这里有优良的港口——从长远来看，未来大吨位的火箭可以通过海路方便运输，直接抵达海南文昌等地的沿海发射场。

2021 年 6 月 30 日，蓝箭航天嘉兴中心首期竣工。在蓝箭航天的规划中，这座智能化的火箭工厂未来将形成年产 30 枚中型运载火箭的批量化交付能力，同时也将吸引一大批产业链上下游企业在此聚集。

有了试车台和总装工厂，造出来的火箭还需要顺利发射上天。此时，蓝箭航天内部的一支小分队，正在将目光从东南沿海转向西北大漠，悄悄规划另外一项大工程。

由于液氧甲烷火箭发射在国内尚属首次，国内主要发射场也没有与之配套的发射工位，如果自下而上推动国家投入建设，不论是新建工位还是基于现有发射工位进行改造，流程都会相当漫长，即使建成之后，未来也可能面临与其他同行争抢排期的问题。

如果不能保证发射效率，躺在地面上的火箭就算造得再好，也无法保证服务客户的质量。面对这一尖锐的问题，张昌武和蓝箭团队再度作出了一个"破天荒"的决定：去酒泉卫星发射中心，自建发射工位！

这是一个再次挑战传统游戏规则和行业认知的决定。蓝箭航天的这个计划要从想法变成现实，最大的困难并不在于技术方面，也不在于资金方面，而是必须突破现行政策和监管的天花板，捋顺方方面面的关系。因为在此之前，酒泉卫星发射中心作为由我国军方管理的运载火箭主发射场之一，从来没有让一家民营企业在此大兴土木、自建发射工位的先例。

这个游说过程可想而知，漫长且艰难，最终在高层领导的大力支持和各相关方面的努力推动下，由蓝箭航天主导建设，与发射场方面共同所有的新工位被定名为"96号工位（LC–43/96）"，并于2020年第四季度开挖基坑，启动建设。

从2018年朱雀一号发射失利，到2023年朱雀二号遥二火箭成功入轨，蓝箭航天在公众视野里几乎沉寂了五年。这个圈内人眼中的"基建狂魔"，其实一直在铆足劲儿干一件事情——以中大型液体运载火箭为核心产品，聚焦火箭研制、批产、发射服务全链条的每一环，构建自主可控的能力壁垒。这是一条听起来正确，但走起来并不容易的路：一方面需要在产品尚未成形时赢得资本市场的信任；另一方面需要争取从航天主管部门到地方各级政府的理解和支持。

北京时间2023年7月12日9时00分，蓝箭航天的朱雀二号遥二火箭从酒泉卫星发射中心全新落成的96号工位上腾空而起，冲破云霄。700多秒后，当指挥控制中心播出"星箭顺利分离，发射圆满成功"的广播时，现场的张昌武和同事激动拥抱，热泪盈眶。八年前刚从外资银行辞去舒适工作，"跨界造火箭"的张昌武大概怎么也没有想到，自己和蓝箭团队在这几年里所干的众多事情，已经悄悄突破了传统航天工程的游戏规则，蹚出了一条不一样的路。

穿了新鞋，就不走老路

过去几十年，航天在中国一直被加上"科技"的后缀。传统航天的惯性思维是以科学研究为出发点，运营模式也是以科研为中心。而商业航天以市场经济为基本原则，输出物也从科研成果延伸到具备市场竞争力的工业化产品。这就要求航天的商业化，必然需要用工业管理的思维来寻求最优解决方案。

从国内商业航天企业的创新风格来看，大致可分为两种流派：一派是改良创新派——从体制内复制模式再到市场端进行改良创新；另一派则是变革式创新——以产品和服务交付能力为预设结果，倒推过程改革。

蓝箭航天是第二种模式的坚定实践者。其中有向马斯克学习的因素，更重要的是由蓝箭航天创始团队的基因所决定——公司核心团队拥有复合履历，管理上相对容易跳出传统科研的思维局限。张昌武自己也笃信，未来商业航天企业之间的竞争并不在于谁拥有更尖端的技术、更大胆的创新，而在于成熟的商业化产品和服务交付能力。

在蓝箭航天全球市场与服务总经理徐亚伟的印象里，从他当初刚加入公司时的不到 30 人，扩张到现在的千人规模，蓝箭航天一直谈不上有"十分严谨"的层级制度和组织架构："只要任何部门负责人认为事情到了该找老板汇报了，都可以随时随地直接找老板。"

即便如此，张昌武还是"嫌"团队创新推动太保守，要求从设计、制造到供应链管理各部门在招人的时候，都有意招募一些来自航空、汽车、机械工程，甚至通信、互联网等不同领域的人才，希望将各行各业的跨界思维都能带入公司管理。

现在的蓝箭航天团队中，既有原体制内经验丰富的"老法师"坐镇，又有跨界过来的年轻人推动创新。张昌武也会时常要求专家们跳出自己所在的圈子去考虑问题，看看一个问题在其他领域能不能找到新的解法。

这种跨界融合、极致扁平化的管理模式收到了不错的成效。在传统研发模式下，即使一个零部件的替换往往都需要经历漫长的报审流程，而在蓝箭航天内部，只需要技术人员坐下来论证清楚，结果推导成立，几乎就能立刻拍板。

蓝箭航天的这种创新管理理念也逐渐外溢到供应链企业，带动了一批新质生产力深度参与到航天产业中。高永宏在回忆这段过程时坦言，刚开始也有迫不得已的成分。公司起步时采购量小，传统大厂配合度一般不高，蓝箭航天只能从市场化企业中自己发掘和培育供应商，所幸有越来越多的配套企业看中了航天技术的长远价值，愿意不计较暂时成本，加入这项事业中。

例如，针对一项用于发动机上的铜基高温合金材料，蓝箭航天找到国内一家主要给医疗设备供货的民营企业洽谈，虽然首批只有100多万元人民币的订单，但该公司董事长却亲自带队登门拜访，并承诺组织最好的团队配合技术攻关。

这位供应商老总认为，蓝箭航天的订单金额虽然不大，但是对于他的公司发展却意义重大。此前该公司生产的用于在医疗影像设备上的铜基高温合金材料，指标要求是在250摄氏度下保持80%的导电导热性，而蓝箭航天第一代产品的指标要求温度就是550摄氏度。攻下这个山头，意味着能把医疗设备的检测效率提升一倍有余，市场竞争力将极大增强。这位董事长握着高永宏的手说："我们全力配合你们搞定这项技术，到其他领域就属于降维打击了。"

火箭制造是一项精密活儿，从"既可靠还要便宜"的结果要求倒推过程改革，工艺创新是重点突破口。例如，目前火箭发动机的铣槽式夹层喷管，一般采用传统的真空加压钎焊工艺制造——这项由苏联于20世纪50年代发明的技术具有工艺成熟、焊缝均匀密实、结合强度高等诸多优点，但是由于对焊接设备、工艺队伍、资金投入和开发周期等都有苛刻要求，更适合大型国有航天集团。

蓝箭航天通过对各种现有喷管制造工艺的优缺点进行全面对比，决定以瑞典曾经开发的一项新型激光焊技术作为参考，在国内首创激光焊接夹层喷管工艺。通过与大族激光科技产业集团股份有限公司合作，研发出了一套机器人激光焊接工作站。2019年年初，蓝箭航天用这台自动化设备焊接出首台天鹊TQ-12火箭发动机喷管，用时仅2天，成本为传统氢氧发动机常用的螺旋管束喷管的1/10左右。

虽然在众多环节上推动了颠覆式创新[①]，甚至在内部管理上逐步重建了一套"蓝箭规则"，但是张昌武认为，"不破不立"并不是蓝箭航天刻意追求的状态，只有当团队成员都清楚要什么结果的时候，"破而后立"才能成为一种从上到下的工作默契。

在张昌武眼里，蓝箭航天从来不会为了变革而去变革。相反，这支"跨界团队"一直对传统航天保持高度敬畏。蓝箭航天的基本研发流程和规则，都是严格按照传统航天系统工程的管理规范来制

[①] 颠覆式创新的概念最早由奥地利经济学家约瑟夫·熊彼特提出，他认为创新是不断地从内部革新经济结构，即不断破坏旧的，不断创造新的结构。颠覆式创新的特点在于，它并不是在原有的基础上进行创新，而是找到一种新的生产函数和模式。

定的，只有在确定"鞋不合脚"的领域，才会重新推导建立一种新的过程方式。这位"80后"首席执行官在接受笔者采访时，曾经说过一句意味深长的话："踩着前人的脚印很难前行，站在前人的肩膀上才能看到不一样的风景。"

"慢就是快"

对于一家志在地球之外的企业来说，梦想虽然是星辰大海，根基却在脚下的百亩土地。

类似蓝箭航天这样的商业航天新势力，之所以敢突破传统产业链边界，作出一些大胆尝试，是因为国内完整的工业体系和日益健全的产业生态，为他们托起了一个坚实的创新平台。正如SpaceX、蓝色起源这样的公司是站在美国乃至整个西方世界科技工业的阶梯上探索一样，中国商业航天企业的创新与突围，也是基于中国航天事业数十年的积累沉淀，以中国科技工业体系为后盾，在市场经济的浪潮中奋楫前行。

但是，产业基础和创新环境并非影响企业成败的决定性因素，美国的土壤可以孵化出商业航天独角兽，SpaceX的成功却仍然要靠马斯克的能力和团队的努力。

在蓝箭航天首席执行官助理郭鑫眼里，张昌武是一位对能力建设抱有执念的创始人，但是这位创始人并不痴迷于某项技术，更多时候他会紧盯结果，而选择把过程交给专业技术人员去探索。

这种"高筑墙"的坚持和开放型的企业文化逐渐收获了正面效果，尤其是在人才方面产生了虹吸效应。到2021年左右，蓝箭航天人力资源部门收到的简历数量明显增多，其中不乏各行各业想要跨界加入航天产业的优质人才，一些同行技术骨干也主动表示希望加入。在他们看来，在一家能力体系完整且文化开放的公司平台上，或许能够更好地实现自己的能力价值。

商业化给传统航天文化注入新的能量的同时，也带来了容易让人心浮躁的副作用，张昌武也担心年轻的技术团队会受到一些浮躁情绪的影响。张昌武深知做航天没有任何讨巧的方式，成功就是一个持续积累，进而厚积薄发的过程，因此他始终要求蓝箭航天技术团队内心沉静下来，以便一直保持良好的节奏感，持续专注核心竞争力并不断发力。他也时刻用"不忘初心"来提醒自己和团队："航天与生俱来的魅力，令每一个身处其中的人有一种自发的使命感，这是一项事业，而不仅仅是一桩'好生意'。"

在朱雀二号火箭发射成功之后，蓝箭航天推出了一款纪念礼盒，盒盖上印着蓝箭航天的企业箴言——"慢就是快"。这句话也是张昌武和蓝箭航天的团队始终秉持的理念："慢就是快，稳就是赢，只有日拱一卒地积累和渐进方可行远。"

在奔跑中把握好节奏，是科技型创业公司最需要做好的管理，有一个细节可以印证这家年轻的火箭公司正在变得越来越沉稳。2023年12月9日，朱雀二号遥三火箭再度发射成功，标志着朱雀二号系列成为全球首款连续发射成功的液氧甲烷运载火箭，也标志着蓝箭航天率先开启了国内主流液体火箭规模化商业发射的新阶段，在埋头铸箭八年之后，终于成为逐鹿太空的领跑者。在这个本该大摆庆功宴的时刻，蓝箭航天却并没有表现出特别的激动，而是紧接着在发射现场，借着指挥控制中心的大屏幕召开了一场简单低调的发布会，正式发布了下一代可重复使用液氧甲烷运载火箭，也是中国首款不锈钢火箭——朱雀三号。

2024年1月19日，验证朱雀三号一子级垂直返回关键技术的VTVL-1试验箭在酒泉卫星发射中心点火起飞，在飞升350米高度后平稳降落，完成"蚱蜢跳"。短短半年内连续完成三项重大里程碑，一时间蓝箭航天成为全国乃至全球媒体报道的焦点，但是公司上下却表现得异常淡定，甚至连张昌武本人当天都不在试验现场。

此时的蓝箭团队，已经将目光投向更远的未来。一次发射或者试验的成功不足以令人过度兴奋，只不过是朝着预设的目标又前进了"一小步"。在张昌武看来，中国商业航天的大幕刚刚拉开，蓝箭航天的航程也刚刚拔锚起航，这支年轻的队伍能够入局成为中国航天事业的生力军，见证航天产业的蓬勃发展，已经是一种幸运。

三、高超声速飞行[①]

能够自由进出地球，是人类成为多星球物种的先决条件。无论是火箭还是飞机，人类研制先进飞行器的目的，都是源于对速度的追求，以及对自由和探索的渴望。其中，高超声速飞行作为一项颠覆性技术，具备改变人类出行方式的伟力。

在人类飞行器发展的百年历程中，中国人从来没有缺席过，并且作出了卓越贡献。1909年，冯如造出由中国人设计的第一架飞机并完成试飞，只比莱特兄弟晚了不到6年。1936年，25岁的钱学森作为五位创始元老之一，参与创办了美国加州理工大学"火箭俱乐部"，成为美国历史上最早的火箭研究机构，并发展成为日后大名鼎鼎的喷气推进实验室（JPL）。1946年，任教于美国康奈尔大学航空工程研究院的郭永怀与钱学森合作提出了"上临近马赫数"概念，为人类突破超声速飞行奠定了理论基础。在同一年，钱学森正式提出了"高超音速"这一术语，并深化了其内涵，将马赫数超过5的

---

① 本节由凌空天行研发总师杨武兵先生合作撰写，特此感谢。

飞行定义为"超高音速飞行"。

归国之后的钱学森和郭永怀等人，将毕生精力投入新中国建设事业中，从无到有缔造了我国的航天事业，并培养了一大批优秀的航天人才。在此后的半个多世纪里，中国科学家站在巨人的肩膀上，历经数代人的不懈努力，终于在高超声速飞行等领域实现突破，并取得了全球领先的技术成果。

作为重要的战略前沿技术之一，高超声速飞行器不仅仅拥有巨大的军事价值，对于未来科技发展同样具有深远作用，由此形成的技术体系可以在众多领域带来持续变革和颠覆性创新。可重复使用的临近空间高超声速飞行器兼具飞机和火箭优势，应用前景也颇具想象力，未来有望在天地往返运输、洲际点对点高速运输、亚轨道旅游等民用商业市场展现巨大应用价值，甚至改变传统航空航天产业的游戏规则，打开一片全新的蓝海市场。

如今，我国在高超声速技术方面已积累了丰富经验，具备能力去实践由中国人自己定义的未来出行方式——利用高超声速飞行器，实现1小时抵达全球。这种出行方式的变革，犹如100多年之前的飞机发明一样，必将带来人类社会生活方式的深刻变革。

"飞"出来的颠覆性技术

任何技术的发展都不可能一蹴而就，作为颠覆性技术代表的高超声速飞行器更是如此。一般认为，它将经历四个发展阶段：概念演示阶段、以军事为目的的小规模武器装备阶段、以物资运输为目的的较大规模投送平台阶段、以载人为目的的高超声速飞机阶段。而不论哪个阶段，飞行试验都是其中至关重要的环节，也是令各种技术设想从理论变为现实的重要途径。

在飞行器研制过程中，基于真实环境的飞行试验，能够解决无法通过地面试验进行验证的问题。例如地面风洞可以做到模拟大气密度，但是无法完全模拟温度、湿度，一些重要的分系统（如飞行控制系统等），必须通过飞行试验才能得到充分验证。一架试验性质的高超声速飞行器，相当于一座能飞上天的"实验室"，通过搭载各类设备在真实环境下飞行，可以对高速飞行器的气动、动力、结构、控制、热保护等系统或关键部件进行充分测试，有效收集真实环境下的一手数据，节省大量试验成本和时间。

早在 20 世纪 50—60 年代，美国人就不断围绕突破飞行高度、速度极限等一系列课题开展了大量基础验证性试验。其中，由 NASA 牵头，联合美国空军、海军和北美航空公司进行的 X-15 项目先后创造了 6.72 马赫速度和 10.8 万米升限的世界纪录，X-15 的试验飞行几乎涉及了高超声速技术研究的所有领域方向，三架飞行器共完成 199 次飞行试验，科研人员根据其飞行数据撰写了 765 份有价值的研究报告。这些报告为后来"水星""双子星""阿波罗"等载人太空飞行计划和航天飞机的发展提供了极其珍贵的参考资料。其中超燃冲压发动机的研究经验为日后美国国家航天飞机计划奠定了基础；"阿波罗"载人登月飞船所用到的大量先进技术通过 X-15 得到率先测试；包括登月第一人阿姆斯特朗在内的几名美国宇航员，都是驾驶过 X-15 的试飞员。

X-15 项目历时近 15 年，总计投入经费高达 3 亿美元，但由此换来了美国航空航天技术在全球保持数十年的领先地位——其影响之深远、涉及范围之广阔都远超时人预料。当时的众多研究成果，至今仍为现代航空航天研究所引用。

X-15 项目也让全球科技强国纷纷意识到，高超声速飞行试验在关键技术上的牵引作用，甚至可以从百年大计的角度来考量——开展基于真实环境的临近空间高超声速飞行试验，有利于高效验证空气动力学、材料学、计算机、生物医学等跨学科技术的工程结合成果，促进航空航天技术的融合，孵育颠覆性创新成果。

继 X-15 项目之后，美国又陆续开展了多项高超声速飞行试验[①]，这些飞行试验极大激发了全球科技强国关于高超声速技术的研究兴趣和热情。从 20 世纪 80 年代开始，英国、法国、德国、日本、印度、俄罗斯、中国等纷纷启动了高超声速技术研发，并制订了相应飞行试验计划，这些飞行试验有些出于各种原因未能开展，有些得以成功实施，例如德国的 SHEFEX1 和 SHEFEX2、日本的 HOPE-X、俄罗斯的"锆石"等。

不论成功还是失败，这些飞行试验都为人类了解高超声速技术提供了珍贵的第一手资料，也促进了技术的不断成熟。目前，随着中国的"东风-17"、俄罗斯的"匕首"和"锆石"、美国的"AGM-183A"等高超声速导弹公开亮相，标志着高超声速技术正式进入第二个发展阶段，在军事领域率先实现应用。而从这一阶段迈向第三和第四个发展阶段，技术挑战将更加巨大，飞行试验依然是跨越技术鸿沟、通往实现理想的重要道路。

商业化的飞行试验

进入新世纪的第三个十年，随着国际局势剧烈震荡，全球主要国家之间围绕高超声速技术的竞争进一步加剧。2022 年 3 月，俄罗

---

① 从 2001 年到 2004 年，美国完成了 3 次 X-43A 飞行试验，成功验证了以氢气为燃料的超燃冲压发动机可以产生足够的推力来加速飞行器。2010 年到 2013 年，美国又完成了 4 次 X-51A 飞行试验，成功演示了碳氢燃料的超燃冲压发动机具备加速能力，验证了美国"全球快速打击计划"的可行性。从 2006 年到 2019 年，美国与澳大利亚合作实施了 HIFiRE 项目（高超声速国际飞行研究试验），13 年中完成 12 次高超声速飞行试验，加速了美国远程精确打击飞行器的技术发展。

斯军方在俄乌战场上使用"匕首"高超声速导弹，摧毁乌克兰一处弹药库，成为人类首次在实战中使用高超声速武器。

这种实战化形成的示范效应，似乎再度打开了潘多拉魔盒，以美国为代表的多个航空航天强国都加大了对这一领域的投入，加快推动高超声速飞行器研发计划[1]。在这一背景下，各科技强国已不满足于周期漫长的定制化飞行试验，更希望发展以低成本、高频次、常态化为特征的敏捷型飞行试验能力[2]，以便进一步加快技术迭代升级。

然而，如何做到敏捷？一批商业化公司的实践给这个领域提供了全新的解题思路。

2004年，在美国一场旨在鼓励私人投资航天事业、拓展太空旅游产业的"安萨里X奖"大赛中，航空工程师伯特·鲁坦创办的Scaled Composites公司凭借亚轨道、超声速、可重复使用飞行器"太空船一号"（Space Ship One）夺得了冠军，并获得了维珍集团创始人理查德·布兰森的投资。Scaled Composites公司最终瞄准的是太空飞行市场，"太空船一号"则是其开发的第一款飞行试验平台，历经数次飞行，验证了多项先进技术。相比于传统高速飞行器动辄数亿美元的开发成本，"太空船一号"的研发成本仅为2500万美元，这让欧美航天界备受启发——通过私营企业灵活的机制，不仅可以有效

---

[1] 2023财年美国航空航天领域的预算达51.26亿美元，比2022财年增加10.46亿美元；2023年12月，美国国会在最新通过的《2024年国防法案》中要求国防部制定和更新高超声速战略并规划试验走廊；2023年12月底，美国国防部将高超声速技术列为2024年美国五大国防技术优先事项之一。

[2] 以美国为例，2018年，美国空军研究实验室将"GO Launcher 1"（X-60A）高超声速飞行器指定为低成本可重复使用平台，计划制造3台产品，单台实现200—400架次飞行，期望实现高超声速技术验证的常态化。2022年10月6日，美国海军水面作战中心（NSWC）发布"高超声速试验台"计划，期望通过通用性产品搭载高超声速有效载荷，实现高频次、常态化高超声速飞行测试。

降低飞行平台的开发成本，还能通过商业化方式将这项技术应用于更广阔的市场，争取更多社会资本的投入，实现效率效益的最大化。

马斯克则进一步在现实中展示了航天领域的敏捷飞行。2023年，SpaceX的火箭发射次数达96次，平均每4天发射1次，几乎等同于全球其他所有航天发射机构的发射总和。到2024年，SpaceX更是计划将发射次数提升至144次，平均每周2—3次。如此高的发射频次，极大冲击了人们对航天发射的传统认知。

这种商业化机制带来的敏捷性，国内也有相似案例。成立于2018年10月的凌空天行，是一家专门从事临近空间高超声速技术开发的民营商业航天企业。成立仅半年，凌空天行就完成了首次飞行试验，截至2024年第一季度，这家公司已累计完成各类飞行试验数十次。为了构建敏捷飞行试验的能力，凌空天行先后建设了研发中心、动力中心、复材中心、总装车间和发射靶场，形成集飞行器研发—地面仿真试验—生产制造—总装总测—发射测试在内的完整能力闭环，使得飞行试验的任务周期可缩减至一个月以内。

此外，商业化的飞行试验也给更多新技术的验证创造了便利条件。从更广义上来说，高超声速不仅仅是一门先进技术，也是一种试验环境。我们都知道，当风速越变越大时，打火机点火越来越难一样，速度也是重要的环境变量之一。飞行器在亚轨道低重力、空气稀薄等极端环境中高速飞行，可以为众多科学研究提供真实且难得的试验环境，有利于高超声速空气动力学、高温材料、超声速燃烧、高速通信等众多先进技术开展试验验证，缩短技术的成熟周期。然而在很长一段时间内，关于高超声速技术的研究都由各国军方主导，很多科研机构难以甚至无法接触到这项技术，也就谈不上利用这种平台开展相关试验。

商业化改变了这一局面，使得任何机构都可以有偿购买这种试验环境。2019年4月23日，在凌空天行的服务下，厦门大学放飞了一枚火箭，这枚看起来就像是"装上了翅膀"的火箭，除了圆满完成了厦门大学航空航天学院的空气动力学试验和回收重复使用技术试验任务外，还同时搭载了西安电子科技大学研制的两部高能粒子探测器。这些探测器可以对穿透仓壁进入飞行器内部的多种高能粒子进行统计，通过多次飞行试验，逐渐积累临近空间不同高度的测量数据，对未来空天飞机的电子系统可靠性设计、人身安全剂量评估提供极具价值的参考依据——此前科学家在论证未来载人空天飞机的过程中，曾怀疑大气层边缘的一些残余宇宙射线和高能粒子对人体有害，但是国际上对这片空域的实测数据十分稀少，迫切需要使用先进设备进行实地测量验证。参与此项工作的西安电子科技大学教师权磊说："这就和我们去实验室做个测试一样平常，这是过去不敢想象的事情。"

在这次飞行试验的激励下，凌空天行不断设计和制造新的飞行器，把高超声速飞行试验变成了飞行风洞、飞行发射架、飞行火箭橇、飞行试车台、飞行仿真机，不仅为各类科学实验提供了理想的试验环境和丰富的测量手段，也获得了大量珍贵的科研数据。

这种从飞行试验市场切入、滚雪球发展的商业模式，一方面让凌空天行成为国内少数在初创期就拥有不错现金流的商业航天企业；另一方面，通过高频次试验任务积累的技术经验，也使团队能力迅速提升，逐步具备向更高、更远目标迈进的条件。在凌空天行的远景规划里，长期目标是发展洲际高速运输与载人太空旅游。

一小时全球抵达

美国好莱坞的导演们早就在科幻电影里构想出可以任意时间起

飞、高超声速飞行、自由往返天地的空天飞机。"太空船一号"作为一个里程碑事件，激励了维珍银河、蓝色起源、空中客车等全球主要航空航天企业纷纷从不同技术路线发力，瞄准太空旅游市场，探索商业化的空天往返飞行。

在国内，航天科技集团一院于2017年11月发布了《2017—2045年航天运输系统发展路线图》，按照路线图规划，至2025年，研制成功可重复使用的亚轨道运载器，太空旅游成为现实。在同一年举行的全球航天探索大会上，我国航天科工集团的"腾云工程"也正式亮相，目标是在2030年之前，设计并制造完成中国首架可水平起飞、水平着陆并可以多次重复使用的空天往返飞行器。

与此同时，在这场全球角逐的空天竞速赛中，中国的民营商业航天企业也作为另外一支新生力量悄悄崛起，并迅速占据一席之地。从飞行试验市场切入的凌空天行，通过快速迭代的技术验证平台积累了大量实验数据，持续突破各项关键技术。在2021年举办的珠海航展上，凌空天行公布了亚轨道高超声速飞机的概念宣传片，飞行马赫数5.0，期望实现一小时全球抵达，计划分三步实现：2018—2024年为关键技术攻关阶段，计划完成高超声速等尺寸验证飞机的飞行试验；2024—2026年为小型商务高超声速飞机研制与飞行试验阶段，以完成18座商务高超声速飞机的飞行试验为阶段目标；2026—2029年为中大型高超声速飞机研制与飞行试验阶段，预计将完成100座级的高超声速飞机的飞行试验。

2021年9月，凌空天行这家初创商业航天公司完成逾亿元A轮融资，联合投资方天奇（北京）投资管理有限公司合伙人张斌在介绍这支团队时评价："这是一群充满想象力，但又高度务实的理想主义者。"

随着临近空间高超声速飞行技术的日臻成熟并投入使用，"一小时全球抵达"这一美妙想法，已经不仅仅是某一家商业公司的愿景蓝图，而正在逐步成为整个中国航天科技界奋力触达的宏伟目标。

在2020年举行的中国航天大会上，航天科技集团科技委主任包为民院士发表了《航班化航天运输系统的发展与思考》主题演讲。包为民院士指出，我国将在全面提升新一代运载火箭性能水平的基础上，计划分三步走，到2045年全面实现"按需发射、每年总飞行次数达千次量级、总货运万吨级、总客运万人次"这一构想："最终实现像飞机一样重复使用和航班化运营，全面完成一小时全球抵达和天地往返的任务目标。"

已经公开的资料显示，目前中国对于临近空间高超声速、天地往返飞行器的研究已初步形成梯队化、体系化的总体发展规划，并正朝着远景目标稳步推进。在这场瞄准临近空间广袤空域展开的全球竞速中，虽然中国科研机构和航天企业相对后发，却并不居于下风，甚至在某些领域领先半个身位。

弥合空天裂隙

顾名思义，空天飞机是将航空技术与航天技术高度结合的飞行器，既能直接进入太空成为航天器，又能像民航客机一样在机场跑道上自由起降。

航空和航天两个学科原本同出一脉，却在日后的发展进程中出现分化。空天飞行将推动航空和航天技术的深度融合，最终弥除两个技术学科的裂隙，为人类创造一种革命性的交通方式。

"卡门线"是目前被国际航空联合会（FAI）所接受的航空、航天之间边界的定义。这条位于海拔100千米（33万英尺）处的分界线，得名自钱学森的授业导师——匈牙利裔美国物理学家、航空航天工程学家西奥多·冯·卡门。

根据冯·卡门的计算,在这条奇妙的高度线附近,因大气太过稀薄,难以产生足够支持航空器飞行的升力,航空器只有靠提高速度才可能获得足够升力来支撑自身重量。当超越这个边界时,航天学开始发挥作用,达到第一宇宙速度(7.9千米/秒)的飞行器可以持续轨道运行,而不会被地球引力吸向地面。

这条分界线也令航空和航天两个技术学科之间出现裂隙。传统的航空器开发主要聚焦在海拔20千米以下的大气层内空域,而航天器开发主要瞄准海拔100千米以上的外太空空域,其中20—100千米的过渡地带被学界称为临近空间[①],这片抬头可探星辰、俯身可观地面的神秘区域,是目前人类尚未大规模利用的空白区域。

传统客机集工业制造大成,可以做到安全起降数万小时,但是却很难达到临近空间的飞行高度,更无法突破大气层。传统航天器则集尖端科学技术于一体,但大多数只能一次性使用。可在临近空间高超声速飞行,自由穿梭大气层的空天飞机,是全球科学家们努力追求的目标——同时具备"自由进出空间、按需返回地面、多次重复使用"等特征的空天往返运输系统,是未来降低航天运输成本、拓展人类出行边界的理想运输工具。

这种飞行系统又可分为无人和载人两种形态。一次性使用的无人飞行器,主要就是当前已经逐步投入使用的高超声速导弹。而可

---

① 临近空间(Near Space),目前这个词只是一个学术概念,还没有公认的官方定义。Near Space 这个概念来自美国,1972年1月5日时任美国总统尼克松在他的一份"白宫声明"里首次使用。此后,美国军方虽多次将其作为一个学术概念使用,但均未明确界定。较近的一次是美国太空军司令部司令兰斯·洛德将军在任内一次讲话中将 Near Space 指定为海拔 65000 英尺到 325000 英尺(20—99 千米)的空域。

重复使用的高超声速无人飞行器则是下一个即将实现的目标[①]——航天运输方面，可以部分替代现有的固定式发射火箭，以更低成本向太空发射微小卫星或者往空间站运送货物；航空运输方面，可以部分替代现有的飞机运输，以更高效率的方式实现洲际点对点运输，具有巨大的商业潜力。可以载人的空天飞机则将成为超声速客机和航天飞机的复合体，不仅可以在极短时间内将乘客送达目的地，也有望成为未来太空旅游的主要运载工具。

技术的进步往往依赖于问题的产生。从航空工业发展角度来说，飞得更快、更高的点对点运输工具，将极大改变人类现有的洲际运输和空天出行方式；而从航天科技发展角度来说，廉价、机动、可重复进入太空的飞行器，将颠覆现有以运载火箭进出空间为主的运输方式，开辟以高频次发射和大规模空间应用为特征的新航天时代。

可以预见的是，从无人飞行到载人飞行、从单次使用到重复往返，临近空间高超声速飞行正在逐步颠覆航空航天的边界定义，通过科技跨域融合创造出一种全新的空天经济业态。而这种代表未来趋势的技术跃迁，必将在此后数十年内，深刻改变航空航天产业和我们的生活。

[①] 目前科学界探索的空天飞行技术有多种实现路径，在入轨级数上可分为单级入轨和两级入轨；在动力形式上有火箭基组合循环动力（RBCC）、涡轮基组合循环动力（TBCC）、预冷类组合动力（SABRE）等；在起降方式上有垂直起降、垂直起飞/水平降落、水平起降等；在重复使用上有部分重复使用和完全重复使用等。

05

超级星座：商业卫星与中国星网

一、新轨道上的角逐

1964年东京奥运会，欧洲和北美洲的观众第一次在家里的电视上观看了奥运会开幕式实况直播。

在奥运会开幕两个月前，日本委托美国发射了一颗静止地球轨道通信卫星"辛康3号"，定点在东经180度的赤道上空，以保障奥运会的卫星转播，这是人类投入商业化使用的第一颗静止地球轨道通信卫星。8个月后，美国再次把一颗"晨鸟"卫星送到大西洋上空的静止地球轨道上，这颗可以24小时连续工作的卫星随后改名为"国际通信卫星-Ⅰ"，它可开通240路电话，几乎代替了大西洋海底电缆，标志着人类卫星商用通信进入新时代。

在传统卫星应用的三大领域（通信、导航、遥感）中，静止地球轨道通信卫星是世界上应用最早、应用最广的卫星，数十年来为大众提供诸如广播电视、数据通信、卫星电话等基本通信服务，长期占有卫星服务业收入90%以上的份额。

1984年4月8日，随着我国第一颗国产静止地球轨道试验通信卫星"东方红2号"在西昌卫星发射中心发射成功，中国成为世界上第5个能独立研制和发射静止地球轨道卫星的国家。1986年2月1日，长征3号运载火箭再次将"东方红2号"实用通信广播卫星送入预定轨道，这标志着我国已全面掌握运载火箭技术，卫星通信进入了实用阶段。"东方红2号"的成功发射，结束了我国只能租用国外通信卫星看电视、听广播的历史，进入了自主卫星通信时代。

此后30多年里，我国卫星通信和广播电视事业迅猛发展，使偏远地区的通信和广播电视传输条件得到极大改善。到20世纪90年代中期，我国已建成联接19个省市的卫星数字通信网，从中央电视台到各省、市电视台纷纷设立卫视频道。相当长的一段时间里，"卫星锅"在农村随处可见，几乎是家家户户的必备品。

然而，随着地面通信技术（4G、5G通信等）与互联网技术的快速发展，传统静止地球轨道卫星通信正面临越来越尴尬的局面。尤其是从2015年开始，全球静止轨道商业通信卫星年订单量迅速缩水到原来的一半。[①] 与之形成鲜明对比的是，低轨道高通量小卫星市场的迅速崛起。

从高轨走向低轨

第一代铱星计划的惨痛教训之一在于，过于超前的商业计划导致市场运营环节的失败。但是随着20多年来信息技术的不断进步，单颗卫星的功能密度也在迅速提升。频率更高的Ka频段甚至V频

---

① 统计数据显示，2009和2010年，全球静止轨道商业通信卫星采购量均达到30颗，但到2015年出现转折，2015到2017年，全球静止轨道商业通信卫星分别卖出16颗、15颗、10颗，仅为2010年销量的一半左右。2018年，全球商业通信卫星市场颓势依旧，全年仅签订了12颗商业通信卫星的合同。

段转发器，以及多点波束和频率复用等新技术的应用，极大地提高了卫星的通信能力。

这个技术跨越类似我们的手机——早期的大哥大笨重昂贵，还只能用来打电话，如今的智能手机不仅体积小、质量轻，还具备强大的移动互联网功能。

为了满足 5G/6G 在大连接、低时延、可靠性方面的需求，从高轨大卫星到低轨小卫星，是卫星通信技术发展的必然趋势。一方面，由于静止地球轨道通信卫星距离地表较远，信号传输延迟可能高达 500—800 毫秒。同时，为了避免碰撞和干扰，两星之间必须保持 1000 千米以上的运行距离，随着卫星的增多，这条原本狭窄的轨道已经变得越来越拥挤。而低轨卫星通信系统距离地面较近，信号传输延迟理论上可以做到接近地面光纤。

另一方面，传统的大卫星为了增加可靠性，往往需要通过增加冗余和备份设计来实现，因而系统更加复杂，成本更加昂贵，一颗卫星动辄几十万个零件，单星价格高达几千万甚至上亿美元，卫星寿命都在 20 年以上，质量按吨计算。而小卫星通过集成化、模块化的设计，零件数量更少，设计复杂度更低，单星价格甚至可以做到百万美元以内。同时，卫星体积和质量越小，意味着一枚火箭可以搭载的卫星越多，节省了卫星组网的大量成本。也正是由于小卫星设计制造更容易，因此敢于采用更多的新技术——即使在天上坏了也不要紧，小卫星补网替换相对于大卫星代价小得多。

但由于低轨卫星对地视场小，需要更多数量的卫星才能实现全球覆盖。在技术和综合成本不具备优势的时代，建设大规模的低轨卫星互联网星座并不具备经济性，性价比远不如地面网络。早在 20 世纪 90 年代末，就有不少企业提出要建设全球低轨互联网星座的宏伟计划，其中包括当时正如日中天的美国微软公司，但同期铱星项目的惨败让投资者心有余悸，这些计划最终没有一个进入工程实施阶段。

随着高通量小卫星技术越来越成熟，以及低成本可回收火箭的出现，2012年以后，OneWeb和SpaceX等公司纷纷提出了新的星座计划，低轨卫星通信系统的建设才再度迎来新一轮风口。

理论上讲，低轨卫星网络的综合建设成本有望大幅度低于地面网络。4G时代，我国三大运营商仅在基站建设维护上的投入就超过万亿元，根据国家统计局发布的数据，截至2023年年末，我国的4G基站数量多达629万个。进入5G时代后，由于5G的覆盖范围相比于4G更小，需要部署更多的5G基站，这一投入规模预计还将大幅度增加。而目前"星链"的部署范围大概是5万平方千米一颗，且叠加扩容比较容易。从总体经济性上来说，"星链"预计仅需要100亿美元就可以实现1.2万颗卫星的完全部署，仅从性价比角度来看完全胜出。但是低轨卫星网络也具有明显劣势，例如在对大型城市密集用户提供服务方面承载能力弱，或者在树林、楼宇等遮挡物比较多的区域容易出现信号丢失，短期内仍然无法完全替代地面网络。

从1G到5G，十年一代的地面移动通信网络经历了高速发展，目前已能覆盖全球大部分人口密集地区，但是在大量欠发达地区，以及海洋、沙漠、山区等偏远地区，地面移动网络铺设难度大、运营成本高，容易受到地形和地理灾害限制。根据现有资料估算，目前移动基站、光纤覆盖地区仅占全球20%左右的陆地面积，不到6%的地球表面积，大量的陆地、海洋，以及飞机、高铁等高速移动的交通工具上尚没有实现高速网络覆盖，中国大陆无法连接互联网的人口仍占总人口的 4.3%，亟待更高效的网络接入方式。[1] 而卫星通信系统在低业务密度地区部署便捷、成本低的特点，可以有效解决上述偏远地区、飞机高铁等交通工具[2]上的联网需求，并克服地面基站网络对自然灾害抗毁能力弱、应急通信能力差的缺点，构建可覆盖全球、具备实时信息处理和应急通信能力的新型通信网络。

从市场竞争角度来看，"天网"和"地网"也不再是铱星时代的互相竞争关系。未来的 6G 时代，卫星互联网将成为 6G 通信的重要组成部分，卫星接入体制将融合到移动通信系统中。通过天基卫星通信网与地面通信骨干网的融合，将形成经济性、兼容性、扩展性强的"天地一体"全球网络覆盖，极大提升卫星通信的能力范围，让"人与人"的连接扩展到"人与人、人与物、物与物"的全空间连接，开启万物互联的新时代。

新一轮太空圈地运动

OneWeb 和"星链"计划的先后提出，让 20 世纪末就在酝酿的卫星互联网构想从纸面走向现实，开启了中低轨卫星互联网星座建设的热潮。各国的科技巨头和商业航天创业公司纷纷提出了自己的星座计划，新一轮全球竞赛的大幕就此拉开。

2020 年 OneWeb 申请破产保护后的一段时间里，媒体上不断有跨国公司希望收购其资产的传闻，公司名单中还出现了中国浙江的吉利集团。同年 7 月，OneWeb 的资产和债务重组最终落锤，英

---

[1] 中国疆域辽阔，自然地貌较为复杂。尽管工信部要求全国 90% 的行政村实现"光纤入户"，但剩余 10% 的行政村和行政村下面的自然村落要实现户户接网线，建设成本极高。市场普遍认为更省成本的是天空一体网络的方案，接通来自上空卫星的"隐形光纤"。
[2] 低轨卫星通信系统可以为高铁车厢、航空客舱、磁悬浮列车中的旅客提供通信和互联网宽带接入服务。通过采用固定卫星通信"动中通"解决方案，实现交通工具地面通信网络的互联，解决目前航空信息的"孤岛"问题，在客舱中提供语音通话、视频直播等增值服务。

国政府和印度电信集团（Bharti Global）赢得了对 OneWeb 的拍卖。完成重组的 OneWeb 公司，在 2021 年再次获得欧洲通信卫星公司（ETCMY.EU）、日本软银集团、韩国韩华集团等多国财团的资本注入。

多国政府和财团联合出手拯救 OneWeb，除了看好卫星互联网的长期市场前景外，也有国家利益层面的考虑。

轨位和频谱资源，是通信卫星能够正常运行的先决条件。有专家粗略估计，近地轨道（LEO）大约可容纳 6 万颗卫星，而仅"星链"宣布的发射计划就达到 4.2 万颗。按照现在各国公开的发射计划推算，到 2030 年左右，地球近地轨道（LEO）的卫星容纳就临近极限。同时，低轨小卫星使用的频段主要集中在 Ka、Ku 和 V 频段。[①] 在轨道高度范围十分有限、频段高度集中的情况下，围绕卫星轨道和频率的竞争将愈加激烈，在"先到先得"的国际申请惯例下，谁先把卫星发射上天，谁就优先占据了地利优势。

保轨占频，是这一轮空间互联网建设的争夺焦点之一。此外，作为天基通信基础设施的低轨星座，还具有巨大的潜在军事价值。

事实上，小卫星星座最初的建设思想就来源于军事。2006 年，美国国防部高级研究计划局不惜投入大量资金发展"F6 计划"，核心思路是将一颗大卫星的功能分给多颗小卫星，在战争状态下，哪怕一颗卫星被敌方摧毁，也不致影响整个"星群"的功能，以此大幅度提高卫星的生存能力。同时，低轨卫星通信传输效率高、时延

---

① 目前，国际上卫星通信系统可以使用的频段包括甚高频（VHF）、特高频（UHF）、超高频（SHF）和极高频（EHF）。受无线通信特性、技术与设备等方面限制，当前低轨卫星主要集中在 UHF 频段、L 频段、C 频段、X 频段、Ku 频段、Ka 频段。其中低于 2.5 吉赫兹的 L 和 X 频段主要用于卫星移动通信、卫星无线电测定、卫星测控链路等应用；C 和 Ku 频段主要用于卫星固定业务通信，且已近饱和；Ka 频段正在被大量开发使用。目前国外拟发射卫星总数量达数万颗，卫星轨道高度主要集中在 1000—1500 千米之间，频段主要集中在 Ka、Ku 和 V 频段。

低的特点，有利于实现全天候无缝高精度侦察。这就使得低轨星座具备了"太空堡垒"的战略意义，一旦将地球严密包裹，便具备强大的导弹预警及拦截功能，可以配合遥感定位技术对导弹进行实时监视和精准打击，在未来战场的制天、制网、制信息"三权"争夺中占据主动。

2015 年，埃隆·马斯克提出了更加宏伟的"星链"计划，宣称将向太空发射约 1.2 万颗通信卫星，其中 1584 颗将部署在地球上空 550 千米处的近地轨道。后来，受到 OneWeb 一路高歌猛进刺激的马斯克再度将这一计划追加到 4.2 万颗卫星。如果这些卫星全部部署完成，将牢牢占据大多数的太空资源，其他国家的太空活动将难以正常进行，受到影响的当然也包括军事领域。

在国家力量加持下，俄罗斯、加拿大、韩国、印度等国也纷纷进场，积极抢占低轨卫星通信发展的主动权。而美国除了 OneWeb、SpaceX 等商业航天公司外，亚马逊、波音等科技巨头也不甘落后，相继提出了各自宏大的星座计划。

2018 年，俄罗斯总统普京宣布了一项名为"球体"（Sphere）的多功能卫星系统项目。这一项目由俄罗斯航天国家集团（Roscosmos）主导，采用财政投入+市场化募资的方式，计划打造由分布在 17 个轨道面的 640 颗多用途卫星组成的卫星星座，其中包含一个由 288 颗卫星构成的第二代"信使"（Gonets）低轨通信星座。整个"球体"星群除了服务于军事需求外，还能为消费者提供通信、导航等服务。

2021 年 7 月，加拿大政府承诺向卫星电信运营商 Telesat 投资 12 亿美元，以支持其开展加拿大"历史上最大的太空计划"。这家成立于 1969 年的老牌卫星公司选择了与 SpaceX 和 OneWeb 不太一样的模式——专注于商业客户而非直接面向消费者。虽然其发射计划一推再推，但是凭借其在卫星运营方面积累数十年的经验和资源，Telesat 的星座计划仍然被业界普遍视为"星链"和 OneWeb 的主要竞争对手。

2021 年 6 月，时任韩国经济副总理、财政部长洪南基表示，韩国将在 10 年内建设 100 颗微小卫星组成的卫星星座，以抢占未来 6G 通信技术的关键高地。而在更早之前，韩国三星公司也抛出了由 4600 颗微小卫星组成的互联网星座蓝图，这是"星链"之外数量最多的星座计划。

在航天领域历来不甘落后的印度，则由一家从印度科学研究所（IISc）孵化出来的初创公司 Astrome 主导，试图凭借其开发的毫米波通信专利技术，发射一个由 198 颗卫星组成、单星数据吞吐量理论上可高达每秒 180 千兆比特的 LEO 星座，以此打开全球新兴经济体的卫星通信市场。

表 5-1　新冠疫情暴发前各国提出的代表性低轨卫星星座计划

序号	公司/星座名称	国家	卫星数量/颗	轨道高度（千米）
1	SpaceX "星链"	美国	42000	1100—1325
2	波音 V-band	美国	2956	1030—1080
3	Leosat	美国	108	1432
4	OneWeb	英国/美国	900	1200
5	Gonets Ⅱ	俄罗斯	380	1449—1469
6	Yaliny	俄罗斯	135	600
7	三星	韩国	4600	4600
8	Telesat	加拿大	117	1000
9	O3b	卢森堡	27	8000
10	Astrome	印度	600	1400

数据来源：根据公开资料整理（截至 2020 年年末）

根据公开资料统计，目前全球宣布卫星互联网星座计划的主要公司超过 30 家，计划部署卫星达 8 万颗。然而，由于资金、技术、频段资源等各方面条件限制，绝大部分星座目前都处于规划阶段，据航天市场研究咨询公司 Northern Sky Research（NSR）2020 年的一项预测，大约只有 18% 的星座能走到发射阶段。

这一轮太空圈地运动的前台主角，是一大批新生代商业航天创业公司和传统科技巨头，但是幕后推动力量却是资本财阀和各国政府。各航天强国都深知低轨通信星座所具有的重大战略意义，将此作为新一轮科技竞赛的主要发力点。

目前来看，以 SpaceX 为首的美国科技公司在新一轮太空通信系统建设上领先一步。截至 2024 年 3 月，"星链"卫星总数已经突破 6000 颗，活跃客户数量超过 260 万，并首次在南极进行了卫星连接试验，基本形成了覆盖七大洲四大洋的互联网接入服务能力。更惹人注目的是，当还有不少人在质疑互联网星座这一烧钱模式能持续多久的时候，SpaceX 首席财务官布雷特·约翰森（Bret Johnsen）则表示，"星链"已经于 2023 年年底首次实现赢利。

中国星网蓄势待发

当马斯克的"星链"率先进入商业化运营的时候，中国的低轨通信星座也已经完成了第一轮投入期。

中国科技公司的星座计划，提出时间仅比"星链"晚一年左右。2016—2018 年这段时间，各方力量的入局、社会资本的热捧掀起了中国低轨星座建设的第一个小高潮。航天科技集团、航天科工集团、中国电子科技集团有限公司、中国电信集团有限公司等国家队纷纷提出了各自的低轨互联网星座建设方案，并陆续发射了多颗试验星。

民营商业航天企业也趁着政策破冰迅速崛起。2018年4月投入运营的银河航天，由资深互联网人徐鸣创办，此时正值热钱涌入商业航天赛道的高潮，徐鸣带领的银河航天在不到一年内就迅速完成三轮融资，早期投资机构名单里不乏顺为资本（北京顺为资本投资咨询有限公司）、IDG资本［IDG资本投资顾问（北京）有限公司］、晨兴资本（晨兴资本有限公司）、高榕资本［高榕资本投资管理（深圳）有限公司］、源码资本（北京源码资本投资有限公司）、君联资本（君联资本管理股份有限公司）这些移动互联网时代的明星投资机构。到2020年11月，银河航天宣布完成最新一轮融资时，投后估值已经接近80亿元人民币。开局就抓到一手好牌的银河航天，将精力聚焦在研发对标"星链"的低轨小卫星宽带通信系统上，成为当时备受媒体关注的商业航天初创企业之一。

截至2018年年底，我国已发布的低轨卫星星座计划超过27项，其中由民营企业发起的星座项目就有14个。这一时期，各创新主体的技术探索和经验沉淀，极大推动了中国卫星制造产业的思维变革。从国有企业到民营初创公司，各家通过内部立项或自筹资金开展了第一轮低轨通信验证星的研制，完成了早期的技术能力积累。中国商业卫星公司在产品设计和技术集成上吸收国外的先进思想，融合本土的创新要素，多家规模化、批量化生产卫星的智能工厂纷纷落地筹建。

但是，星座建设毕竟是一项庞大的系统工程，从卫星制造到发射组网，再到后期的商业运营是一个复杂的体系。业界也越来越清醒地认识到，单凭某家市场化公司一己之力，显然很难在短时间内，独立完成中国版"星链"这样一个庞大的商业故事。

表 5-2 "星网"、垣信成立前国内企业提出的代表性通信卫星星座计划

公司	星座	类型	卫星总数	轨道高度(km)	主用频率	进度	在轨数量
中国电科集团	天地一体化 SIGNSAT	宽度	240	880	用户: L, Ka, V 星间: Ka, V 测控: S, X、Ka	在轨验证	2颗
航天科技集团	鸿雁星座（LEO）	宽带	864	1100	用户: L, Ka, V 馈电: Ka 星间: 激光, Ka,V 测控: S	在轨验证	1颗
航天科工集团	虹云工程	宽带	156	1040/1048/1175	用户: L, C, Ka, V, E 馈电: C,Ka 星间: 激光, Ka,V 测控: S, C	在轨验证	1颗
航天科工集团	行云工程	窄带	80	800/1400	用户: L 星间: 激光 测控: C	在轨验证	3颗
中国卫通	SPACEWAY	宽带	72	950	用户: L, Ku, Ka 馈电: Ka 星间: 待定 测控: Ku	卫星研制	/
银河航天	Galaxy	宽带	870	1095/1175	用户: L, S, Ka, V, E 馈电: Ka, V 星间: 激光, Ka,V 测控: S, Ka, V	在轨验证	1颗
九天微星	瓢虫星座	宽/窄带	600	700	用户: L, S,Ka 星间: 激光 测控: S、ka	在轨验证	8颗
中国电信集团	GW星座	宽带	870	1095/1175	用户: L, S, Ka, V, E 馈电: Ka, V 星间: 激光, Ka,V TT&C: S, Ka, V	卫星研制	/
信威集团	TXIN-WB	宽带	120	850	用户: L, Ka 馈电: C, X, Ka 星间: 激光（待定） 测控: C, X, Ka	在轨验证	1颗
国电高科	天启星座	窄带	38	900	用户: L 星间: 激光 测控: C	卫星组网	11颗

注：数据统计2016—2021年4月这段时期内的国内主要通信卫星星座计划（不含遥感、导航星座）。"星网"公司成立后，上述多个由国企提出的星座计划统入"星网"，部分民营企业开始谋求转型，积极争取成为"星网"供应商。

资料来源：根据公开资料整理

从资源角度来看，SpaceX、OneWeb 可以面向全球市场，借助整个美国乃至西方国家的科技工业成果实现供应链全球化。而被重重封锁的中国科技企业虽然在部分技术环节实现了突破追赶，但在关键工艺和核心零部件上仍然存在诸多短板，并且市场开拓方面的难度也远比 SpaceX 等公司更高。

从产品逻辑来看，造卫星不同于造火箭，商业火箭入门门槛更高，具备完整研制能力的企业并不多，每次发射对于成功或失败的界定非常清晰；而商业卫星则类似数码产品，打一颗小卫星上天很容易，但是要做到兼顾强功能、高可靠、低成本却极为不易。

从商业模式来看，按单次发射收费的商业火箭回本周期相对更短，而建设商业星座却需要大量前期投入，然后通过服务收费逐年回本——这不仅是一项极为烧钱的工程，还需要有强大能量来推动应用市场开拓。

从行业竞争来看，百花齐放虽有利于充分竞争，但各自为战也必然带来资源和人才的分散，乃至商业运营环节的互相消耗。

因此，中国星座要想从激烈的国际竞争中突出重围，充分发挥新型举国体制的优势，组建由国家统筹协调、各方力量积极参与的卫星网络公司势在必行。

2020 年 4 月 20 日，国家发展改革委将卫星互联网列为"新基建"中的信息基础设施，意味着以低轨卫星通信系统为代表的太空基础设施建设上升到国家意志层面。与此同时，"星网"集团组建的坊间传言就一直不断。

2021 年 4 月 28 日，国务院国资委发布关于组建中国卫星网络集团有限公司的公告。新组建的"星网"集团总部落户雄安新区，注册资本 100 亿元人民币，也是国资委公布的央企名单中仅次于中国电信、中国联通、中国移动之后的又一家通信运营商。至此，中国"星网"集团终于靴子落地。

"星网"集团的成立，旨在整合并加速国内现有央企与民企资源，打造具有全球竞争力的"中国星网"。在顶层谋划、高位推动下，此前各自为战的星座计划如"鸿雁""虹云"等纷纷被收编入"网"，中国卫星互联网星座建设正式由"星网"集团接棒。

与此同时，由上海国资委牵头组建的公司垣信卫星也浮出水面，公司的创始大股东为上海联和投资有限公司，上海国资委为其实际控制人。和"星网"集团侧重于支撑国家战略的定位稍有不同，垣信卫星旨在以更加市场化的方式，规划建设"千帆星座"，打造一张全球范围内的低轨宽带网络，与"星链"等星座开展商业竞争。2024年8月6日14时42分，我国在太原卫星发射中心使用长征六号改运载火箭，成功将千帆极轨01组18颗卫星发射升空，卫星顺利进入预定轨道。根据央视新闻、《环球时报》等媒体公开报道，"千帆星座"规划为两个阶段，第一阶段是距地面1000公里左右轨道高度的1296颗卫星，它可以完成对全球的完整网络覆盖。第二阶段，"千帆星座"计划将轨道高度下降到300–500公里，在这个离地球表面更近的高度上，将具备提供手机直连、宽窄带物联网等更高级应用的服务能力。"千帆星座"的远景规划是：到2030年年底，将打造超过10000颗的低轨宽频多媒体卫星组网。

此外，垣信卫星从成立早期就充分吸收社会资本，2024年2月，垣信卫星宣布已完成67亿元人民币A轮融资，由国开制造业转型升级基金领衔，老股东上海联和投资有限公司和十余家机构跟投，也创下了我国卫星企业单轮最大金额融资纪录。

"天地一盘棋"

"星网"和"千帆"两大星座破茧而出，标志着中国卫星互联网建设正式进入"一盘棋"的全新阶段。"一盘棋"给整个产业链带来的好处，是新型举国体制作用下的择优扶强和有序竞争。在国家的统筹规划和一体推动下，可以有效降低行业的"力不从心"和"内卷竞争"程度。

5G时代，我国的通信网络建设全球领先。随着网络强国战略深入实施，数字中国建设加快整体布局，我国在6G技术研发方面的工作也已经开始启动。早在2019年我国就成立了由相关政府部门组成的6G技术研发推进工作组——IMT-2030（6G）推进组，根据移动通信十年一代的发展规律，预计将推动6G技术在2030年左右实现商用。从技术概念来看，目前在探索的5G+卫星互联网，其实就是6G的雏形。这就是说，未来的中国"星网"，将不仅仅是布局一个天上的卫星互联网星座那么简单，而是要将航天技术和地面通信网络深度融合，打造一个天地一体的新型信息基础设施。

2023年年底，IMT-2030（6G）推进组首次对外发布了《6G网络架构展望》和《6G无线系统设计原则和典型特征》等技术方案。根据方案内容，非地面网络与地面网络的一体化融合将是6G区别于前几代网络的重要特征，未来星地融合网络需要实现不同异构网络之间的统一的资源协调与高效管理，支持星地频谱的协同管理与灵活调度，并在用户侧实现一体化融合，支持一部终端随时随地接入。总体来看，6G无线系统旨在提供一个服务基座，这个基座将成为连接物理世界和数字世界的桥梁，满足从人的连接，到物的连接，再到智能体的随时随地按需接入网络的需求。

数字中国的底座渐渐清晰，卫星互联网无疑将在未来的智慧蓝图中扮演重要角色。但从技术、成本等角度综合来看，中国卫星互联网星座建设还需要经历一个较为漫长的投入过程，并不宜盲目对标或者急于赶超国外星座。建设卫星互联网系统的意义是对现有的地面通信网络形成有效补充，而非取代传统通信网络。因此，中国星座的建设过程中，需要结合当前国情和实际需求，充分发挥现存优势，寻找一种更高效率和更稳健的建设方案。

首先从需求角度权衡，如今中国地面 4G 网络覆盖率远超美国，5G 技术领跑全球，而美国通信基站数量不及中国的 1/20，北美大部分地区地广人稀，还有大量城市以外的地区未实现移动宽带网络覆盖。放大到全球地缘战略，虽然中国近年来海外利益不断增长，但远不如美国，建设能覆盖全球的卫星互联网络需求并没有美国迫切；并且由于卫星互联网技术有天生短板，更多是作为地面网络的补充存在，在楼宇密集的城市等地方，对智慧工业、智慧城市、智慧交通、智慧生活等场景的助力作用相对不如光纤、5G 等地面网络更为直接。

其次从经济角度考量，低轨通信星座建设周期长、投入巨大，成本是其中的核心管控要素之一。当前我国从事火箭发射和卫星制造的商业航天企业，虽然在部分技术环节已经取得突破，但是从产品成熟度和生产能力来看都还与 SpaceX 有相当差距，要实现像"星链"那样低成本、大规模的小卫星组网，仍然需要走较长的一段时间。参考铱星计划的前车之鉴，如果卫星互联网的建设和运营成本无法与地面网络相提并论，那么卫星星座的商业价值将大打折扣。同时，如果用户使用成本远高于"星链"等商业星座，中国星座也难以具备国际竞争力。

工欲善其事，必先利其器。卫星互联网的建设固然战略意义重大，但对于当前中国来说更宜稳步推进，打破关键技术和建设成本的制约瓶颈，避免盲目和低效率的投入。在"天地一盘棋"的统筹规划下，中国卫星互联网星座要想早日实现规模化部署，还需要加快推动产业链整体创新，全力构建新型供应链生态，革新研制生产和采购方式，并结合国内地面基站数量、部分技术点领先等优势，探索实践更高效率的"天地一盘棋"信息网络建设方案，以实现整个体系的降本增效。

大航天时代，卫星互联网将持续且深刻地改变我们的生产生活，成为推动人类社会进入智能化时代的重要技术工具。而仰望星空的底气，源自向天突围的魄力，更离不开脚踏实地的努力。我们期待苍穹之上能早日闪耀中国星座的光芒，更期待这些来自太空的技术红利，能早日成为造福人类、推动社会不断向前发展的不竭动力。

二、太空中的新基建

大航天时代，卫星应用是航天领域有望率先实现产业化和商业化的部分。传统卫星应用除了通信方面，还包括导航和遥感两大主要方向，以及科学研究等分支方向。相对于传统航天的"通导遥"绝大多数服务于民用和军事目的，商业航天更注重将卫星应用推向各类商业场景，赋能各行各业的发展。

我国"十四五"规划纲要提出，将"建设高速泛在、天地一体、集成互联、安全高效的信息基础设施"。毫无疑问，从早期的尖端科技发展到泛在基础设施，卫星技术不仅仅是要解决"有没有"的问题，还需要兼顾开发效率、应用规模和商业收益，解决"好不好"和"性价比"的问题。

从 20 世纪末至今，我国投入巨大人力、财力和物力，在卫星通信、导航、遥感领域取得了众多突破。卫星通信方面，随着东方红三号卫星发射升空，卫星通信走向更广阔的民用领域；近年来，低轨宽带互联网星座也从规划论证进入部署实施阶段。卫星导航方面，随着北斗三号全球卫星导航系统正式开通，中国北斗"三步走"发展战略圆满完成，迈进全球服务新时代。卫星遥感方面，目前我国已经发展了资源、环境、高分、气象和海洋五大民用遥感卫星系统，广泛应用于陆地自然资源调查、海洋生态环境保护、气象灾害预测和国家重大工程等诸多领域，大幅提高了我国卫星遥感应用的数据国产化率。

国家耗费巨资建设的这些卫星系统，初步解决了我国空间地理信息的基础需求，但单纯依靠国家投资和推动，并不足以发挥这些卫星系统的最大效能，尤其在深入的商业化创新应用开发方面动力较弱。

随着商业航天大幕的开启，一大批市场化主体成为助推卫星应用走向各行各业的生力军。在商业价值的驱动下，技术创新加速涌现，多种新趋势交织出现：商业卫星公司与运营商业务深度融合，卫星技术和传统产业跨域合作渐成主流，卫星通信、导航、遥感一体化趋势明显，数据消费客户从政府扩展到企业，再扩展到普通个人……种种迹象表明，这个基于空间基础设施的全新产业正在迅速崛起，一个崭新的时代正在渐行渐近。

星地一体，万物智联

自从人类意识到星地一体融合组网的巨大潜力之后，就基于已有的卫星平台和地面通信设施，开始了各种应用方案的实践探索。在美好商业愿景的驱动下，5G+卫星通信的融合应用已经在众多行业开始推广，一批提供卫星通信数据服务的市场化公司应运而生。

从商业角度来看，在互联网星座建设早期，由于成本摊销大、用户数量少，卫星宽带网络的流量费用和终端价格也必然昂贵，但其实很多场景并不需要大带宽、低延时的网络连接，而是可以用更便宜的窄带通信方案来解决基本联网问题。从理论上来说，利用卫星实现广域物联网的成本更低。

北京鹏鹄物宇科技发展有限公司（以下简称"鹏鹄物宇"）成立于 2021 年，是一家基于 5G NTN 提供窄带卫星通信服务的初创公司。该公司首席执行官徐佳康曾长期从事卫星通信系统开发，也参与过国家低轨互联网星座建设的早期论证工作。在徐佳康看来，在智慧海洋、智慧物流、资产监控、环境监测、应急救援等众多领域，基于现有通信卫星的联网能力，尚有很大应用潜力可以挖掘，之前行业更多都是在关注如何把星座"建好"，而如何把卫星资源"用好"才是星座建设最终要实现的价值。

为此，鹏鹄物宇自研了一套 5G NTN 天地一体通信协议，并和紫光展锐（上海）科技有限公司联合攻关低成本通信芯片，大幅降低地面终端价格；通过"5G 上天，卫星连地"，提升卫星通信的频谱效率，并为客户定制开发低成本的物联网解决方案。

有了技术的金刚钻，还要具备能揽应用的瓷器活儿。鹏鹄物宇需要针对每个具体场景深入调研分析，设计创新解决方案。例如电力杆塔监测这一项目，目前国内支撑输电网络的高压杆塔超过 1.2 亿根，其中大部分安装在中西部没有地面网络覆盖的区域内，各种杆塔面临倾斜、覆冰和鸟害等威胁，影响电网的正常运营。鹏鹄物宇的技术团队和客户共同设计了一种解决方案——通过在杆塔上安装传感器和低功耗的卫星物联网终端设备，用太阳能电池进行供电，并通过卫星回传数据，就可以在控制中心获得所有杆塔的状态数据，同时运用大数据分析和边云协同的机制来预测杆塔状态，以及早发现潜在危险，保障用电安全。

除了行业客户，卫星通信也正在加速向 C 端用户渗透。随着华为 Mate60 Pro 成为全球首款支持卫星通话的大众智能手机，荣耀、OPPO、小米等国产手机厂商纷纷跟进，相继推出了支持卫星通话的旗舰版手机。卫星通话逐步成为新一代智能手机的标配功能，这也让这一技术从小众用户群体拓展到了大众消费群体。

长期以来，用户数量太少都是制约卫星通信发展主要的瓶颈之一，很多星座发展了几十年，也无非是百万级最多千万级的用户。如今在各类运营服务商的推动下，用户数量和使用场景迅速扩展，技术迭代的动力也大大增强。

星地一体融合组网，将构建一个地面蜂窝网络与卫星通信集成的全连接世界，开启从"万物互联"到"万物智联"的新时代。未来的 6G 网络不仅会比 5G 更快、更可靠，还将推动移动通信与人工智能、感知、计算、控制等技术跨领域融合发展。

卫星性能提升与大规模星座建设，带给人类的不仅仅是通信方面的质变，还在其他方面拥有巨大想象空间。以"星链"为例，每发射 60 颗"星链"卫星便包含 4000 多台 Linux 计算机，假设数万颗卫星全部部署完毕，那么将在天基形成巨大的算力资源。在星座组网规模化效应的加持下，星间星地协同工作、星上云计算中心、太空服务器等星上计算体系将为未来基于太空场景的智能计算、自主决策、任务规划奠定底层算力技术基础。

2019 年，长光卫星"吉林一号"进行了一项通过热红外图像自主识别森林高温火点的实验，尝试在星上直接计算出火点坐标并利用北斗短报文技术下传数据，整个过程只需要 20 秒。而传统卫星使用扫描以后图像回传落地、人工寻找火点再上报的方法，需要 1—2 小时。

根据 IMT-2030（6G）推进组 2021 年发布的《6G 总体愿景与潜在关键技术白皮书》展望，6G 将充分利用低中高全频谱资源，实现空天地一体化的全球无缝覆盖，随时随地满足安全可靠的"人机物"无线连接需求，通过人机物智能互联、协同共生，满足经济社会高质量发展需求，推动构建普惠智能的人类社会。

万丈高楼离不开坚实的地基，星地一体融合组网作为 6G 白皮书提出的十大潜在关键技术之一，背后尚有大量的技术点需要一一突破。[1] 虽然很多技术细节尚在探索之中，但可以预见的是，从移动互联到万物互联，再到万物智联，6G 将实现从服务于人、人与物，到支撑智能体高效连接的跃迁，在数学、物理、材料、生物等多类基础学科的创新驱动下，与先进计算、大数据分析、人工智能、区块链等信息技术交叉融合，成为服务生活、赋能生产、绿色发展的基本要素。

"北斗+"和"+北斗"

时间和空间是人类生活的两大参照系，即宇宙，其中"宇"是空间，"宙"是时间。在未来的智能化世界中，通信技术的迭代将连接更多的人与人、物与物、人与物；而导航定位技术的发展，则可以让机器对周围环境进行更细颗粒度的时空感知，使人们通过网络技术与世界的互动从二维链接全面进入三维链接。

---

[1] 十大潜在关键技术主要包括内生智能的新型网络、增强型无线空口技术、新物理维度无线传输技术、太赫兹与可见光通信技术、通信感知一体化、分布式自治网络架构、确定性网络、算力感知网络、星地一体融合组网、支持多模信任的网络内生安全等。根据《2023 年 6G 无线系统设计原则和典型特征白皮书》描述，未来星地融合通信对无线系统的设计需求主要包括空口技术、网络架构、资源管理、频谱协同、终端等方面。

早在 20 世纪 80 年代，我国便开始探索适合国情的卫星导航系统发展道路。1983 年，以"两弹一星"元勋陈芳允院士为代表的专家学者提出了利用两颗地球同步轨道卫星来测定地面和空中目标的设想，通过大量理论和技术上的研究工作，双星定位系统的概念逐步明晰。在双星定位的基础上，北斗系统于 20 世纪 90 年代开始启动研制，按"三步走"发展战略：从无到有，先有源后无源、先区域后全球，先后建成了北斗一号、北斗二号、北斗三号系统，走出了一条中国特色的卫星导航系统建设道路。

2020 年 7 月 31 日，北斗三号全球卫星导航系统正式建成开通，标志着"三步走"发展战略的圆满完成，我国的卫星导航产业已经实现由跟跑到并跑的转变。伴随着北斗三号的建成，我国已能够向全球提供高精度、全天候、全天时的导航定位授时服务。中国北斗无论从系统功能、覆盖范围还是安全可靠等方面都具有独特的先进性，综合性能超过俄罗斯的格洛纳斯（GLONASS）系统和欧盟的伽利略（Galileo）系统，不逊色于美国的 GPS 系统。

从应用市场来看，北斗系统的应用主要包括特殊事业（军事、公共安全、防灾减灾等）、一般行业（交通、电力、金融等）、消费生活（手机定位、智能网联汽车、智慧城市、可穿戴设备等）三大领域。在特殊事业领域，北斗系统已全面实现国产替代，为军队提供导航、授时和报时服务，同时应用于应急通信、警方案件侦查和灾害监测等方面，为国家安全保驾护航；在一般行业领域，北斗系统呈现出以示范效应带动规模发展的特征，应用于交通运输、电力、农业、气象等领域，形成了稳定增长的应用市场；在消费生活领域，北斗系统已广泛进入智能手机、智能穿戴设备和智能城市等领域，便利我们的生活。

表 5-3 全球四大卫星定位导航系统比较

名称	BDS	GPS	GLONASS	GALILEO
所属国家（地区）	中国	美国	俄罗斯	欧洲
建成时间	2020 年	1994 年	1996 年	尚未全部建成
现发射卫星数量	60 颗	32 颗	29 颗	26 颗
功能	定位、导航、授时、短报文通信、国际搜救	定位、导航、测量、授时	定位、导航、测速、授时	定位、导航、授时、搜救
抗干扰性	强	弱	强	强
覆盖范围	全球	全球（98%）	全球	全球
优势	短报文通信	民用市场占有率高	北极附近定位性能强	非军方控制，实时高精度定位

资料来源：根据公开资料整理

表 5-4 中国北斗三号系统服务提供类型

服务	权限	信号/频段	卫星类型	覆盖范围
导航定位授时	公开	B1C、B2a、B1I、B3I、B2b	GEO IGSO MEO	全球
	授权	B1A、B3A、B3Q		
星基增强	公开	SBAS-B1C、SBAS-B2a	GEO	中国及周边
	授权	SBAS-B1A		
精密单点定位	公开	B2b	GEO	中国及周边
区域短报文通信	公开	L（上行）、S（下行）	GEO	中国及周边
全球短报文通信	公开	L（上行）、B2b（下行）	上行：MEO（14 个）下行：IGSO、MEO	全球
国际搜救	公开	UHF（上行）、B2b（下行）	上行：MEO（6 个）下行：IGSO、MEO	全球

资料来源：北斗三号全球导航卫星系统官网

随着"北斗+"和"+北斗"应用的深入推进，北斗系统持续为各行业发展贡献差别化的创新应用方案。如今的北斗系统已不仅仅是单一的卫星导航系统，更是一套泛在、融合、智能的综合时空服务体系。据中国卫星导航定位协会发布的《2023中国卫星导航与位置服务产业发展白皮书》统计，2022年我国卫星导航与位置服务产业总体产值达到5007亿元人民币，其中与卫星导航技术研发和应用直接相关的芯片、导航数据、终端设备、基础设施等核心产值约1527亿元人民币，由卫星导航应用和服务所衍生带动形成的关联产值约3480亿元人民币；北斗系统加速融入电力、自然资源、农业、通信、交通等行业的基础设施建设的步伐，大幅提升了高精度位置服务的能力水平。例如电力行业，截至2022年年底已完成超过2000座电力北斗地基增强基准站的建设和部署，推广各类北斗应用终端超过50万台（套），为无人机自主巡检、变电站机器人巡检、杆塔监测等业务应用的智能设备提供可靠、稳定的高精度位置服务。目前，我国电力行业车辆全部安装北斗车载终端。

除了赋能传统产业之外，高精度位置感知与大数据、物联网、人工智能等场景化智能技术深度融合，还将孕育孵化各类前沿应用。其中，自动驾驶是未来高精度定位最具价值和潜力的应用场景之一，车辆通过厘米甚至毫米级位置服务和电子地图的运用，配合雷达、热成像、高精度陀螺仪等集成传感器设备实时获取车辆的精准定位，制订自动驾驶方案，并通过车路协同辅助修正，灵活完成自动避让。

根据北斗系统的下一步发展构想，未来将和星基、地基导航增强等系统紧密结合，实现"陆海空天室内水下深空"场景全域无缝覆盖，全球地表及近地空间（高度0—30千米）分米级高精度定位，室内定位优于1米。在不断追求更高精度、更稳运行的过程中，北斗系统的服务能力也在不断提升，服务场域不断拓展，为新能源、低空经济、海洋装备等战略性新兴产业的发展带来更大的想象空间，众多曾经被认为很难实现的技术如今有了突破的可能性。

随着时空大数据的新蓝图徐徐展开，北斗系统应用与产业化发展已经全面进入技术融合、应用融合、产业融合的新阶段。打造具有整体性、开放性、竞合性和丰富性，形成技术、产业和价值链良性循环的北斗系统应用产业生态体系，并通过融技术、融网络、融终端、融数据，与其他领域真正实现产业融合与协同共生，不断扩大已有市场，催生新的市场，将是未来我国卫星导航产业发展的关键。2022年11月，国务院新闻办公室发布《新时代的中国北斗》白皮书。白皮书指出，新时代的中国北斗要围绕标准规范、知识产权、检测认证、产业评估等，成体系打造要素完备、创新活跃、良性健康的产业生态，实现供应链、产业链、创新链、政策链共振耦合，推动应用产业集群发展。

"融合"除了推动技术创新之外，也推动商业模式的转变。从北斗产业发展特征来看，早期以"产品为主"的模式正在逐步转向以"服务为主"的模式。过去北斗产业链下游企业以终端设备制造为主，基本上是"硬件制造—客户采购"的单一商业模式；而现阶段商业模式则逐渐转向服务提供，基于对应用场景的理解和创新解决方案，开发各类行业应用和定制化产品，为客户提供多元化服务。

北斗产业发展历时20余年，目前，已形成一条由"上游核心器件—中游卫星导航系统和终端—下游解决方案和运维服务"构成的、市场开放程度较高且环节完整的产业链。如今，上游和中游增长趋于平稳，发展要点主要在于突破关键技术，研发基础产品并完善基础设施，以夯实产业发展根基；下游以"北斗+"和"+北斗"为代表的泛北斗应用市场正在进入新一轮高速发展期，一批传统的终端制造商转型成服务提供商，另一批如移动互联网、消费电子、软件开发等领域的科技企业也纷纷入局，极大助力北斗应用推广的同时，也加剧了行业竞争。对于身处其中的企业来说，唯有创新才是突破"内卷"的最佳途径，基于对客户需求的深入洞察，提供创新解决方案和差异化服务，将成为决胜未来的核心竞争力。

时空一张图

在卫星通信、卫星导航纷纷加速迈向商业化之时，卫星遥感技术也在持续进化，显示出巨大的创新应用潜力和商业应用价值。

卫星遥感主要包括合成孔径雷达（SAR）成像和光学成像两种主流技术，雷达成像具备可胜任全天候工作、穿透掩盖物等优点，缺点是成像分辨率较低；而光学成像则是利用可见光或红外、紫外等波段的光学传感器捕捉地球表面图像，本质上相当于一台高分辨率且带识别分析功能的"太空照相机"，是目前最常见和广泛使用的卫星影像拍摄技术。

卫星遥感技术的前身是军事侦察和预警卫星，最初主要为了战场侦察、导弹制导、防空预警和军事测绘等军事用途而研制，后来逐步向民用领域拓展应用。1960年，美国成功发射了世界上第一颗气象遥感卫星泰罗斯–1（TIROS–1），旨在帮助美国军方获取卫星云图等气象资料。

由于卫星遥感技术的敏感性，长期以来该领域的发展基本由各国政府主导。目前我国已陆续发展了资源、环境、高分、气象和海洋五大民用遥感卫星系统，但五大系统主要为了保障国家空间地理信息的基础需求，负责系统运营的主要也是国家有关部门下属机构。[①] 由于注意力更多集中在遥感数据保障能力建设方面，在2016年之前，我国卫星遥感数据的商业化进度一直较为缓慢。随着航天产业化渐成趋势，国家在"十三五"期间密集出台产业政策，支持卫星遥感技术的产业化和商业化，尤其是2019年《民用卫星遥感数据管理暂行办法》发布，明确了公开的光学遥感数据初级产品空间分辨率不优于0.5米、公开的合成孔径雷达遥感数据初级产品空间分辨率不优于1米的标准，打破了商业遥感发展的主要政策壁垒，为卫星遥感商业化发展提供了有力的政策保障。

商业航天政策破冰以来，国内一批从事卫星遥感技术的公司纷纷成立，其中包括长光卫星、天仪研究院、欧比特、零重空间（北京零重空间技术有限公司）等代表性企业，通过自主研发遥感卫星并组建星座，以市场化方式向下游客户提供遥感数据服务，成为国家队之外的重要补充力量。2015年10月7日，由长光卫星自主研发的商用高分辨率遥感卫星——"吉林一号"在酒泉卫星发射中心发射成功，标志着我国航天遥感应用领域商业化、产业化发展迈出重要一步。

在这些商业卫星公司的努力下，目前我国的遥感卫星无论在光谱分辨率、空间分辨率还是在时间分辨率[②]等方面都取得了巨大进步，展现出巨大的创新应用潜力。例如，传统成像遥感技术主要的应用是以定性化分析为主，难以完成一些精度需求较高的定量分析任务。而高光谱分辨率遥感技术可以利用很窄且连续的电磁波波段

---

① 五大民用遥感卫星系统主要由中国资源卫星应用中心、国家卫星海洋应用中心和国家卫星气象应用中心等单位负责运营。
② 光谱分辨率是指遥感传感器对不同波段的灵敏度和分辨能力，空间分辨率是指遥感图像能够分辨地表上物体的最小尺寸，时间分辨率是指遥感系统获取图像的时间间隔。

对地物持续遥感成像，使本来在宽波段遥感中不可探测的物质在高光谱遥感中能被探测到。这意味着它在很大程度上抑制了其他干扰因素的影响，对于定量分析结果精度的提高有很大的帮助，通过探测具有诊断性光谱吸收特征的物质，使得对植被、水体、土壤等地物进行精准定量分析成为可能。再例如，目前遥感影像的时间分辨率已可达从几天到几小时的重访周期，对于分析地物动态变迁、监测环境起到重要的作用，甚至随着各项技术的不断进步，遥感卫星未来有望从"太空照相机"持续进化成为类似"天眼"的"太空摄像机"。

市场化竞争使得数据采购成本大幅度降低，也对卫星遥感技术的商业普及起到积极作用。随着技术成熟和市场化公司的加入，目前遥感图像的市场采购价格呈现逐年下降趋势，卫星遥感正在大步迈进商业时代。同时，国家也在以积极的方式推动卫星遥感数据的应用普及。国防科工局2018年发布的《高分辨率对地观测系统重大专项卫星遥感数据管理暂行办法》要求，高分数据1—2级产品，用于公益性用途的，实行免费分发；用于非公益性用途的，实行收费分发。供给端数据成本的大幅度降低，正在加速推动卫星遥感的规模化推广应用。

在市场博弈和国家助推"两只手"的作用下，中下游需求快速释放，一大批从事新型数据应用和行业服务的企业加入生态圈中，一片全新的蓝海市场正在形成。卫星遥感图像与大数据、人工智能、数字孪生等技术融合，在农业、林业、地质、海洋、气象、住建、交通、水文、金融、环保等众多创新领域大显身手，广泛服务于国计民生。例如长光卫星通过对遥感图像数据进行分析，并融合其他技术手段，已经在自然保护区遥感监测、林业病虫害遥感监测、地表水资源监测、河湖四乱监测、秸秆焚烧监测、水污染监测、农作物种植结构监测、重大工程监测、路况及车流量评估、用电分析与经济调查、地震灾后监测、海洋 AIS 与遥感一体化船舶监测、公安反恐演练等众多领域进行实用推广。同时，长光卫星还积极与华为等公司开展合作，推动信息通信技术（ICT）基础设施、云计算等数字技术与卫星遥感数据和服务平台融合，探索多源信息技术的融合应用。

随着智能化时代的来临，卫星遥感、位置感知等技术一日千里，基于时空大数据的一张图正在不断进化升级，为数字中国搭建时空基底。在商业化的浪潮中，时空大数据的产品和服务供给从政府主导加快转向市场主导。"时空一张图"为城市乡村精细化管理、经济发展和公众生活提供普惠、实时、丰富的时空大数据支撑，并和各类新经济形态深度融合，正在成为我们日常生活中不可或缺的一部分。

通导遥一体化

国家"十四五"规划纲要提出，将"打造全球覆盖、高效运行的通信、导航、遥感空间基础设施体系"。从全球卫星行业发展情况来看，"通导遥一体化"将是卫星技术演化的必然趋势，但至今还没有任何一个国家能够建成真正意义上的通导遥一体化卫星系统。这也给各国留下了发展的窗口期，成为全球科技强国竞争的热点。

现有的通信、导航、遥感卫星系统分别经历了数十年发展，三者各成体系，也各自出现了一些应用上的瓶颈，导致容易出现信息分离和服务滞后的问题。例如导航卫星虽能满足室外导航需求，但无法覆盖室内，而加入通信技术则能够有效弥补这一空白；遥感卫星获得的图像传到地面站，再按步骤分级处理需要数小时，难以满足快速响应的要求，而通导遥一体化集成，并通过人工智能在轨处理，直接将星上计算结果回传地面，则是解决这一问题的最佳方案。

打个比方，以前去野外探险，需要随身携带移动电话、笔记本电脑、数码相机、导航定位设备等一大堆数码产品，而到了移动互联网时代，一部智能手机就可以走遍天下。通导遥一体化，正如将上述绝大部分功能集成在一部智能手机上一样，有利于最大限度提高卫星效能。通导遥一体化卫星智能服务系统，即构建同时提供定位、导航、授时、遥感、通信服务的天基信息实时服务系统，并与地面通信网络无缝衔接，搭建天地一体化信息网络，通过手机等移动终端为用户提供智能化的服务。

从技术实现角度来讲，目前通信导航一体化相对容易，但要加入遥感难度较大。因为卫星导航的技术原理就是通过无线电通信来实现定位，导航数据的传递处理也需要依赖通信网络，所以北斗系统本就是通信、导航一体，在定位导航外还可以提供一些基本的通信服务。近年来，卫星通信和卫星遥感也呈现一体化迹象。国际上，"星链"系统新一代卫星平台已经集成了通信和对地观测的遥感功能；在国内，多家科研单位和商业卫星公司也纷纷开展相关研究，攻克技术难题。

2023年1月15日，由武汉大学牵头研制的首颗互联网智能遥感科学实验卫星——珞珈三号01星，在太原卫星发射中心搭载长征二号丁（Y71）运载火箭升空，并顺利完成包括亚米级多模式光学成像、智能化在轨数据处理、高效率数据压缩传输、分钟级全流程信息服务等多项在轨实验，通过珞珈三号01星上开创性的开放式智能处理平台以及与地面双向互联的融合传输网络技术，实现了遥感信息服务时间从数小时缩短至8分钟的突破。同时，珞珈三号01星也是世界上第一颗能用手机 App 操控的互联网高分辨率智能卫星，这将进一步助推卫星遥感走向大众化——或许在不久的将来，普通人在手机上安装定制开发的 App，就可以坐在家里"刷"卫星。

通导遥一体化，不仅包括天上卫星技术的融合，也包括地面服务体系的融合。从应用前景来看，把通导遥技术进行互补结合，并构建一体化的服务体系，将为社会经济可持续发展带来全新的想象空间。例如在生态环境应急监测领域，可以突破传统监测能力的瓶颈，实现自然灾害风险从单灾种、单要素分散监测预警向多灾种、多要素综合监测预警转变。

近年来，位于我国青藏高原腹地的三江源国家公园，正在探索开展"天空地一体化"生态监测平台和"通导遥一体化"监管执法平台建设。由于三江源国家公园具有海拔高、人员少、点多线长面广、自然环境复杂恶劣的区位特点，以及生态系统脆弱敏感的生态特征，传统的以地面监测为主的方式已越来越难以满足严格、综合、系统的监测保护要求。科技人员通过集成运用卫星通导遥和大数据、人工智能等技术，将天、空、地监测手段进行有效结合，打造了覆盖三江源国家公园全域的卫星通导遥一体化天基信息服务体系，大幅度提升了监测和监管效率。其中，卫星通信系统的建设解决了无人区内存在大量通信盲区的问题，让开展野外巡护监测和行政执法的工作人员可以借助通信卫星传输文件、图片、视频等；卫星导航系统可以在地广人稀的国家公园内发挥多重功能，例如快速直观定位到巡护执法人员所处位置以及目标位置，规划出常规路线；卫星遥感系统可以实现对全园区稳定、长期动态监测，周期性获取园区生态系统类型、结构与功能，为三江源国家公园生态环境保护与管理提供有力支撑；大数据中心的建设让各类数据在地面进行汇合处理和呈现，支撑起国家公园形成"天上看、地上查、网上管"的工作模式，做到后方指挥部与前线人员的实时联动，有针对性地科学开展日常监测、自然资源管理、应急处置等相关工作。

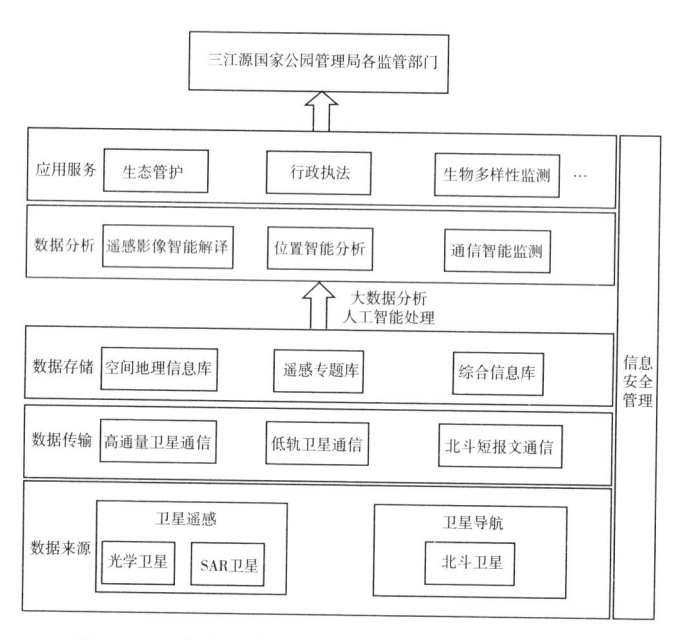

图 5-1 三江源国家公园卫星通导遥综合监管体系架构

资料来源：青海省市场监督管理局 2022 年发布的《三江源国家公园卫星通导遥综合监管体系技术规范》(DB63/T × × × -2023)

此外，通导遥技术在国家电网建设管理等方面也已经得到广泛应用，包括电网勘测设计、建设运行、环境管理等，基于通导遥的技术服务体系都发挥了重要作用。在越来越多的行业领域，从技术开发到场景应用，通导遥一体化正在以数字赋能为导向、以样板打造为抓手，逐步实现服务落地和综合应用。

可以展望的是，随着天上卫星技术和地面数字技术的同步发展，一张多源数据融合，覆盖全时空、全要素的智能化网络正在逐渐渗透并改变我们生活的世界，成为我们生产生活中不可或缺的重要基础设施。

大航天时代并不是一个航天技术孤立发展的时代，而是一个航天技术与各学科、各领域先进技术全面融合发展的时代，更是一个将先进技术大规模推广应用的时代。从经济学的角度来看，先进技术可以通过两种具有普惠性的方式来建立有效市场：一是下沉为市场提供技术业务基础设施；二是以较低的成本向大量行为主体提供容易获得的技术，满足其个性化需要。以上两种方式的实现，既需要依靠国家引导进行长期不懈的投入，也需要构建更加开放的创新生态，以激发更多创新主体的活力，使之公平有序参与竞争。

人类数字化革命的探索实践证明，市场规模越大，应用场景越丰富、数据资源越丰富，创新成本越低，而我国恰好具备超大规模市场这一稀缺资源优势。在建设新型空间基础设施体系的道路上，可充分依托我国超大规模市场优势和完备产业体系，一方面积极塑造技术创新的应用场景；另一方面进一步推动汇智聚力的全球化创新生态建设，打造科技、产业、金融紧密融合的创新体系，加速科技成果向现实生产力转化。

我们相信，假以时日，"中国星辰"必将闪耀太空，成为服务世界、造福人类的璀璨明珠。

三、从卫星作坊到卫星工厂

除了可以低成本发射卫星、高效率应用卫星之外，卫星制造能力的提升，也是推动航天商业化进入快车道的另一个先决条件。

人造卫星历来被视为硬核科技的代表作品。我国1970年发射成功的东方红一号人造地球卫星，虽然现在看起来功能简陋得出奇（大约只相当于一个简易八音盒），但是为了研制这颗"太空八音盒"，实现"上得去、抓得住、听得见、看得见"十二字目标，无数顶尖科学家夜以继日，合力攻克了数不清的技术难题。

卫星制造之所以难度系数这么高，一个重要原因在于，许多在地面环境很容易实现的功能，到了太空环境中会变得复杂百倍；大量元器件对工艺和制造水平的要求和地面电子设备完全不是一个量级。

正是因为需要承载太多先进技术，卫星制造在人们传统印象中，就是一个不断做大做强的过程。从东方红一号开始，中国航天人一直在自力更生、艰苦奋斗的硬核理念支撑下，为了造出更强大的卫星而不断努力。随着我国火箭发射能力越来越强，卫星的体积也越做越大——从东方红一号的173千克，到东方红三号达到2.3吨，再到如今的东方红五号平台首发星质量已突破8吨，其中单星价值动辄数以亿元人民币计。

让单颗卫星变得更强大是传统卫星制造的惯性思维，但是把所有功能堆叠在一颗大卫星上，弊端和风险也显而易见。除了单星造价昂贵、发射成本增加之外，一旦其中有零部件出现故障，将可能影响整颗卫星的正常运行。

在高轨大卫星商用性价比逐渐跟不上时代节奏的背景下，一体化、规模化、组网化、高通量化的低轨小卫星，正在成为商业航天时代卫星制造的新潮流，并涌现出一批造星新势力。

新势力外衣下面是新理念的支撑，即用工业化方式批量生产卫星，通过组网能力替代单星能力——这对于传统卫星的定制化生产方式来说，不仅是作业流程的改变，更是思维理念的革新。

表 5-5 东方红系列卫星平台

卫星型号	首次发射日期	重量	特点	任务
东方红一号	1970年4月24日	173千克	近球面的72面体、自旋姿态稳定方式	开展卫星技术试验、播放《东方红》乐曲、探测电离层和大气密度
东方红二号	1984年4月8日	441千克	采用抛物面通信天线、机械消旋装置	用于电视、电话、电报、传真、广播和数据传输等
东方红三号	1997年5月12日	2320千克	全三轴姿态稳定技术、双组元统一推进技术、碳纤维复合材料结构等	满足国内各种通信业务需要
东方红四号	2007年5月14日	首发星5100千克	该平台可用于建造大容量通信广播、视频/音频直播、数据中继和区域移动通信等卫星	适用于各类静止轨道卫星、长寿命、大容量
东方红五号	2020年1月5日	首发星约8吨	高承载、大功率、高散热、长寿命、可扩展、多适应	满足我国未来近20年的通信、微波遥感和光学遥感等载荷对卫星平台的需求

数据来源：根据公开资料整理

从"大哥大"到"智能机"

从本质上来说，卫星是一部由若干电子元器件组成的带有动力的高级"数码产品"，这部遨游在太空中的"数码产品"，可以实现通信、对地观测拍照、导航定位等功能。

随着天线、转发器、数据处理、电源等技术不断更新迭代，这件"数码产品"的功能也越来越强大，从以前只能提供简单通信、拍摄低清照片，到现在可以实现宽带联网、高分辨率对地观测，这个过程和当年从"大哥大"到"智能机"的进化如出一辙。

这部"数码产品"的特殊之处在于，需要通过运载火箭这种"超级快递"工具发射到太空中使用。因此，"物流成本"是其中绕不开的关键问题。在那个无论是制造卫星还是发射卫星都极为不易的年代里，科学家们只能想尽一切办法，让每一颗上天的卫星都能尽可能具备当时最先进的功能，在天上工作更长时间——这种研制逻辑，简单来说就是"堆最好的料、用最尖端的技术、保证最长的使用寿命"。

随着商业航天的概念被越来越多人接受，在商业火箭公司努力研制低成本、可复用的火箭的同时，造星新势力也开始宣扬另外一种思维——既然技术永远都在飞快更新，为什么不能像开发智能手机那样研制卫星？暂时功能差一点不要紧，坏了也没关系，只要卫星和火箭足够便宜，就可以实现常换常新。

这个用"组网最优"代替"单体最优"的理念最早来源于DARPA等机构的探索性尝试，后来被马斯克等人在商业航天领域发扬光大。"星链"的小卫星可以做到成本大幅度低于过去，首先得益于马斯克的一贯风格——将大量定制化、专用化的宇航级元器件替换为成本低廉、容易自研的工业级元器件。

随着"星链"计划一路高歌猛进，马斯克的"白菜价造卫星"理念也深刻影响了一批中国商业航天新势力，天仪研究院便是其中的激进践行者。这家成立于2016年年初的创业公司，提出了"让航天触手可及"的口号，将自身业务定位为"研制极致性价比的小卫星"，专门为科研院所、高校和企业客户提供短周期、低成本、一站式的SAR（合成孔径雷达）卫星研制及数据整体解决方案。

为了做到所追求的"极致性价比"，天仪研究院在卫星研制过程中进行了大量的元器件替换，例如用工业标准的手机摄像头替代原来的宇航级摄像头，这无疑可以极大降低研发成本。但是也随之带来新的问题——手机摄像头拍不清楚怎么办？上天之后的可靠性和耐用性如何保证？但是在天仪研究院首席执行官杨峰看来这些并不是大问题。电子技术永远都在飞快进步，性能、成本、质量同时兼顾是很难做到的。天仪研究院的宗旨是先把成本降下来，让更多客户用得起卫星，再通过天上的经验积累和地面的技术创新去实现能力加固。

至于用工业级元器件研制的卫星到底靠不靠谱儿，回答这个问题更好的办法是通过实践来证明。浙江大学微小卫星研究中心开发的皮星一号A，全部采用工业级元器件，也是我国第一颗千克级卫星。这颗卫星于2010年9月发射，目前已在轨工作了10多年，远远超过其设计之初的预计寿命。根据该中心主任金仲和教授回忆，在皮星一号A发射成功后，也有航天专家质疑，认为采用工业级元器件研制的卫星在低轨道环境也许可行，但是到了高轨道未必就行得通。为了验证这个问题，2021年9月，金仲和教授带领的团队又发射了一颗36000千米轨道的高轨微纳卫星，全部采用工业级元器件制造，目前已在轨工作近3年，初步证明了采用工业级元器件研制的卫星同样可以适应高轨道环境的工作任务[1]。

表 5-6　典型电子器件的价格（单位：元人民币）

	工业级	军品级	宇航级
电阻	0.05	0.5	3
单片机	2	200	20000
微型电机	200	2000	50000
单体锂电池	20	200	2000

注：数据为我国国内市场上的大致价格，价格随市场行情变化而波动

---

[1] 传统高轨卫星一般设计寿命超过15年，目前该项验证试验仅初步证明工业级元器件可适应相关工作任务，并不能证明卫星可靠性和在轨寿命能达到传统宇航级元器件所制造的卫星。

从中国商业航天的大环境来看，降成本确实是卫星制造最关键的一道门槛。但是造卫星毕竟是一个对手艺要求极高的"瓷器活儿"，要想干好这个"瓷器活儿"还必须有"金刚钻"。

2006年，时任长春光学精密机械与物理研究所（以下简称"长春光机所"）所长的宣明作出了一个大胆预判，他认为航天事业一定会从"计划经济"走向"计划经济+市场经济"双轨并行的模式，而以载荷为核心的整星设计技术就是走向市场的敲门砖。作为国内光学领域的老大哥，长春光机所在宣明的推动下立项了"一弹一星大口径大光栅"重大创新课题，探索以载荷为核心的星载一体化技术路线，并在几年内取得重大突破。

技术成熟后，宣明便全力推动此项技术成果的转化应用，2014年12月，由长春光机所、吉林省政府以及社会资本共同组建成立长光卫星技术有限公司（简称"长光卫星"），时年58岁的宣明也从一位体制内科研带头人，转型成为商业卫星领域的创业者。

成立之初的长光卫星，确立了"审时度势，以新取胜，以少胜多，以快打慢"十六字方针，将技术着力点放在高指标和低成本上，并且提出了以载荷为核心的卫星设计四原则——高分辨率、低成本、低重量、低功耗，在短短数年里就完成了四次技术飞跃。

在长光卫星的技术人员眼里，最新一代的光学遥感卫星本质上就是一部"会飞的照相机"，并且随着技术的迭代，这部照相机未来会越做越小、分辨率越来越高，并且逐步兼容通信、导航等更多元化和智能化的功能。

表 5-7 长光卫星的"四次技术飞跃"

代际	卫星型号	质量	技术指标	首发时间
第一代遥感卫星	光学 A 星	400kg 量级	幅宽：优于 11.6 千米 分辨率：0.72 米	2015.10.7
第二代遥感卫星	视频 04-06 星	200kg 量级	幅宽：优于 19 千米 分辨率：0.75 米	2017.11.21
第三代遥感卫星	高分 03 星	40kg 量级	幅宽：优于 17 千米 分辨率：0.75 米	2019.6.5
新一代遥感卫星	高分 06A 星	20kg 量级	幅宽：优于 18 千米 分辨率：0.75 米	2023.6.15

资料来源：长光卫星提供

像造汽车一样造卫星

在长光卫星这家被称为东北首只"独角兽"的高科技企业诞生之前，长春主要靠汽车工业出名，是一汽集团所在地的缘故而被称为"汽车城"。

从科研院所破茧而出的长光卫星，在长春新区建设了一座集卫星研发、生产、检测、试验于一体的现代化产业园，具备年产 300 颗以上 100 千克以内小卫星的能力。

长光卫星和长春一汽，这两家分别代表科技和工业的同城"双星"，很难说相互之间会碰撞出多少火花。2021 年 6 月，在吉林省庆祝建党 100 周年的主题新闻发布会上，长光卫星党委书记贾宏光对与会众多媒体表示："我们要向汽车学习，也要以流水线方式生产卫星。"

我国另一家将汽车流水线理念引入卫星制造的商业航天企业，是吉利集团旗下的时空道宇。2018 年，吉利集团投资创办了商业卫星公司时空道宇，作为其布局"未来出行"科技生态圈的重要一环。

时空道宇借鉴吉利汽车智能化、自动化等大规模量产制造模式，在浙江台州打造了一座可实现年产500颗卫星的超级工厂，不仅在上游核心器件的研发和采购方面和汽车工业深度协同，还通过模块化设计、柔性生产、智能制造等技术，采用流水线并行生产等方式，把卫星的设计生产周期大幅压缩，卫星生产成本下降45%左右。

事实上，无论是长光卫星还是时空道宇，都不可避免地受到马斯克"流水线造卫星"的理念影响。这位左手特斯拉、右手SpaceX，号称"一个要颠覆地上，一个要颠覆天上"的创新家，不仅将大量航天技术用在汽车制造上，更是将规模化造车的思路引入商业航天，按照"近于汽车或电子消费品"的方式流水线制造卫星，以实现卫星的规模化、批量化生产。

然而这个理念实践起来并不容易。2020年年初，马斯克在复盘这一过程时也坦言，卫星研制可以依托大量技术经验积累，因此"并不困难"，但是要建设大规模生产卫星的流水线对美国航天工业来说才是"极为困难"的。

作为一位超级产品经理，马斯克历来的思维习惯是从原点出发，用另一种曲线去取代现有的技术模式。在这一思想左右下，"星链"卫星团队采取了"咬定结果、重建过程"的工作方式——所有的设计与研发工作始终围绕着快速、低成本批量化生产这一最终目标进行，在确保质量的情况下，通过尽量减少零部件、简化优化设计、缩短周期时间、减少不必要测试等方式，最大限度降低卫星研发和制造成本。

供应链管理方面，马斯克沿袭了在特斯拉汽车生产上的一贯做法，将配套部件和分系统归类为核心与非核心部分。核心部分坚持自主研发、自主生产，垂直整合研发和生产环节，以掌握技术主动权、降低外界依赖；非核心部分则通过与外部企业合作开发，或从市场上采购成熟产品，以实现降费增效。

截至目前，"星链"卫星上的霍尔推进器、星载高通量通信天线、星间激光通信设备、太阳能电池板等核心部件和关键系统大部分由 SpaceX 公司自研自产；而像地面卫星站通信系统、卫星金属部件精加工等非核心部件和非关键系统，SpaceX 则通过在全球范围寻找供应商和合作伙伴的方式，来获得最具性价比的产品。

除此之外，马斯克还十分注重能力共享，通过横向整合汽车制造、火箭制造、卫星制造的生产资源和供应链，来实现基础设施、精密制造、集成总装、技术发展的集约高效。

以 SpaceX 位于美国加利福尼亚州霍桑市的总部工厂为例，这里除了承担"星链"卫星部分专用芯片、印刷电路板、用户地面终端的生产任务之外，也同时承担猎鹰火箭和特斯拉汽车专用芯片、印刷电路板等精密元器件的生产任务。为了降低卫星和火箭的制造成本，SpaceX 对部分工作环境并不恶劣、性能要求不高、作用并不关键的部件，采用工业制造标准而非航天专业标准，来达到共享资源、控制成本的目的。

在通过规模化、标准化来降低生产成本的过程中，自动化有了用武之地。SpaceX 为"星链"卫星的生产引入了大量自动化生产线、流水线机器人等设备。位于美国西雅图的雷德蒙德工厂是"星链"卫星的主要生产和总装基地，工厂内装备了日本富士公司 SMT 贴片机、欧洲 ABB 公司层压机器人与总装线等先进的自动化设备。在面积约 3800 平方米的厂房内[①]，每月可以生产至少 120 颗卫星。

这样的生产效率以传统卫星制造的标准来看已属于不可思议，但仍远远无法满足 SpaceX4.2 万颗星座的建设目标要求。SpaceX 还在加快提升"星链"卫星的产能，除了在距现有厂房仅一个街区的位置新租下一座面积 11600 平方米的建筑用于扩大卫星生产之外，还在得克萨斯州奥斯汀加快建设一座崭新基地，这座毗邻特斯拉得州超级工厂的"星链"制造基地，将生产卫星和终端机等一系列产品，投产后预计将大幅提升现有产能。

马斯克的"流水线造卫星"模式无疑为全球商业航天提供了一个极好的范例，但是近年来虽然模仿学习者众多，却至今难见望其项背者。而"我们和'星链'的差距到底有多大"，也成为中国商业航天的从业者们，经常需要面对和回答的一个问题。

我们和"星链"的差距有多大？

如果从卫星制造的角度来回答这个问题，不仅仅是要分析技术方面的差距，更要分析卫星制造背后的产品设计逻辑、生产管理理念，以及支撑卫星制造的供应链体系。

我国卫星事业历经半个多世纪发展，目前国内卫星制造产业链发育较为完整，但是绝大多数的卫星制造资源仍集中在航天体系内。其中航天五院（中国空间技术研究院）是我国传统卫星制造的绝对

[①] 马斯克 2015 年年初宣布在华盛顿州西雅图市建立"星链"办公室，其办公地点位于西雅图市雷德蒙德（Redmond）东北区第 68 大街 18390 号，面积约 2800 平方米，主要用于"星链"卫星研发，最初人员仅 50—60 人。2016 年，SpaceX 租用距原办公地址以东约 10 分钟车程的雷德蒙德东北区 Alder Crest Dr 22908 号办公楼（面积约 2800 平方米），2017 年年初又租用该楼北侧 117 号楼仓储式建筑（面积约 3800 平方米）。2018 年后，"星链"在西雅图的研发与生产逐步集中于此，最初租用的第 68 大街 18390 号办公区停用。2021 年 4 月有报道称，SpaceX 计划在距现有办公/生产设施仅 1 个街区位置再租一座正在建设中的面积 11600 平方米的建筑，用于扩大卫星生产。

主力，拥有最强的卫星设计和研制能力，承担中国几乎所有的高轨通信卫星、大部分导航卫星以及大部分遥感卫星的研制任务。除航天五院外，航天八院（上海航天技术研究院）、中国科学院微小卫星创新研究院等单位也拥有不俗实力。

我国传统卫星制造有重视质量管理的优良传统，优先追求稳定可靠、国产化率、在轨寿命等指标。在制造模式上，大多遵循单件卫星研制的"孤岛"模式，从方案论证到详细设计、产品投产和交付、卫星集成总装测试（AIT）基本为串行实施，卫星内部各个模块的分离制造，再由总体单位装配集成。这种模式的优点是可以最大限度保证各模块的质量和性能可靠性；缺点是需要耗费大量的时间、空间和人力资源，也容易因此形成单星成本居高不下、交付周期过长、卫星产能不足的弊端。

传统卫星大多为国家战略目的或国计民生服务，项目经费往往由国家专项资金支持，任务单位需要在内部合理安排分工和分配经费，从上到下形成了金字塔形的组织管理模式。但是环节冗长、雨露均沾也带来了灵活性缺乏等问题，思维限制和体制桎梏导致创新动力不足。

而商业卫星制造则是以投资效益比最大为根本目标。从当前全球商业卫星制造呈现出的一体化、规模化、兼用化等趋势来看，交付需求倒逼卫星制造必须进行模式创新，采用工业化的生产方式来缩短交付周期、降低成本、提升产能。首先，"规模化"生产的内核是标准化，即通过标准化模块管理，在编码规则、系统接口等集成方面形成统一标准，有助于降低后续生产的改进和运行成本；其次，"一体化"趋势也对卫星体积、单星应用效能提出了更高要求，传统平台、载荷分离的整星设计理念必须转向"载荷平台一体化"设计；

再次,"兼用化"还需要让卫星兼顾不同客户的多样化使用需求,并同时考虑各类卫星的可靠性、稳定性和使用寿命。

我国的商业卫星公司大多数在 2015 年之后成立,和已经积累沉淀数十年的国家队相比,虽然在资源获取、技术储备、人员规模等方面均存在不小差距,但是凭借着产品理念和管理模式创新,迅速在商业航天版图上占据了一席之地,成为中国商业卫星追赶世界一流的过程中,一支不可忽视的生力军。

在国内众多的造星新势力中,银河航天的企业基因堪称和"星链"团队最为相似——创始人徐鸣有着和马斯克相仿的互联网跨界创业经历,产品定位同样为宽带互联网卫星;在设计理念和制造模式上,银河航天也被认为是对标"星链"最为积极的中国商业卫星公司之一。

为了实现低成本与高性能的双重目标,银河航天一方面斥巨资打造基于民用工业体系的供应链,构建卫星生产线和精益生产管控系统,创新探索"卫星设计—生产线—供应链"的量产铁三角模式,不断提高卫星部组件以及整星的批量化生产能力;另一方面加强可堆叠平板卫星、柔性太阳翼、数字处理载荷等关键技术攻关,以提升卫星的综合性能,实现技术可靠性和成本之间的平衡。

除了银河航天外,长光卫星、时空道宇、格思航天(上海格思航天科技有限公司)等头部商业卫星公司,也纷纷将产品开发平台的创新作为能力建设的重点,吸取先进理念、对标国际一流打造的研发中心和卫星工厂近年来相继落地投产。

创新平台是技术追赶的基础。只有基于商业结果导向和全新的管理理念构建一个完整的产品开发平台,并将其作为技术能力成长的关键机制,技术创新的动力才能层层传导,创新的结果才能源源不断得到验证和反馈。反之，如果没有可以对标世界一流的创新平台，进而牵引形成良好的创新生态，技术攻关也必然效率低下，超越追赶也无从谈起。

从整体技术水平来看，目前我国在一些核心元器件和材料结构件的加工制造上仍然与"星链"卫星等国外先进技术存在差距，例如针对一些能适应严酷太空环境和复杂电子环境的元器件（芯片、板卡、天线等），国内尚未建立起面向卫星批量生产的稳定供应链。这成为我国批量化、低成本生产商业卫星的主要拦路虎，是当前整个产业需要持续强化和提升的重点所在。

虽然马斯克的"星链"卫星仍然是横亘在所有商业卫星从业者面前的一座高山，但是我们也应当看到，登山的路径一旦清晰，创新的马力一旦开足，高山并非无法逾越。更重要的是，攀越高山的过程中，并不是只有几个孤勇者在奋力前行——在国家的引导支持和先行者的带动下，一大批产业链上的生力军纷纷加入技术创新的队伍中，国内卫星制造的产业链、供应链水平得到了前所未有的提升，围绕商业卫星制造的一片全新生态正在加速形成。

小卫星带动大生态

在科技产品越来越复杂的时代，任何一家企业都很难凭借一己之力做到全球领先。中国商业卫星公司学习追赶 SpaceX，不仅需要靠自身的努力，更要得益于整个产业链的共同进步。

一颗卫星动辄由数万个精密零部件组成，加上星上软件、地面设备等，是典型的技术密集型产品，涉及众多学科领域和产业门类。我国卫星制造产业的发展建立在体制内多年的技术和人才积累的基础之上，由于技术的复杂性和特殊性，长期以来卫星研制主要由科研院所主导，分系统和元器件供应商也大多是体制内单位，民口和民营企业在其中发挥的作用有限。

事实上，从天上的"数码产品"这个角度来看，卫星的很多元器件和部组件，如天线、芯片、电源、热控系统等，都能在民用市场中找到对应的产品，差异仅仅在于性能、参数、价格方面。实践也证明，卫星上的众多技术和民用电子技术完全可以实现融合发展。

深圳作为我国改革开放的桥头堡，自20世纪90年代大力发展电子信息产业，迅速成为全球知名的电子信息产业重镇。但是在21世纪初，深圳电子信息产业在历经一轮"贸工技"带动的高速发展后，也需要面对大而不强的现实问题。在这个背景下，深圳市政府于2005年提出了提高全社会自主创新能力、建设国家创新型城市的号召。此外，政府文件中特别强调了"缺乏科研院所支撑，应用基础研究的源头创新不足"是深圳建设国家创新型城市的主要差距之一。

而此时中国卫星产业正在步入一个崭新的发展阶段，传统航天院所也有到创新氛围浓厚的沿海城市设立分支，探索微小卫星商业化发展的想法。在深圳市政府与航天科技集团的双向推动下，2007年6月，航天科技集团与深圳市政府签署战略合作协议，其中的一项重点内容是深圳建设微小卫星研发基地，主要"发展以微小卫星研制为主的航天产业"。

一年后，深圳第一家卫星公司——深圳航天东方红卫星有限公司（以下简称"深圳东方红"）成立。2011年年底，深圳东方红研制的第一颗卫星——试验卫星四号顺利升空并通过在轨测试。2015年9月20日，首个在深圳独立完成设计、总装、测试和试验等研制任务的科学试验卫星开拓一号A/B双星成功发射，主要为我国极地科学考察规划与决策、极地冰层与气候演变观测等工作提供数据参考。

在开拓一号卫星的研制过程中，大量使用商用货架产品

（Commercial Off-the-Shelf，COTS），例如工业级太阳能电池片、锂离子蓄电池、工业级微型计算机、GNSS（全球导航卫星系统）导航接收机，以及光纤陀螺等国产非宇航级整机产品，使得研制周期大幅缩短，开发成本大幅降低。此后，深圳东方红"出品"的多颗卫星，也都是基于越来越成熟的微小卫星工业现货体系进行设计和研制，同时借助深圳和周边城市的产品技术和服务配套优势，实现了产品货架化生产和存储，进一步缩短了配套时间。

如今，在深圳东方红等"链主"企业的影响带动下，一大批卫星产业链上下游企业在深圳集聚。卫星总体和载荷研制方面，有深圳东方红、椭圆时空、魔方卫星；卫星运营方面，有亚太星通；微系统和零部件方面，有华力创通、华大北斗、华信天线、航盛电子、威铂驰；终端产品方面，有大疆创新、一电科技、星联天通；行业应用方面，有天海世界、中科海信等众多创新企业。目前，深圳已经形成包括卫星研发、设计、制造、运营、卫星应用等相对完善的产业体系，"深圳星"正冉冉升起，以"卫星+"为代表的空天技术产业也正式纳入政府文件，成为深圳重点发展的八大未来产业之一。

产业链快速成长也给我国卫星制造水平追赶国际一流带来了坚实保障。以银河航天为例，2018年该公司只有100家左右供应商，到了2024年，银河航天的生态合作伙伴已经快速增长到1000余家，早期很多关键零部件在市场上根本采购不到，如今却可以货比三家。

此外，随着科研资源、技术和产品共享成为科技领域协同创新的流行模式，当下卫星制造也正在逐步形成良好互动的产学研合作生态圈，企业、高校、科研院所等不同创新主体围绕共同目标，各自发挥优势，联合开发产品，推进卫星领域的技术攻关和产业创新。全国各地通过成立联合实验室、联合研究院等方式建立优势资源共享合作群,并逐渐形成良好的自组织分工,即企业、科研院所、高校签订合作订单或协议,结合各方优势擅长,对设计、整星工程化、生产制造、测控运营、数据处理等任务合理分工,在此过程中形成持续稳定的合作。

航天商业化给我国卫星产业链注入了巨大的新动能,使传统卫星研制生态向开放性、互动性和协作性转变。在政、产、学、研、金、介、用各方的共同涵育下,越来越多的产业链企业在这片创新的沃土中生根、发芽,从幼苗长成为大树,一片生机勃勃的产业森林日渐丰茂。

06

逐浪变革：在市场的海洋里学会游泳

一、商业化的航天发射

2022年7月6日，位于海南省文昌市的我国首个商业航天发射场——海南国际商业航天发射中心正式开工建设。这个中国航天发展史上的重要里程碑事件，引发了众多海内外媒体关注。

自从我国商业航天蓬勃发展以来，国内航天发射资源的利用和完善就成为各方关注的焦点之一。业界关注的核心问题，一方面是国内现有发射场的开放共享，另一方面是如何规划新建服务于商业航天的专用发射工位。

目前中国拥有酒泉、西昌、文昌、太原四个大型内陆发射场，并已在山东海阳等地建有海上移动发射平台作为补充，初步形成了高低纬度相结合、沿海内陆相结合、各种射向范围相结合的航天发射战略布局，基本能满足传统航天时代我国对卫星、飞船和空间探测器等型号任务的发射要求。从发射场布局来看，中国是全世界在运行火箭发射场数量最多、布局最全面的国家之一，但是从发射工位数量上来看，却远远不及美国和俄罗斯。[①] 随着中国商业航天的快速发展，航天发射需求与日俱增，必然需要更多的发射工位以及更适合商业航天的发射服务，未雨绸缪、增设商业航天发射工位成为各方共同的呼声。

与此同时，航天测控作为火箭发射回收和卫星在轨运行的重要保障环节，也面临类似的问题。目前，我国航天测控综合水平处于世界前列。中国航天测控网从 1967 年开始建设，经过半个多世纪的经营，已形成由分布在全国和全球的地面测控站、海上测量船、空中测量飞机和数据中继卫星等联合组成的"空天地"立体测控网络，在技术上与国际主要测控网渐趋兼容。但是，随着国内商业航天的蓬勃发展，服务于国家航天任务的测控资源已难以满足与日俱增的商业测控需求，且传统测控模式已难以满足新型客户的个性化测控需求，一批商业测控公司如航天驭星、寰宇卫星、中科天塔、天链测控、星邑空间等因此兴起，成为国家资源之外的有效补充。

航天发射和服务保障资源的商业化，渐渐成为商业航天时代的大势所趋。在这个过程中，自上而下的改革推动固然重要，但是来自市场主体的创新突破同样值得关注，一大批商业航天公司在现行制度的"无人区"里拓荒探路，为我国航天领域持续深化改革提供了宝贵的实践经验。

[①] 2016 年之前，我国四大发射场只有 9 个常用发射工位。其中酒泉发射场有 2 个常用发射工位，主要承担长征系列运载火箭、各种中低轨道试验卫星和应用卫星、载人航天任务和空间目标飞行器、实验室的测试发射，以及航天员搜救任务等；西昌发射场有 2 个工位，分别用来发射长征三号的不同型号火箭；太原发射场有 3 个工位（其中 1 个简易工位），可以发射长征二号、四号系列火箭；文昌发射场有 2 个发射工位，分别用来发射长征五号和长征七号火箭。相比之下，俄罗斯的拜科努尔航天中心有 71 个发射工位，美国卡纳维拉尔角的发射场有 47 个发射工位，范登堡基地有 51 个发射工位。

勇敢的拓荒者

对于商业火箭公司来说，把火箭造出来只是第一步，只有把火箭发射上天并成功入轨，才算完成了客户交付。

和全世界大多数发射场一样，目前我国现有的航天发射场地基本归口军方管理，出于安全等因素考虑，长期以来我国对入轨运载火箭发射的管理都非常严格。国家对民用航天发射项目实行许可证管理制度，每次发射都需要由发射单位向主管部门进行申请，提供预定发射时间、各项技术要求、火箭详细轨道参数及落区勘察报告、卫星详细轨道参数、频率资源使用情况等一系列文件。通过审批后便会列入国家发射任务计划，等待发射场排期。

在商业发射越来越频繁的情况下，发射场资源也日趋紧张，管理和使用之间的一系列矛盾也随之出现。例如，发射场的排期要优先保障国家任务，商业发射经常需要给国家任务让道；同时，由于"军队不准经商"的纪律限制，现有的航天发射场运营缺乏商业化思维，难以满足客户的个性化和定制化需求。随着我国火箭发射次数的逐渐增多，商业发射审批周期长、排队时间久、服务质量差的问题日益凸显，成为制约商业航天发展的重要瓶颈。

除了向国家有关部门积极呼吁外，一些发展较快的民营商业航天企业开始尝试新的解法。其中的典型代表如蓝箭航天，率先提出了在酒泉卫星发射中心自建发射工位的计划。

据创始人张昌武回忆，这个当时在全行业看起来都认为是不可思议的计划，对于蓝箭航天来说却是不得不为。一方面是由其火箭技术路线所决定。由于液氧甲烷运载火箭在国内尚属新领域，之前还没有入轨发射的先例，国内发射场也没有可供这类火箭使用的现成工位。现有的液体火箭发射工位以加注液氧、液氢、煤油等燃料为主，如果要支持甲烷燃料的储存和加注，需要对各类设施设备进行改造，其中的时间耗费、资金耗费都会非常高。另一方面是火箭发射的商业模式所决定的。根据蓝箭航天的规划，2024年将面向市场交付3发液氧甲烷火箭，并在后续三年保持年增一倍的交付能力。作为一家提供航天运输服务的市场化公司，蓝箭航天需要有相对自主可控的发射工位，以支撑其为客户提供常态化、高频化的发射服务。

火箭发射是一个长周期行为，从进场到加注、发射，动辄一个月甚至数月，其间人员和设备的流动都是一项巨大的工程。长年且频繁地租用官方发射工位，成本难免会越堆越高。而自建发射工位属于固定资产投入，除了可以一次性解决上面提到的发射排队和服务不到位等问题之外，从长远来看，也有利于蓝箭航天更好地控制成本。同时，作为国内第一个由商业公司主导建设的火箭发射工位，未来蓝箭工位也可以向其他液氧甲烷火箭发射开放共享，为公司创造租赁收益。

尽管有诸多好处，但作出在戈壁滩上建设发射工位的决定仍然需要极大魄力。一方面，自建发射工位意味着需要新建发射台、指控室、燃料储存加注设施、火箭总装厂房，甚至营房、酒店等一系列相关配套设施，投入资金动辄数亿元，这对于一家创办时间不长的民营商业航天企业来说，资金压力可谓巨大；另一方面，在军方管理的航天发射场内让一家民营企业自建工位，在现行监管制度方面也存在着大量空白和盲区，需要有关部门敢于突破现有框架，特事特批，重新划分厘清各方的责权利。

在多方斡旋和协调下，蓝箭航天自建发射工位的计划得到了国家有关部门的大力支持。2020年9月，由蓝箭航天主导建设，与发射场方面共同所有的96号工位（LC-43/96）正式开工建设，新工位采用"三平"（水平转运、水平组装、水平测试）模式，加注系统支持甲烷燃料，可支持朱雀二号及其各捆绑构型的发射，同时在工位旁边另有一小型发射台，可支持朱雀三号 VTVL 回收试验箭的发射。

有了先行者的探路，大西北的戈壁荒漠开始变得越来越热闹。继蓝箭航天之后，中科宇航、天兵科技等多家商业火箭公司也相继开工建设了自己的发射工位。

随着商业发射活动越来越频繁，也倒逼航天发射场的管理流程作出改革。传统的发射场管理模式下，火箭需要依次进场，即一枚火箭发射完毕之后，下一枚火箭才能入场准备。而如今为了适应新的发展需求，发射场也开始尝试推行交叉并行的项目管理模式，通过借助一些自动化、智能化的技术手段，优化测发流程，整合测发项目，让多枚火箭可以同时入场准备。

与此同时，商业航天专用发射场建设也在各方呼吁下加快推进。2021 年，"建设商业航天发射场"被明确写入国家"十四五"规划纲要，标志着商业航天专用发射场的建设工作在国家层面的强力支持下，正式进入实质性推进阶段。

商业航天发射场

在海南国际商业航天发射中心开工建设之前，如何通过"更加市场化的运营方式，更好服务商业航天"这一命题，就在国内多个航天发射场中开始讨论并付诸实践。

除了位于西北戈壁的酒泉卫星发射中心，在与之相距千里之外的山东烟台海阳市，中国东方航天港也将商业航天发射作为未来重要的服务对象和发展方向，并按照全新的思路规划建设。

海上发射是近年来国际航天界兴起的一种新的发射方式。传统的陆地发射场大多远离城市，交通运输不便，容易导致发射效率受到制约。相比之下，海上发射则具有多重优势，一是可以灵活根据任务需要和客户要求，在临近港口的厂房完成火箭总装工作后，通过短暂的公路运输即可上船实施发射；二是可以根据卫星入轨需求灵活选择发射点位，例如更接近赤道的低纬度地区，火箭利用地球自转的附加速度进入轨道，节省燃料的同时提升运载能力，有效降低发射成本；三是可以很大程度上解决发射安全问题，火箭分离体可以直接落入海中，避开陆地建筑物和人口稠密区。

作为我国首个海上发射母港，东方航天港按照"前港后厂"的模式规划建设，以港口为中心集聚布局了一系列基础设施，打造了火箭技术准备、星箭对接、码头合练、远控测发、测控通信、出海转运全链条功能模块。在这里进行发射活动的火箭公司，5千米内就可以完成火箭子级总装总测、全箭垂直总装总测、港口登船等流程，实现火箭"出厂即发射"的目标。

与此同时，东方航天港还以发射母港作为依托，规划了"一港三区"的空间布局，通过不断完善航天产业全产业链，志在打造集海上发射、星箭制造、高端配套、空天信息服务、航天文旅为一体的百亿级商业航天产业集群，并通过政府主导设立航天产业基金等方式，大力吸引产业链上下游来此聚集。从2019年启动建设到2024年年初，仅仅5年左右，东方航天港已经累计保障十余次海上发射任务，常态化海上发射态势逐步形成，占地34.19平方千米的产业新城已经雏形初现。

东方航天港的建设如火如荼，我国真正意义上的沿海大型商业航天发射场也在抓紧论证和筹备。从浙江宁波到海南文昌，当地政府都在联合各方大力推动，并通过各种渠道积极争取这一名额。在反复论证和多轮博弈之后，中国首个商业航天发射场的桂冠最终花落海南。

作为我国最年轻的航天发射场，海南国际商业航天发射中心的目标是打造"国际一流、市场化运营"的航天发射场系统。2022年7月开工建设的海南国际商业航天发射中心项目，首期占地2000亩，预算总投资40亿元，共规划4个发射工位，包括2个液体火箭工位和2个固体火箭工位，其中一号工位于2023年12月29日顺利竣工，并计划在2024年完成首次火箭发射。

海南国际商业航天发射中心选址文昌，除了有海南岛得天独厚的地理优势考虑之外，还可以借助这里已经在航天发射方面打下的坚实基础。此前，文昌已经建设成了我国首个低纬度滨海发射基地，承担了大型长征五号系列火箭等型号的多次发射任务。新建的商业航天发射场和现有航天发射基地虽然分属两套管理系统、不同运营模式，但有利于就近签合同，共享海港基建、航天测控等部分资源。更重要的是，通过充分发挥航天发射主场优势与海南省自贸港政策优势的叠加效应，可以最大限度地吸引相关要素资源聚集，带动一座产业新城的崛起。

与航天结缘的文昌市乘势而上，目前正在积极制定各项政策举措，围绕"两场三链"①，通过以场带产、以产兴城，加快推动发射区、旅游区、高新区"三区"联动发展，持续推进全域航天城建设，全力打造包括国际发射中心、国家级商业航天创新示范区、国际合作先行区在内的"一中心两区"。一座航天新城蓄势待发。

为了实现打造"世界一流航天发射场"和"世界一流航天科技城"的两大目标，海南省政府围绕文昌国际航天城组建了多个专门

---

① "两场"指军事发射场和商业航天发射场，"三链"指火箭链、卫星链、数据链。

机构。其中一个是文昌国际航天城管理局，由海南省政府直接领导，主要负责文昌国际航天城的规划、协调、开发、运营管理、投资促进、产业发展、制度创新等工作。另一个是海南国际商业航天发射有限公司，由海南省政府、航天科技集团、航天科工集团和中国星网集团共同出资组建，主要负责商业航天发射场项目的投融资建设和运营管理，提供国内外火箭发射服务。

2024年，"向天图强"被作为面向未来打造新质生产力的重要举措写入海南省政府工作报告中，旨在以海南国际商业航天发射中心为依托，吸引更多商业航天头部企业聚集，围绕火箭链并拓展推进卫星链、数据链等"航天+"产业项目落地，打造集发射、研发制造、旅游、国际交流于一体的文昌国际航天城，走出一条具有海南特色的航天产业发展道路。

传统航天时代，航天发射场的建设需要更多考虑保密、安全、地形隐蔽等因素，发射场多建在人烟稀少的内陆地区。大航天时代，航天发射场的规划和建设理念已经发生巨大变化，除了满足多元化、高频次的商业发射需求之外，商业航天发射场本身就可以成为吸附产业要素聚集的一块强大磁石。以商业航天发射场建设带动产业集聚效应形成的产业发展逻辑，正在全球范围内得到广泛的实践认可。

驭箭牧星的商业测控

搭载卫星的火箭一旦离开发射台，测控就成为确保其与地面联系不中断的主要技术保障手段。在航天发射和卫星在轨运行的过程中，航天测控系统主要负责对飞行中的航天器进行跟踪、测量和控制，相当于保障火箭发射回收和卫星安全运行[1]的"风筝线"，是航天

---

[1] 卫星测控通过追踪卫星的位置，接收卫星下行信号，确定卫星工作状态，向卫星上传指令数据，为卫星发射回收、在轨应用起到不可或缺的支撑作用。

产业链上非常重要的一个环节。

目前，国内测控资源主要分为四类。第一类是作为国家航天基础设施的中国航天测控网，负责保障国家基本的航天活动。这一资源涉及国防安全和国家利益，主要由政府和军方直接管理。第二类是隶属于国际组织的测控站，例如中国为海事卫星组织（1999年改革成为国际移动卫星公司）所建的跟踪站。第三类是卫星公司自建的地面站和运控中心，例如中国卫通、航天科工海鹰集团卫星运营事业部、风云卫星、长光卫星等公司分别拥有自建的测运控网，专门服务于自有卫星。

随着商业发射次数和在轨卫星数量日渐增多，传统测控资源已难以满足日益增长的商业测控需求，也并非所有商业航天企业都有实力和必要自建测控系统。第四类测控模式——即由商业化的测控公司投资建设测控网络，以通过向行业客户有偿提供航天测控服务为主要收益模式——随之兴起。

2015年以来，国内已有西安运控、宇航智科、航天驭星、中科天塔、牧星人、天链测控、星邑空间、寰宇卫星、国科华路等十余家商业测控公司相继成立，这些公司的核心团队大多由原体制内专业人员组成，立足于自建站或共享站，基于自主开发的测控系统开展业务，极大程度地降低了测控行业的成本门槛，但也因此出现了较为惨烈的价格战现象。市场竞争除了带来服务价格的断崖式下降，也催生了一系列服务创新。为了走出同质化竞争的怪圈，各家商业测控公司纷纷在提供更专业、更个性化的服务方面做文章，避免被价格战淘汰出局。

随着在轨卫星数量持续增长，商业卫星测控任务的复杂度也日渐提升。尤其是星座建设渐成趋势以来，用户对多星测试测控管理、在轨部组件验证数据分析、测控网资源共享共用、多星任务规划调度、大数据高效储存与分析、数据解码与监视等方面都提出了更高要求。

成立于2018年7月的西安寰宇卫星测控与数据应用有限公司（寰宇卫星），是陕西投资集团下属企业。为了满足新型星座的管理运营要求，寰宇卫星自主开发了一套星座测运控管理平台，具备任务智能规划、数据实时处理、资源自动调度、轨道精密确定、卫星健康诊断等多项创新功能，通过整合全球测运控硬件资源，以及不断优化更新软件，可以为各类卫星提供遥测监测、轨道确定、轨道控制、姿态控制、数据链路等多维度服务。

此外，由于单纯的测控服务收入模式相对单一，各家商业测控公司也需要提前洞察未来客户的深层次需求，基于数据资源积累和数据分析优势，开发更多的增值服务，以此打破发展瓶颈，突破业务天花板。

航天驭星作为国内较早成立的一家商业测控公司，截至2024年6月，已为超过350颗星/箭提供有偿服务，积累了丰富的测运控数据，并初步建成了分布全球的商业卫星地面站网。航天驭星创始人赵磊认为，目前卫星行业存在的一个问题是各家卫星公司的数据相互割裂且碎片化，成为一个个信息孤岛，如果能推动数据融合，将有利于实现更大价值。基于这个判断，航天驭星提出了做"卫星在轨综合管理和数据服务商"的发展愿景，并在宁夏中卫市投资建设"航天云"数据中心，旨在为卫星运营商提供从卫星数据接收到地面传输、存储、分析处理、应用与分发为一体的解决方案，并可以综合多家卫星数据，让卫星运营商更方便地销售卫星数据和服务。

与此同时，航天驭星还瞄准在轨航天器数量剧增带来的新型增量市场，和业内专家合作，成立了专注于空间操作技术的子公司三垣航天，旨在为全球用户提供空间碎片清理（故障航天器离轨）、航天器在轨推进剂加注、航天器在轨维修制造等服务。

随着新一轮星座建设的大幕拉开，商业卫星测控行业也正在迎来一轮前所未有的发展机遇。但是，随着价格战的不可避免和一批领跑企业逐渐站稳脚跟，行业洗牌也正在悄悄进行，一些实力不济和服务掉队的公司随时有被淘汰出局的风险。如何向下提升专业服务能力，向上开拓增量价值并突破业务天花板，将成为未来商业卫星测控行业的竞争关键。

新模式衍生新商机

大航天时代，新的行业发展模式衍生出众多新的商机。围绕着航天发射和卫星在轨运营这一流程链条，不只有测控服务这一门生意可做。

一颗卫星从制造出厂到发射入轨，过程中可能遇到各种各样的风险，与之相关的卫星保险成为近年来发展较快的一项业务。正如新车上路必须购买"交强险"一样，国防科工局也对所有商业发射项目作出了相关规定，要求商业卫星发射必须统一购买卫星第三方责任险，以保障卫星发射过程中可能遭受人身或财产损失的第三方利益。除此之外，例如卫星/火箭发射前保险、卫星发射保险、卫星在轨寿命保险等险种，可以被视为航天"商业险"，由发射单位根据需要自愿选择购买。

在保险公司的类目划分里，航天保险属于特殊风险的一种，具有高保额、高价值和高风险的"三高"特点。由于火箭卫星价值不菲，保险费用往往也十分高昂，例如在中星18号卫星的发射费用中，保险费用高达8500万元人民币，2019年8月中星18号卫星发射失败，15.18亿元人民币的总投资额全部由中国人民保险集团股份有限公司进行赔偿。据英国卫星发射数据机构Seradata统计，2023年全球航天保险领域共收取了约5.57亿美元的保费，但支付了9.95亿美元的保险索赔，导致净损失达到创纪录的4.38亿美元。因此，各家保险公司普遍调整了承保做法，提高了保险费率[①]。

我国的航天保险市场从20世纪80年代开始孕育，伴随着中国航天走出国门的过程。20世纪90年代，由于长征系列火箭连续发射失利，国际再保人普遍不敢承接中国火箭的保险订单，为解决航天保险过分依赖国际市场等问题，1997年，在财政部、央行的组织下，中国平安保险（集团）股份有限公司、中国人民保险集团股份有限公司、中国太平洋保险（集团）股份有限公司等9家财险公司和中国再保险（集团）股份有限公司共同组建，中国航天保险联合体，建立了航天发射保险专项基金，以支持"长征"系列运载火箭发射。我国的航天发射保险业务成为政策性业务。

近年来，随着商业航天市场的兴起，除了航天保险联合体之外，平安产险、太保产险、浙商保险、国元保险、北部湾保险、江泰保险经纪等众多头部和中小保险公司也纷纷涉足航天保险业务。各家保险公司围绕商业航天器的技术环节和风险种类，创新设计了各类保险产品，从航天器的制造、发射，到卫星在轨运行，保险服务几乎可以覆盖航天器全生命周期的各个阶段。根据行业内部估算，2023年我国航天保险市场共计收取约5.9亿元人民币保费，占全球航天保险市场的1/7左右。

---

① 据Seradata统计，2023年年初，猎鹰9号火箭为例，其执行GEO轨道卫星发射任务（含卫星发射后在轨一年期间）的保费率从2023年年初的不足6%增长至2024年年初的近10%，保险成本大幅度上升。年度在轨保险费用的费率也几乎翻倍，从0.6%升至1.2%。

围绕航天发射，也衍生出了航天文旅这一市场前景广阔的新兴行业。在发射场周边和航天产业聚集的城市，以参观火箭发射、体验模拟航天、开展航天科普、组织航天游学等为主要内容的体验式、科普式航天文旅受到热捧，"看火箭"成为近年来的旅游新潮流。

依托航天IP（知识产权）打造的标杆性文旅产业项目，不仅可以有效激活所在城市的淡季旅游市场，也有望带动更多元化的当地消费，为地方经济发展提供新的增长点。甘肃酒泉、四川西昌、山东烟台、海南文昌等主要发射场所在地，都将航天文旅作为当地的特色旅游项目着力打造。

其中，海南文昌在发展规划中，对标世界先进航天城美国奥兰多[①]，提出了"航天+文旅"、"航天+低空"、"航天+育种"、"航天+生物医药"、"航天+国际交流"等未来"航天+"产业发展价值链模型。为此，文昌国际航天城在空间规划中，设计了发射场旅游、航天工业旅游等多条旅游线路；规划了航天智造区、航天农科区、航天康养区等多个航天主题产业区域，并提出要建设"中国唯一国际一流、充满航天科技文化和海岛特色"的航天主题公园、航天博物馆、航天科技馆等项目。

航天IP的辐射带动作用，正在从核心区域延伸到更远的地方。甘肃省武威和金昌两座城市，分别位于从兰州到酒泉的必经之路上，随着近年来航天文化和大西北旅游两大IP同时火热，这两座戈壁沙漠上的城市也在如何将二者融合上脑洞大开。其中，武威市在中国第四大沙漠腾格里沙漠腹地打造了一座集科研观测、天文科普和旅游度假为主题的沙漠特色小镇——"摘星小镇"，自2020年投入运

---

① 在产业逻辑上，奥兰多经历了农业、旅游、航天、商业航天、高新技术、康养的产业历程。

营以来,"摘星小镇"景区已经实现了超过千万元的旅游收入。金昌市则在号称与火星地形地貌特征最为相似的戈壁滩上,通过火星生存场景模拟、实体建筑仿制、科幻造景等手段,投资打造出中国首个火星主题沉浸式实景体验基地——"火星1号基地",2023年"火星1号基地"接待游客超过8万人次,即使到了寒冷的冬季,游客也有机会在这里近距离欣赏难得的"火星"雪景。

除了辐射面越来越广之外,航天文旅产业催生的产品形态也日益多元化。据《中国经济周刊》等媒体报道,近十年来,航天文旅产业呈快速发展之势,尤其是从2016年开始,投资规模逐年提高。项目投资所涉类型丰富,包括但不限于军事、科创、科普、科幻、智慧、科技、文化等题材。

伴随中国航天产业的蓬勃发展,各行各业和社会公众对航天活动的关注度、参与度不断提升。与此同时,更加市场化的环境也让产业创造力全面激活。除了已经形成的航天保险、航天文旅等新业态,航天新模式带来的新商机,正在影视娱乐、生命科学、STEM教育、农业育种、企业营销、网红经济,甚至婚庆殡葬等众多行业领域迸发火花,新的创意和价值不断涌现。越来越多的人和资本参与到这场富有想象力的盛宴中,通往新市场的大门正在一扇又一扇地被打开。

二、资本助推新航天

2014年11月16日,《国务院关于创新重点领域投融资机制鼓励社会投资的指导意见》(国发〔2014〕60号)正式发布。其中第24条明确指出:鼓励民间资本参与国家民用空间基础设施建设。鼓励民间资本研制、发射和运营商业遥感卫星。引导民间资本参与卫星导航地面应用系统建设。

国内众多风险投资机构的合伙人第一时间转发了这条消息，并进行了兴致高昂的评价。这条新规意味着，民间资本和民营企业首次被国家允许研制火箭和卫星等飞出大气层的航天器，中国商业航天的新纪元即将开启。

在此之前，马斯克的SpaceX已经通过广泛吸引风险投资的方式，成功研制发射了猎鹰9号火箭，并完成了可回收火箭的多次试飞，在全世界范围内引发了巨大关注。除了SpaceX之外，蓝色起源、火箭实验室、OneWeb等一众美国航天新势力的纷纷崛起，让众人看到，私营企业也可以将商业航天搞得有声有色，并为企业创造巨大的资本市场估值。

另一边，NASA等机构的改革也吸引了我国国内专家研究讨论。通过主动让渡部分技术和订单，吸引社会资本参与航天技术开发，不仅可以有效降低国家负担，也有利于引入竞争，联合更广泛的社会力量共同创新。

事实上，国家主动拆除围墙，"邀请"社会资本投资航天，并不仅仅是受到"美国模式"和大国竞争的影响，也是因为我国航天体系历经半个多世纪的发展，已经走到了不得不变的十字路口，航天领域逐步向社会资本开放，成为实践证明之后的必然选择。

从国家投入到市场投入

和欧美国家一样，我国航天事业发展的早期阶段，同样是由国家倾力投入，以保障完成重大任务为导向。

进入新世纪以来，随着我国国家财政实力日益壮大，有关部门也加大了对国防科技工业领域的固定资产投资力度。作为我国军工能力的重要组成部分，航天院所在保障重点任务完成的前提下，也越来越重视夯实提升核心能力，通过型号研保、系统研发平台、关键基础产品、重大试验设施等多条渠道开展了大量的能力建设布局，建设模式逐步过渡到"任务保障"和"任务能力"相结合的阶段。

这一阶段，航天院所等军工单位为了推动自身发展与建设，纷纷向国家申请投资，也因此出现了一些新的问题，例如部分单位为了多争取国家投资，盲目"撑盘子"、扩规模、搞形式主义等，而对于建设项目投资能否提高综合效益与激活发展动力等方面缺乏重视。由于体系能力建设不均衡，这些单位在面向新领域、新空间、新技术方面缺乏后劲。

在此形势下，打破单位界限，优化资源配置，进一步突出核心领域和核心能力，打造"体系效能型"的能力建设模式，成为发展和改革的迫切需要。2017年9月，中央军民融合发展委员会全体会议审议通过的《国防科技工业"十三五"规划发展纲要》中明确提出："'十三五'期间要把转变建设模式作为国防科技工业供给侧结构性改革的重要举措，以推动能力建设模式由任务能力型向体系效能型转变。"[1]

体系效能型的军工能力建设模式，是指在立足国民经济的基础上，着力解决过去条件建设中重规模、轻结构，重型号、轻体系，重功能、轻效率等问题，更加关注投资效益效能，强调整体性、协调性、聚焦重点、灵活反应，推动军工能力协同发展，实现能力建设的系统化、集约化、社会化发展。

随着军工能力建设从任务能力型全面转向体系效能型，国家财

---

[1] 袁胜华、宋海丰、任民、李鹏：《关于体系效能型军工能力建设的探索和思考》，《航天工业管理》2020年第2期。

政投资在其中扮演的角色，也从"保重大型号任务"，逐步过渡到"聚焦关键领域和重点环节，牵引体系发展"。在这个转变过程中，伴随着科技发展的日新月异，创新环节越来越多，国拨资金需要用到的领域明显扩大，难免会有顾及不到之处，因此出现了大量投资的真空地带。

根据这个逻辑，通过有序开放原来封闭的国防科技工业体系，广泛吸引社会资本参与投资，以填补国拨资金投资的真空地带，成为新时期深化体制机制改革、探索新发展模式的必然选择。

航天系统由于长期承担国家战略性任务，并实行特殊的科研生产联合体经营模式，也因此被称为"计划经济最后一块堡垒"。两大航天集团一直是"大院所、小公司"模式，下属科研院所都是事业单位，在十大军工集团中资产证券化程度位列倒数。此外，由于传统航天体系的高度封闭，民营企业基本只能参与一些外围的配套，社会资本能投资的航天项目也十分有限。

商业航天政策破冰，让市场化的民间资本在航天领域的参与面大幅度扩大，不仅可以直接投资从事空间飞行器总体研制的民营企业，也可以更进一步参与航天集团的优质资产混改。除了对财政投资形成有效补充之外，通过社会资本积极发挥加速器、催化剂、润滑油作用，还可进一步打破藩篱，激励和鞭策各主体按市场规则办事，有效降低工程成本、促进体制改革、激活体系效能、加速航天技术创新，推动中国航天产业整体竞争力提升。

国发〔2014〕60号文颁布之后，一批航天领域的重点工程也相继作为试点向社会资本开放。2015年3月12日，国家国防科工局宣布探月工程将向社会资本开放，鼓励社会资本、企业参与嫦娥四号任务。随着近年来商业航天企业竞争力的不断增强，很多以前被认为难以触及的领域，也开始向民营企业和社会资本抛出橄榄枝。2022年4月，在国务院新闻办公室举行的新闻发布会上，中国载人航天工程办公室负责人表示，将积极探索载人航天商业化发展模式，吸收社会力量参与空间站建设和运营维护，不断提升空间站综合效益。

政策鼓励加上项目支持，让商业航天成为中国新一轮硬科技创业浪潮中，率先进入资本和公众视野的"网红"项目，受到了业内顶尖投资机构的热捧。但是当众多机构纷纷入局之后，才发现这个赛道的投资，并不如想象中那么美好。

押注"中国马斯克"

从2015年开始，国内火热十年的移动互联网赛道率先进入寒冬。一大批在TMT（科技、媒体和通信）行业梦碎一地的风险投资机构，开始纷纷将目光转向"硬科技"投资。

此时恰逢政策绿灯亮起，商业航天迅速进入资本视野。在一些投资人眼中，相比枯燥无趣的高端制造、专业细分的材料科学、敏感低调的军工项目，商业航天这一既具备技术含金量，又具备流量关注度的科技题材，天生自带"网红"气质。

2015—2018年，中国商业航天迎来了第一轮投资高峰期。在众多头部机构的带领下，热钱纷纷涌入赛道。尤其在2018年，商业航天领域投融资达到高潮。据不完全统计，当年我国商业航天领域共发生超过60笔融资，融资总金额超过30亿元人民币，至少70家投资机构向不少于30家初创商业航天企业注入资金。其中既有红杉资本、IDG资本、经纬创投［经纬创投（北京）投资管理顾问有限公司］这些移动互联网时代的明星机构，也有中科创星、元航资本、哈工创投（哈尔滨工创创业投资管理有限公司）这类本土技术型投资机构。

在资本助推下，蓝箭航天、零壹空间、银河航天、九天微星、天仪研究院等一批初创商业航天企业也迎来了快速发展。押注"中国的马斯克"，成为当时国内商业航天投资人最为关注的话题之一。在不少投资人看来，中国航天人才、技术储备丰富，如今再加上政策放开、资本入场，资源要素齐备，诞生中国版的 SpaceX 只是时间上的问题。

但是一些率先入局的投资人很快发现，事情可能远比想象中更为复杂。商业航天的科技内核虽然很硬，但也容易"硌牙"。尤其在经历商业火箭公司连续发射失败、互联网星座被国家"统一收编"之后，这些投资者也不得不承认，自己当初对风险的预估可能太过于乐观了。对于技术资金密集、前置研发成本极高的商业航天项目来说，不仅砸进去的大笔资金短期内难见收益，还要同时面临政策环境变化、产品技术不确定性、商业模式风险、市场恶性竞争等来自四面八方的挑战。

进入 2019 年，随着资本寒冬的悄然来临，商业航天在国内投资机构普遍"缺钱"的大环境下，也进入一轮投融资低潮期。面对这条"高技术、高投入、高风险、长周期"的赛道，投资机构的决策变得更加谨慎，纷纷捂紧了钱袋子，对商业航天项目"只看不投"成为不少机构内部不成文的规定。

融资环境急剧变化，也让身处其中的商业航天公司强烈意识到：融资不能再单纯依靠会讲故事。要想从投资机构手中持续拿到钱，还需要将产品技术突破、阶段性目标实现结果、市场开拓能力等硬实力摆在桌面上。资本寒冬叠加三年疫情，正好给国内商业航天企业提供了修炼内功的难得机会。

资本市场渐趋冷静，也让一批真正的价值投资者浮出水面。在国内，随着一连串利好政策出台，星网、垣信等星座计划发布，市场需求端的确定性逐渐增强；与此同时，多家商业火箭公司成功实现入轨发射，让资本对于民营商业航天的信心开始恢复。在国外，SpaceX 频繁通过可回收火箭将"星链"卫星送入轨道，成功将发射价格降到历史新低，并初步跑通商业模式，证明了商业星座计划的可行性。在多重因素刺激下，我国商业航天领域的投融资热度重新升温。

2023 年，成为中国商业航天的重要拐点之年。这一年，我国的民营商业航天企业创下了众多里程碑式的荣誉，各种"首次""最大"的纪录不断被刷新。2023 年，我国一共实施 67 次航天发射任务，研制发射 221 个航天器，均刷新国内最高纪录。其中民营火箭公司发射 13 次，成功率为 92%；从发射任务类型来看，商业发射 24 次，占年度总发射次数的 36%。

行业捷报频传，商业航天领域的融资也迅速回暖。根据未来宇航研究院发布的《2023 中国商业航天产业投资报告》，2023 年我国一级市场中实际发生的融资总额突破 200 亿元，较上一年增加 82%；年度内投融资事件数量为 80 项，其中超过亿元的投融资事件数量达 56 笔，占比 70%。从投资轮次来看，大部分集中在 A 轮至 C 轮，投资额度超过 100 亿元。

更令人振奋的是，从地方政府到国家层面，对商业航天的支持力度也在明显加强。根据统计数据，2023 年我国至少有共计 14 个省市出台约 20 项政策，支持商业航天及相关产业发展。2023 年年底的中央经济工作会议上正式提出，要打造生物制造、商业航天、低空经济等若干战略性新兴产业。2024 年"两会"上，商业航天作为国家提出要积极打造的"新增长引擎"之一，首次被写入政府工作报告。

"火箭大街"和"卫星小镇"

从 2023 年开始，商业航天进入了新一轮投资高峰期。和 2015—2018 年第一轮高峰期明显不同的是，这一次地方政府和国字头产业引导基金逐渐接棒风险投资机构，成为投资商业航天的主角。

地方政府引导基金大量入场，本质上是全国各省市对优质商业航天项目的争夺，希望通过大力发展商业航天，给当地经济带来新动能。在北京、上海、重庆、陕西、湖北等传统航天强市强省，基于原有的产业资源和人才基础，支持商业航天发展当仁不让。一些相对缺乏航天传统的城市，当地政府也通过招商引资，想方设法吸引各类商业航天企业落户，希望通过争取这些航天领域的增量资源，为当地产业经济发展注入"航天元素"。

北京作为我国航天事业的发源地，也是商业航天的策源地和主阵地。在国内商业航天蓬勃发展的过程中，北京凭借丰富的创业资源和就近优势，成为传统航天院所外溢人才的创业首选地。尤其是北京大兴亦庄经济技术开发区（简称"北京亦庄"）吸引企业数量最多，全国 3/4 以上的商业火箭企业选择将总部设立在此。

在上一轮商业航天发展中，北京的商业航天产业更多是自发型集聚。随着航天题材逐渐火热，其他地区纷纷通过更加优惠的土地和税收政策、政府引导基金投资等方法，大力吸引优质商业航天项目落地，到北京"挖企业"的城市一时间络绎不绝。众多总部注册在北京的商业航天企业，也陆续将研发中心、总装工厂等迁往外地。

为了更好地留住这些"火种"企业，北京市提出了深化产业空间布局、做优做强商业航天产业的一揽子行动计划。2024 年 1 月北京市公布的《加快商业航天创新发展行动方案（2024—2028年）》提出，要构建"南箭北星、两核多园、津冀联动"的发展格局，将北京建成具有全球影响力的商业航天创新发展高地。

2024年2月3日，北京商业航天产业高质量发展大会在北京亦庄举办。大会首发"亦庄商业航天十八条"，提出到2028年北京亦庄将形成商业航天500亿级产业集群，再用5年时间，实现"千企联动、千星入轨、千亿营收"的目标。会上同时提出，将搭建企业从创新萌芽状态向参天大树状态发展的全过程金融赋能体系，不断扩容商业航天产业基金规模，提供专属管家服务，从全方位助推商业航天企业做大上市。

在这次大会上，北京亦庄还正式发布了"北京火箭大街共性科研生产基地项目"方案，并以视频形式展示了"空天街区"规划设计，以吸引商业航天全产业链优质项目聚集。根据公布的方案，"北京火箭大街"总建筑规模将达14万平方米，预计2025年年底投入使用。"火箭大街"将设置共性技术平台、高端制造中心、创新研发中心、科技互动展厅四大功能分区[①]。"空天街区"则以"火箭大街"为支点，立足于推动现代产城融合，打造完善的配套功能，着力服务好园区从业者、周边居民和游客。

"北京火箭大街"可以看作各地大力发展商业航天、建设产业园区的一个缩影。事实上，从国家支持鼓励发展商业航天以来，形形色色的"火箭街区"和"卫星小镇"就在全国遍地开花。全国一大半的省份和直辖市，几乎都规划有各种各样的航天产业基地、卫星

---

① 根据规划方案，共性技术平台可为商业航天企业提供十余项试验及共享制造服务；科技互动展厅将建设模拟航天测发中心，实时接收火箭发射场数据，远程观摩火箭发射，并设置航天科技体验中心。

产业园、空天动力、空天信息小镇等。这中间不乏一些高水平规划且地方特色鲜明的产业项目，当然也有不少滥竽充数甚至挂羊头卖狗肉的项目混杂其中。

在一些下了大决心发展商业航天的城市，例如陕西铜川、江苏无锡、广东广州、湖北武汉等地，当地政府不仅投资规划产业园区，还积极编制规划、出台专项政策，并通过发挥产业基金、企业债券等金融工具的作用，大力吸引商业航天企业落户。一本规划、一套政策、一片园区、一只基金，几乎成为各地政府吸引优质项目落地的标准套餐。

重庆作为我国中西部地区唯一的直辖市，提出了要以系统思维破题商业航天发展、应对行业挑战的发展思路。近年来，重庆将两江新区等作为主要聚集地，围绕空天信息产业逐渐下出了一盘大棋，打出了一套"组合拳"式的创新。2023年11月，在重庆举办的首届明月湖空天信息产业国际生态活动上，空天信息产业国际生态联盟、国内首个空天信息产业共同体、重庆市空天信息应用场景发布等多个创新行动集中发起，并宣布成立国内首个空天信息产业基金群，总规模1000亿元。发起基金背后的阵容既包含国家产业投资基金、重庆渝富控股集团、航天投资控股、重庆市数字经济产业投资基金、北斗产业基金等政府资本，也包含联通中金基金、金石投资、达晨财智、金沙江弘禹资本、元航资本等社会资本。2024年3月21日，《重庆市以卫星互联网为引领的空天信息产业高质量发展行动计划》正式发布，明确提出，到2027年全市要形成核心产值500亿元规模的空天信息产业集群。

据不完全统计，截至2024年上半年，全国累计已有30多个省份、超过百市出台商业航天相关扶持计划，规划大小园区上百个，各省（市、自治区）落地和规划引导资金总额超过3500亿元。

从行业发展阶段来看，当前国内商业航天仍然处于早期，优质项目属于稀缺资源。地方政府大力支持和保驾护航固然是好事，但是也容易出现一些问题，例如各地一哄而上开建航天产业园，组建产业基金，容易导致资源分散和重复建设，拉长行业战线，加剧这一领域的同质化竞争。如何科学决策、因地制宜发展新质生产力，避免出现21世纪初北斗产业园大量烂尾的教训，成为地方政府在产业规划和招商引资过程中更需要重点思考的问题。

"长钱"携手，价值接力

商业航天赛道"三高一长"（高技术、高投入、高风险，长周期）的特性，无形中抬高了投资门槛，也让不少追求短、频、快的民间资本望而却步。不少投资机构在研究和分析商业航天标的的时候，都喜欢拿SpaceX作对比。一些自媒体也喜欢反复炒作一个话题："我们还有多久能追上SpaceX？"

一个客观事实是，SpaceX已经成立22年，并且长期处于亏损状态。中国商业航天公司的注册时间普遍只有6—8年。从融资规模来看，目前国内30余家主要商业火箭和商业卫星公司融资总额全部加起来，也远不及SpaceX一家融的钱多。[1]

基于这个事实来看，讨论中国商业航天企业和SpaceX的差距，就相当于将一群刚上一年级的小学生，和一个已经毕业实习的大学生放在一起比较。虽然近年来中国商业航天尤其是民营商业航天企业快速发展，取得了一系列骄人的成绩，但是我们也应该看到，国

---

[1] 根据美国投资数据公司Crunchbase统计，截至2024年4月，SpaceX已经累计融资35轮，融资总额高达98亿美元。国内商业航天方面，根据钛禾智库截至同期的统计数据，30余家主要商业火箭和商业卫星公司的实际融资总额为510亿元人民币左右。

内商业航天市场才刚刚开始孕育，无论从政策、资金、资源支持方面，还是从创业环境营造和创新生态培育方面，都还有众多做得不够好的地方。中国企业想要追赶SpaceX，绝不单单取决于某家企业的努力，而是需要借助各方面力量的支撑，推动整个行业的进步。

市场经济下，无论是各类风险投资机构还是政府引导基金，都有自己的一套业务运行逻辑。对于需要融资的企业来说，尊重并理解资本的要求，适当作出一些步伐上的调整，也是必须经历和适应的一个磨合过程。但是其中也存在分寸把握的问题，一些企业为了迎合资本喜好急功近利，甚至不惜做一些违反科学规律的事情，最终也难以实现可持续发展。

资本市场也需要根据产业发展实际情况作出改变。投资机构蹭热点、追风口本无可厚非，但是当大量存续期短、专业性差的市场化资本进入商业航天领域，也容易带入一些"歪风邪气"，助长行业无序竞争。

对于地方政府来说，通过健全多层次的资本市场体系，正确发挥引导基金的作用，吸引更多的社会资本以正常心态、正确姿态参与商业航天项目的投资和服务，并维护好公平竞争的市场秩序，比亲自下场争夺资源、投资项目更加重要。

从2023年下半年开始，国内商业航天迎来了一批新的投资人。在部分民营商业航天企业的投资者名单上，悄悄出现了国家级引导基金的身影。这在前两年几乎是一件难以想象的事情。

在某国字头产业投资基金的内部，对民营商业航天企业的接触早在五年前就开始进行，但每当推动立项时却频频遇阻，原因是民营企业不确定性较强，且近年来估值被"炒"得偏高，在行业普遍未形成稳定收入的阶段，投委会从确保国有资产安全性的角度考虑，更倾向于投那些有国资"兜底"的航天院所混改项目。

随着民营商业航天企业在市场上不断证明自己的能力，加上国家层面对发展商业航天越来越重视，基金管理层的态度也开始逐渐发生改变。最终在 2023 年年底的一场投决会上，在厚达数百页论证材料的支撑下，投委会以高票通过了对几家头部民营商业航天企业的投资方案。

与此同时，近年来业内对组建国家级商业航天引导基金，助力行业更加有序发展的呼声从未间断。从必要性来看，成立国家级商业航天引导基金，确实可以克服一些地方引导基金和市场化资本在投资过程中容易出现的盲目性、片面性问题，在产业发展的关键环节扮演"定海神针""投资风向标"等角色；同时还有利于在企业发展和资本逐利两类价值目标之间设置缓冲地带，降低民间投资的风险，起到"风险缓冲器"的作用。

2024 年 4 月 30 日，中共中央政治局召开会议，分析研究当前经济形势和经济工作。会议强调，"要积极发展风险投资，壮大耐心资本"。这是"耐心资本"一词首次在中央政治局会议上被提及。顾名思义，"耐心资本"是指长期投资资本，不是仅关注企业的短期收益状况，而是着眼长远，综合考虑企业技术创新、领先优势、商业模式等非财务指标，以对企业发展潜力和远期收益夯实信心，为发展新质生产力提供源源不断的资金活水。

从发展特点来看，商业航天是一场长期价值的接力赛，需要一批具备较强专业度且具有足够投资耐心的"长钱"携手，并接力跑完全程。对于逐浪变革的商业航天企业来说，资本助推固然重要，但也不是万能药。企业发展只能一步一个脚印，自身能力提升才是关键，唯有锲而不舍地创新和持之以恒地努力，才能驶向更远的未来。

三、按下成果转化加速键

在全球范围的航天改革浪潮中，如何推动更多的航天技术成果实现转化到民用领域大放异彩，一直是各航天强国的重点探索方向。

20 世纪 60 年代末，美国在经济和科技发展方面遇到了双重瓶颈，面临被日本等后起国家赶超的压力，美国国内政界对自身国际竞争力下降的担忧日益高涨。人们纷纷质疑：为什么我们造出了人类最大的火箭，实现了载人登月，却在很多技术创新和民用工业发展方面比不上一个战后重建国？

为此，美国联邦政府对其所持有的专利实用化情况开展了一项调查，调查结果令人大跌眼镜：尽管联邦政府负担了大约 80% 的基础研究费用，但实际上对于研究成果的专利许可以及实用化比例却在 4% 以下。例如，NASA 于 1978 年之前的 31357 件发明中，NASA 官方虽然拥有了其中 30103 件的所有权，但实用化率只有不到 1%。而研究人员自己拥有的科研成果虽然只有 1254 件，实用化率却高达近 20%。

围绕这一事实，美国国会就如何更好地处理这些研究成果开展了广泛讨论。各方纷纷呼吁，希望进一步破除所有权对成果转化形成的障碍，给科研人员松绑。在此背景下，1980 年，由参议员博区·拜（Birch Bayh）和罗伯特·杜尔（Robert Dole）联合提交的提案被美国国会通过，这就是大名鼎鼎的《拜杜法案》[①]。

《拜杜法案》的诞生，为美国政府、科研机构、产业界三方合作，共同致力于政府资助研发成果的商业化运用提供了有效的制度激励，

---

① 《拜杜法案》的核心内容可以用一句话概括：允许大学、非营利法人、中小企业也可以享有联邦政府资助的科研成果知识产权，并将获得的知识产权许可给其他机构。

由此加快了技术创新成果产业化的步伐，被英国《经济学家》杂志评价为"美国国会在过去半个世纪中通过的最具鼓舞力的法案"。

与此同时，NASA 等联邦机构也在着力建设推动技术成果转化的长效机制。①20 世纪 60 年代至 21 世纪初这段时间里，NASA 主要通过科学知识传播、无正式协议合作研发、联合开展项目试验、发布技术应用指南等非正式方式实现航天技术转移。2011 年 10 月，美国时任总统奥巴马签署了题为《加速联邦研究成果技术转移和商业化，为企业高增长提供支持》的总统备忘录。在此框架下，NASA 开始强调规范化的技术转移模式，包括建立分支机构技术转移流程、技术转移年度工作计划和过程考核关键点等。此外，NASA 还在联邦 SBIR/STTR 等机制②下向中小企业转移技术，均取得了较好的社会经济效益，至今已推动超过 2000 项技术成功实现转化。

在我国，近年来随着创新驱动发展战略的深入实施，科技成果转化应用也日益受到各级政府部门及社会各界的广泛关注。尤其是党的二十大以来，习近平总书记在考察雄安、苏州、四川等地时，多次强调要"在推进科技创新和科技成果转化上同时发力""加速科技成果向现实生产力转化"。其中航天科技成果作为国防科技成果的重要组成部分，兼具战略价值、经济价值和社会价值，如何进一步完善和健全成果转化机制，破除制约转化的梗阻因素，打通航天科技成果向民用领域转化应用的"最后一公里"，成为新时期系统推进

---

① NASA 从 1964 年开始着手建立"技术转让计划"。1973 年，NASA 发表了一份《技术应用计划报告》，并于三年后正式更名为 Spinoff，每年选取约 50 项技术编入报告向公众发布，成为 NASA "技术转让计划"的特色之一。

② 美国从 1982 年开始实行小企业创新研究计划（简称 SBIR），从 1992 年开始实行小企业技术转移计划（简称 STTR），均是从政府机构每年的研究预算中拨出一定比例来资助小企业的科技创新与技术转移。

国家创新体系建设的重要命题。

"不务正业"的航天人

科技成果转化的过程，本质上是一个科技供给与市场需求对接的过程。科技供给主体根据市场实际需要，通过改进发展原有技术成果，创造出符合市场需求的新技术、新产品，市场自然会为科技成果提供转移转化和价值变现的渠道。

长期以来，航天领域在实施国家重大专项工程和完成装备科研生产任务过程中，形成了大批标志性科技成果，然而这些成果如果不能对接到更广阔的应用市场，也就只能封闭在一个狭小的空间里循环。因此，找到足够大的"有效市场"，是推动航天科技成果迈出顺利转化步伐的第一步。

然而，对于习惯了隐姓埋名、自力更生的老一辈航天人来说，让他们放下"铁饭碗"，到外面的世界去找市场，中间的曲折过程可想而知。

改革开放初期，我国全国工作重心向经济建设转移，军工领域的财政对拨款急剧减少。在"军民结合，平战结合，军品优先，以民养军"十六字方针的指导下，一批军工单位也不得不集体下海"搞副业"，通过发展民用产品，解决生存问题。

尤其在一些"三线"建设基地，科研生产任务锐减，职工基本工资发放都成了问题。在单位领导的带领下，工人们利用闲置生产设备搞出了各种各样的产品，从面包车、电视机、电冰箱到洗衣机、电风扇，从沙发、缝纫机到梅花扳手、绞肉机，各种"航天造"的民用产品纷纷进入市场。

总体而言，这一时期的航天科技成果转化还是处于一种"随汤就面"的状态。系统内部以院（基地）、所（厂）为单位各自为战，只要市场有需求，车间又能做，不需要进行深入的市场调研就能开干。产品方面也不挑拣，只要是能赚钱的东西，拾到篮子里都是菜。

好在当时国内物资短缺，商品紧俏，生产出来的东西只要质量还说得过去，就基本不愁卖。一大批单位通过"不务正业"，不仅养活了广大职工，极大缓解了生产设备闲置和人员过剩的矛盾，甚至有些单位还因此发了一笔小财。

随着市场经济的进一步发展，大量进口商品被引进国内，市场竞争也变得越来越激烈。到20世纪80年代中后期，一些质次价高、缺乏竞争力的产品陆续被市场淘汰出局。越来越多的人意识到，这种粗放式发展不是长久之计。要想赢得长远发展，还是需要结合航天技术所长，瞄准长期市场需求开发一些科技含量更高的产品。于是，一些更高水平的技术人员开始涉足民用产品的开发和生产，机电一体化产品、工业过程控制产品、计算机及其应用类产品、石化系统的特殊泵阀管产品、系统总成类产品、民用航天地面应用类产品等逐步萌生和面世。[1]

20世纪90年代，国内物资市场开始逐渐出现供大于求的局面。一大批民用产品在残酷的市场竞争中被淘汰，一些摊子铺得太大的单位也出现严重亏损。此时航天系统更加意识到，必须联合起来求发展，集中优势力量开发民用支柱产品、优势产品、拳头产品，走高技术附加值和规模经济的发展道路。1993年6月，新成立的航天工业总公司提出了"发展航天、加强民品、提高效益、走向世界"的发展方针，确立了发展和确保主业，带动民品与三产发展的指导原则。1999年7月1日，包括航天工业总公司在内的五大军工总公

---

[1] 谭邦治：《对航天军转民军民结合的回顾与思考（上）》，《航天技术与民品》2000年第3期，第1—3页。

司正式一分为二，进一步实现政企分开。新成立的中国航天科技集团公司和中国航天机电集团公司（2001年更名为中国航天科工集团公司）在聚焦主业的前提下，分别梳理和整合资源，对旗下民品业务进行了大刀阔斧的改革。

进入新世纪以来，航天系统继续以市场为牵引，以产品为龙头，依靠技术进步大力发展航天民品，并取得了一系列可观成效。一方面，两大航天集团分别围绕核心能力，加快将成熟的航天技术产品向民用领域转化，例如大力推动将卫星通信、卫星导航、气象观测等卫星应用民用化，将军事武器技术用于民用火箭制造等；另一方面，各专业院所也纷纷成立民品事业部或子公司，推动各类共性技术的持续开发和民用产品化，例如将航天技术中的自动化和智能化技术应用于工业生产线，将高精度加工和测量技术应用于工业制造，帮助工业领域不断提高产品质量和生产效率。此外，航天领域的一些前沿技术，如高温超导、纳米材料等新材料研发，太阳能电池等新能源技术也通过军民融合的方式得到了进一步开发和转化。

从这个过程可以看出，航天科技成果的民用转化和商业航天的孕育发展，原本就是一个相辅相成的过程。没有市场需求作为前提，科技成果也就没有价值变现的通路；没有市场化的资源配置方式作为保障，成果转化的渠道也就难以顺畅。随着我国产业融合发展驶入快车道，国防科技工业改革不断深化，束缚成果转化的"绳子"被一条条剪断，航天技术在太空经济的广阔市场里，有了更大的转化动力和更多的转化机会。

剪断"粗绳子"和"细绳子"

实践证明，只有不断加强创新投入，打破限制转化的条条框框，成果转化的"源头活水"才会供给充沛；只有全面与需求市场接轨，改革知识产权归属和权益分配机制，成果转化的路径才会越来越通畅。

航天科技成果和普通科技成果的一大主要区别在于，航天科技成果属于国防科技成果的一部分，以前我国民口的科技成果转化规定并不完全适用于国防科技领域。我国国防专利制度"重定密、轻解密"的特点，一定程度上限制了这类技术成果的转化，许多优秀国防专利技术长期"沉睡"在保密柜中。总体来看，这一领域的技术成果转化呈现解密率低、转化率低、成功率低、市场化率低的"四低"状态。造成这一状况的原因，可以归结于"四不"——不能转、不敢转、不愿转、不会转。

其中，"不能转"和"不敢转"主要是受法律限制。按照原来的国防法规定，国防科技成果主要是服务于强军目标，如果向社会转化，必须经过国务院、中央军委的特殊审批。[①]"不愿转"主要是由各种资产管理制度不完善，转化激励政策难落实，成果完成单位和完成人转化动力不足，且担心国有资产流失等问题而导致的。"不会转"则是因为成果转化主体的市场化能力较弱，且市场上缺乏此类专业服务机构。

自从军民融合发展上升为国家战略以来，为了破解成果转化的"四不"难题，扭转"四低"局面，中央军委装备发展部、国防科工局等相关部门做了大量工作。从 2015 年开始，中央军委装备发展部国防知识产权局组织千余家国防专利权人单位，分多批对已授权国防专利逐项开展密集审核工作，使得国防专利得以大批量集中解密。

---

① 我国于 1997 年出台《国防法》，其中第三十九条规定："未经国务院、中央军事委员会或者国务院、中央军事委员会授权的机构批准，国防资产的占有、使用单位不得改变国防资产用于国防的目的。"

数千条解密的国防专利信息通过加工后在全军武器装备采购信息网发布。

为了彻底消除导致"不能转""不敢转"的法律障碍，在历时多年的推动下，2020年12月26日第十三届全国人大常委会审议通过了新修订的《中华人民共和国国防法》。新版《国防法》第四十二条指出"国防资产中的技术成果，在坚持国防优先、确保安全的前提下，可以根据国家有关规定用于其他用途"。这就意味着，国防科技成果除了为军事服务以外，也可以按照有关规定开放为社会服务。

随着《国防法》的适应性修改，长期以来束缚国防科技成果转化的"粗绳子"被基本剪断，但绑住科研人员手脚的"细绳子"仍还有不少。在此背景下，国家有关部门加紧了对相关政策的研究制定，出台了一系列促进国防科技成果转化的指导意见和行动方案，有效弥补了政策方面的缺漏。

2021年5月，国防科工局联合财政部、国务院国资委印发《促进国防工业科技成果民用转化的实施意见》，通过赋予转化权益、给予奖励激励、落实延迟纳税、引入尽职原则、建立免责机制、推动成果解密等多方面举措[①]，对此前造成"不愿转"的若干核心问题进行了一揽子解决。

---

① 根据国防科工局相关负责人在"第六届中国制造强国论坛"上的介绍，此次政策主要解决六大核心问题：一是把国防成果的所有权、使用权、处置权、收益权进行分离，所有权归国家，但是使用权、处置权、收益权为法人单位所有，法人单位有自主权。二是成果转化处置后扣除国家投入以及企业自筹的研发投入和交易的中介费用后，形成的净收入全部归本法人单位所有，且奖励给相关的科技人员团队比例不低于50%，由本法人单位实践具体化。三是原来军工集团工资总额是要考核的，新意见明确同意，科技成果转化不占国有单位、国有企业的工资总额。四是落实延迟纳税，相关专家、人员以科技成果占股暂时可以计税不交税，什么时候有收益和分红了再进行纳税。五是建立免责机制，只要是按照评估、公开挂牌等合规方式进行交易，在本法人单位进行公示，"不能秋后算账"，以消除军工企业领导、法人单位推动军转民工作造成国有资产流失担忧。六是要求保密部门推动国防科技成果解密降密，把解密后的成果拿到市场。

根据一些业内人士分析，这是继 2017 年国防科工局启动首批 41 家军工科研院所转制工作以来最重要的行业政策之一。军工科研院所企业化转制是军工改革的重要前提，有助于下一步资产证券化推进。2017 年 7 月，国防科工局虽然发布了 41 家国防科研院所改制的试点名单，但在此后近四年里，并未看到上述院所改制或相关上市公司在资本运作方面的明显进展，试点一度陷于停滞，主要缘于上述核心政策的缺失。

新政策的实施大面积填补了这些漏洞。虽然全面落地见效仍然需要时间，但是无疑调动了广大科研人员的积极性，引发了各界的强烈反响。社会资本也对此保持高度乐观，一些分析师认为，新政策将至少给资本市场带来三重影响：一是部分国防科技成果的市场价值变现将加速，脱胎自体系内的混改公司可能会批量化出现；二是军工科研院所的改制注入、IPO 等形式的资产证券化将显著加快；三是可能出现类似 20 世纪 80—90 年代美国国防科技转化为民用技术、孵化出一批国家支柱性科技产业的机遇。

站在商业航天产业的发展角度来看，新政策的出台，有望进一步解除体制内航天技术向市场化公司转移过程中的各种束缚，让更多企业通过合法合规的途径获取这些技术。这对于正在探索中前进的中国商业航天企业，尤其是一些初创期的民营企业来说，无疑是一个巨大的利好。

打通"最后一公里"

随着限制成果转化的"粗绳子"和"细绳子"被逐一剪断，"不能转""不敢转""不愿转"的问题陆续得到了有效解决。而要打通"最后一公里"，按下航天科技成果向民用领域转化应用的加速键，关键是要解决"不会转"的问题。

事实上，之所以出现"不会转"的现象，归根结底还是由航天体制内外客观存在的理念差异所造成的。长期以来，航天系统一直承担国家战略意义层面的科研任务，"为国争光"基本就是众多老一辈航天人的价值烙印。而成果转化则被一些人认为是"与民争利"，除了能在困难时期为单位多创造点收入，并不值得花大力气去干。这就导致部分航天院所轻视知识产权转化与保护，对完成国家重大专项工程和装备科研生产任务过程中掌握的先进技术，很少考虑产业化和商业化的问题，科技成果转化具有很大的被动性和随意性。

针对航天院所等军工单位普遍存在的认识问题，早在1982年，国务院就曾召开常务会议，指出军工企业搞技术转化、民品生产，不是为了找饭吃，是要为国民经济服务，并特别强调这不是权宜之计，而是长期方针。[1]

但即使国家提出了相关要求，一线单位对技术民用化的热情依然不高。尤其是进入新世纪以来，国家科技重大专项资金和国防预算连年增长，一些任务饱和的主力院所对其他工作更是无暇顾及。开展成果转化过程中，"上热中温下凉"的情况普遍存在。

理念上存在的差异，还体现在具体的技术和产品开发过程中。不少科研人员习惯了尖端产品不计成本、"命题作文"式的开发方式，对极其注重市场定位、注重成本核算的民品开发短期内难以适应。一些长期在科研院所环境中成长起来的管理人员，突然被要求切换到民品市场充分竞争和现代企业管理的思维模式下，同样容易出现水土不服。

此外，由于国防科技成果转化的特殊性，市场上也一直缺少相

---

[1]《为国民经济建设服务是新时期国防工业的主要任务——国防科工委谢光副主任谈军转民问题》，《船艇》1986年第6期，第1—2页。

应的专业服务机构。尤其在长期封闭的航天技术领域，专业的成果转化服务能力缺位，也成为导致大量优质科技成果"不会转"的重要原因。

"最后一公里"距离看似不长，但实际上是整个科技成果转化服务过程中最难开展的一部分。通过近年来其他民口科技成果转化所积累的经验，也让一些主管领导意识到，推进国防科技成果转化及产业化服务是一项系统工程，必须充分发挥有为政府和有效市场合力。一方面，由政府主导搭建平台，重点解决成果供需双方在市场"牵手"的问题；另一方面，充分调动地方政府的积极性，为各方主体开展成果转化提供最优政策支持；同时，鼓励社会资本参与，汇聚全社会资源支持国防科技成果转化，让成果找得到市场、市场寻得到成果，并且让参与其中的科技工作者有合理获得。

为了重点解决"不会转"问题，突破国防科技成果转化"最后一公里"难题，近年来，国防科工局牵头建立了成果转化的协调推进机制，设立了全国先进技术成果转化中心，并规划了若干省/区域转化中心。这个类似于"连锁超市"模式的成果转化中心，目前已在苏州、成都、西安等城市分别落地或筹建，主要承接统筹区域技术成果需求，重点转化符合当地产业发展定位的国防科技成果。

2021年7月，国防科工局与苏州市政府签订协议，共建全国先进技术成果长三角转化中心，这也是全国首个先进技术成果区域转化中心。长三角转化中心落成以来，通过建设孵化基地、成立投资平台、提供线上线下服务、举办成果交易大会等方式，持续推动了一批国防科技成果转化项目落地，并打造了由成果供给侧、技术需求侧、政策支持侧、服务支撑侧组成的先进技术成果转化生态系统。其中仅2023年一年，长三角转化中心面向军工科研生产单位挖掘的技术成果就达 5119 项，剖析获取企业技术需求 510 项，推动落地项目 104 个[①]。

除了面向全国范围和重点区域、服务所有军工单位的"大平台"之外，航天系统内部也在分别搭建自己的成果转化和双创服务"小平台"，并通过一系列机制改革措施，全力破解成果转化具体操作过程中遇到的诸如科技成果早期估值难、无形资产作价入股难、科技成果权属分离难、创客团队出资难、内部量化确权难、奖励及时发放难、成本精准核算难等难题。

以航天科工集团为例，近年来通过积极推动内部"双创"、支持外部"双创"，构建了"体系与大系统主体创新+专业技术多维度双创"的科技创新体系，形成了"三期三池"的内部双创推进模式[②]，即按照项目"培育期、孵化期和加速期"分别进入"创意池、种子池和产品池"，针对不同阶段提供不同的政策、资金与其他资源支持。同时，航天科工集团还鼓励旗下院所作为探索主体，率先开展高价值科技成果量化激励模式、国有资产创新创业实施路径等方面的探索，并调动院所内专家资源组成成果转化专业辅导团队，为成果转化团队提供政策解答、技术咨询、概念验证、中试、检验检测、投资融资、产业对接等系统性的服务。

在各方的努力下，如今航天领域的技术成果转化正在进入前所未有的加速期，并形成大院大所向地方辐射发展，地方政府与央企集团、社会资本合力投入，优势民营企业参与专业化投资等新发展

[①] 《2024 年先进技术成果长三角转化中心工作报告》，https://mp.weixin.qq.com/s/250aCDbxHxsAoTEx5i4L0A/

[②] 中国航天科工集团公司：《构建价值共享的科技成果转化生态圈，探索国有科技成果转化新路径》，《全国双创示范基地创新创业百佳案例》，社会科学文献出版社 2019 年版，第 183—187 页。

格局。航天作为高度复杂化的先进技术集合体，加快推动航天领域等国防科技成果转移转化，既能确保航天科技创新的可持续，也有利于为我国新时期经济社会发展提供强劲的新动能，为营造良好的创新生态注入新活力。

07

超越追赶：重塑的创新生态与价值网络

一、从"航天科技"到"航天工业"

过去几十年，航天在中国一直被加上"科技"的后缀。从"两弹一星"到"载人航天"，再到"探月""探火"，航天领域涌现出的大量先进技术和优秀人才，推动着中国科技事业的发展和进步。然而随着大航天时代的来临，航天活动逐渐附加了更多商业属性，发展方向由单纯国家意志牵引的科学探索、国防建设、公共服务等目的拓展到太空经济层面，输出物也从科研成果延伸到具备市场竞争力的工业化产品。

商业航天是以市场经济为原则运行的航天产业，营利性为第一目的决定了企业的首要任务不是挑战高精尖，而是将成熟技术转化为商业效益。和站在废墟上创业、依靠苏联援助起步的新中国航天事业相比，当前，我国商业航天发展已有数十年积累的航天技术作为支撑，并拥有强大的工业基础作为后盾。航天的商业化，必然要求用工业管理的思维来寻求最优解决方案，例如控制成本、提升效率、优化组织、加强创新等。从"航天科技"到"航天工业"概念转变的背后，既是目标变化的现实要求，也深刻反映出产业体系的进步与革新。

从"全程买单"到"服务采购"

传统航天任务更加注重探索具有战略价值的新技术，一般依靠国家计划拨款给予经济保障，任务也基本分配给指定的科研生产单位，即使存在竞争也是在有限的几个兄弟单位之间。加之传统航天的客户基本都是政府或军方部门，从立项到项目完成通常采取"大包大揽"的支付方式，相当于国家对从科研立项、产品研制到采购的整个过程"全程买单"。

这种"全程买单"的资助方式和长期以来"保成功"的任务要求，也带来了研发单位资金使用效率低下、存在大量冗余设计和重复试验、研制周期过长、非市场机制的价格垄断等诸多问题，使传统航天在大量领域不可避免地陷入高成本怪圈。

高成本可以算得上各大航天强国普遍存在的"通病"。传统航天时代，中美等国在航天领域均普遍采用"成本加成"的定价机制。由于航天事业发展早期，军方部门是采购航天技术和产品的主要单位，我国航天产品型号也一直延续传统军品任务的管理模式，在 2013 年之前，主要采用"定价成本加 5% 固定利润率"的定价模式，其中定价成本的主要依据是军品生产的计划成本。[①] 这种模式在成

---

① 新中国成立以来，我国军品定价机制可大致分为无偿调拨（1949—1953 年）、实际成本加成（1953—1956 年）、计划成本加成（1956—1978 年）、多种定价方式并存（1978—2013 年）、大力推行目标价格管理机制（2013— ）5 个阶段。"成本加成"始终是大型武器装备整机/总体类产品的主要定价方式，但该"成本"的含义一直在发生变化，从最初的"实际成本"，到军方审价的"计划成本"，演变为目前军方论证的"装备购置目标价格"，"加成"在原来固定 5% 比例加成的基础上又加入了激励约束利润指标，对军工企业降低成本予以激励。

本合理的前提下，能够确保科研生产单位的基本利润，维持航天和国防科技工业持续发展。并且，由于长期以来我国从事航天科研生产的基本为国有单位，利润加成比例低于美国、技术人员成本远低于美国且有军品免税等政策，在"国家定价、微利免税、一厂一价"的原则下，我国生产出来的火箭和卫星等产品定价仍然可以大幅度低于美国，在当时的国际市场上也具有较强的价格竞争力。

在全盘计划经济的年代，这个模式有其存在的合理性，因为当时的科研生产任务都是国家下达的，同类项目基本没有竞争对手，并且整个行业的吃喝拉撒、生老病死都有国家兜底，5%的利润加成完全可以看作无风险收益。但是随着时间推移，尤其是军工系统市场化改革深入进行，支撑"定价成本加5%固定利润率"定价机制的前提条件已经发生了根本性变化。在原来的定价机制下，由于成本越高利润越高，各单位都没有降成本的动力，并且为了提高利润，极易出现虚报和盲目堆叠成本的现象，造成经费的严重浪费，甚至滋生单位腐败现象。

在此背景下，军方大力推动竞争性装备采购，尽可能避免单一来源，鼓励军工企业通过竞争来降低装备价格。2013年9月，中央军委总装备部综合计划部发布了《装备购置目标价格论证、过程成本监控和激励约束定价工作指南》，规定新立项的型号研制生产项目均由军方论证目标价格，批产后按照"定价成本+5%×目标价格+激励约束利润"来定价采购。虽然最终仍然需要军方审价来确定定价成本，但利润率从原来定价成本的5%，变成了目标价格的5%，且由于存在激励约束利润，相当于5%的利润率限制已经放开。至此，我国的军品定价模式逐渐由"成本加成"单一模式演变为"成本加成""招投标""询价"等多种模式，按照目标价格定价的方式逐渐成为主流。

随着商业航天迅速发展，具备航天技术能力的民营和混合所有制企业也越来越多，由企业自筹资金投入产品研制，以市场化的方式公平竞争、公司主体自负盈亏是必然趋势。在充分竞争的民用市场上，客户按需采购产品和服务，企业根据市场变化灵活调整竞争策略，定价机制可以更加灵活。并且，随着市场规模效应的不断显现，产业分工不断细化，单位产品的生产成本也可以得到有效降低，企业的利润率同时得到保障。

从世界各国发展商业航天的经验来看，从国家"全程买单"转向"服务采购"是殊途同归，这一转型的本质仍然是资源配置方式的转变，从计划经济转向市场经济的发展模式。但是由于航天产业的特殊性，这个转型过程是相对的、渐进式的，即便是在商业航天发展最快的美国，也尚未实现百分之百按照市场化方式配置要素，对于一些战略价值高于商业价值的重大项目，仍然需要由国家意志来推动实施，并由政府资金提供保障。

需求端改革带动了供给端的改革，促使商业航天形成一系列技术创新和管理创新。例如为控制企业成本、兼顾产品可靠性与经济性、优化资金利用效率，商业航天企业打破原有军品研制生产的封闭体系，转向采用多样化的经营管理模式，开放合作、全球采购、使用货架产品等举措不胜枚举。同时，相对于原来定点承制单位"大而全、小而全"的组织模式，商业航天更注重细分领域的价值创造，产业链上的专业分工得到加强，日益形成高度商业化、专业化的全新生态圈。

重构、融合与创新

时下，新一轮科技革命和产业变革加速演进，航天领域的科技创新呈现交叉、融合、渗透、扩散的鲜明特点，科研体系向"开放科学"转型，知识分享和跨界交流合作成为常态。航天商业化的加速推进，也促使研发生产的组织体系加快调整重构。从"航天科技"到"航天工业"，商业航天给组织体系创新带来的变化主要有三个方面：

一是从"工匠式作坊"到"现代化生产线"。传统航天由于没有批量化生产的压力，产物更像是实验室的成果而非工业化的产品。领先的科技成果与"作坊式"的生产理念，也成为传统航天领域难以自洽的矛盾。2020年3、4月份，包括"金牌"火箭长三乙在内的两次发射失利暴露出一个问题：随着发射任务的快速增长，生产工艺推敲不足，很难保障不同批次产品之间高度的一致性，传统航天"重设计，轻工艺，重科研，轻生产"的思维理念，在生产系统满负荷运转的情况下，已经隐隐触及质量控制的效能边界。

科研水平能决定产品性能的上限，但工艺水平上的缺失却难以预估产品质量的下限。虽然航天领域经过数十年沉淀和几代人传承，培养了一批"大国工匠"，他们用精湛的技艺和娴熟的技能铸造了中国航天的大国重器，但是"大国工匠"本身也折射出传统航天工程管理模式的双面性——正是因为长期以来都是小批量生产、追求单品极致，才会出现用落后机床干精品、徒手控制公差等逆信息化和逆科技化的现象。

相对科研更加注重发现与创新、实现从无到有的突破，航天进入商业化阶段，则更多需要立足于成熟技术，提供更加稳定可靠的产品交付、具备竞争力的价格，满足高频发射的需求。航天产品类多量少，要实现工艺数据的持续积累迭代，航天企业开始逐渐摸索在"减少类"和"增加量"上做文章，同时利用模块化理念把成熟的产品包封装起来，统一调用。例如，被誉为"国产版猎鹰9号"的长征八号火箭，为了确保产品成形，先沿用继承了之前型号的成熟产品模块，先行革新总体研制流程。在后续研制中，长征八号将逐步开展"融合型"状态研制——在保持基本构型不变的前提下革新生产制造环节，重构成品模块，打通工艺、工序、工装的卡点，带动形成中大型火箭的数字化敏捷生产以及零部件通用化、标准化。①

二是从"不计成本"到"最优集成"。传统航天事业在"保成功"任务要求下，难免会用到很多冗余试验反复验证，或提高预设的参数指标以保万无一失。而性能要求越苛刻，每一笔资金投入的边际效应就会相应地减少，用大量资金投入来换取成功概率上的提升。相对而言，商业航天要求在研制过程中进行全面的系统集成创新，更多采用成熟技术来压缩研发开支，在生产制造环节还要建立稳定的供应链保障系统。在成本压力下，商业航天对标准化的需求也愈加凸显。例如，蓝箭航天嘉兴工厂具备年产20—30枚中大型液体火箭的能力，为了确保价格相对便宜的同时还要实现高效率、高可靠的产品交付，蓝箭航天必须采用全新的思维来设计火箭，并建立完整的规模化生产保障体系。其研发的朱雀二号是国内首款按照通用化、模块化理念设计的低成本运载火箭，一级发动机单机与二级发动机主机核心部件完全通用。

三是从"封闭独立"到"跨界融合"。传统航天工程管理封闭独立、自成体系，虽有利于"保进度、保成功"，但不利于大规模的产业化、商业化，且与外界的技术交流与融合也相对较少。商业航天正在打破这一封闭状态，通过各种跨界融合，借鉴吸取各行各业

---

① 张航：《新一代运载火箭"长八"首飞成功 填补了我国太阳同步轨道3吨至4.5吨运载能力空白》，《北京晚报》2020年12月23日，第16版。

的管理经验。例如，SpaceX 的"星链"卫星本体借鉴了电动汽车底盘（含电池、控制器等），外挂卫星专用设备（太阳帆板、电推进系统、天线、飞轮等），并借助特斯拉汽车成熟的汽车工业体系，以实现卫星的大规模、低成本量产。在国内航空业推行的按照中国特色与国际惯例相结合、产品研制与产业化相结合的"主制造商–供应商"模式，已经在多个客机型号中实践并验证了，众多商业火箭企业也开始在供应商管理过程中效仿这一实践，通过引入类似管理模式，大幅度提高了管理效率、降低了综合成本。

中国制造业土壤肥沃，可调用资源丰富，打通上游产业链（如材料、机械加工、计量测试等）上的标准和数据壁垒，可以加速制造资源的整合，丰富完善航天产业链，最大限度实现全行业的降本增效。但是，由于目前国内商业航天企业总体还处于起步阶段，对供应链管理的实践大多仍停留在采购配套层面，研发、生产环节向其他行业的横向开发不足，对于整合全球资源、培养供应商、协同开发等宏观价值链管理所涉尚浅。因此，国内商业航天企业未来要在全球市场有所突破，还需要围绕产品全寿命周期，进一步优化全球供应链战略布局。

与时俱进的系统工程

无论是中国还是其他国家，商业航天的发展，都是站在前人的肩膀上仰望星空。

"系统工程"概念最初由钱学森等老一辈科学家引入中国，并结合中国的具体实践不断完善。半个多世纪以来，系统工程的方法论一直被中国航天管理实践奉为圭臬，帮助中国航天在世界舞台上赢得一个又一个荣誉。但是随着从宏观到微观环境的深刻变化，如何与时俱进地推进系统工程创新，不断融合新理念和新方法，更加有效地指导技术创新和产业可持续发展，成为新时代航天人需要共同思考的命题。

计划经济时代，中国航天事业是一个庞大的金字塔式系统，塔尖是负责调拨资金和规划任务的领导机构，金字塔的底座是分布在全国各地、大大小小的科研机构和协作配套单位；承担各总体和分系统研制任务的航天院所组成了金字塔的各个中间层级。这个大系统的特点是由多个分工明确、相互联系又相互制约的分系统组成，在全国性资源短缺、需要"集中力量办大事"的年代里，依靠全国"一盘棋"的统筹规划和统一调度，可以最大限度聚焦目标、集中资源，避免内耗和重复建设。

然而，随着航天事业持续发展，各类新技术不断叠加、组织单元不断增多，整个系统变得越来越复杂和臃肿。与此同时，随着计划经济向市场经济转轨，市场主体日益活跃，国家创新体系逐渐从传统政、产、学、研"四位一体"，演变成军、政、产、学、研、金、介、用"八位一体"的新型创新生态系统，金字塔从底座开始发生变化，也因此带来了系统整体熵值[①]的增加。

整体性是系统工程最重要的特征之一，它强调系统内各部分之间相互关联、相互作用，形成有机动态的整体。对于任一系统而言，如果想要得到最好的效果，就需要协同各个环节，而不是强调某一环节的突出表现。从实践经验来看，破解这一问题的根本方式，是通过建立更加市场化的机制，将庞大复杂的大系统化整为零，拆解成大大小小的运行独立、决策扁平化的创新单元；并且在社会主义市场经济新秩序之下，引导各个单元重新组合，按市场规律高效协

---

① 熵值是一个描述系统热力学状态的指标。熵增过程是指在一个孤立的系统中，如果没有外力做功，混乱的能量（熵）会导致一个系统从有序发展到无序，且过程不可逆。

作、竞争合作，形成更加灵活开放，更具弹性、活力和抗风险能力的新型系统。

作为这个新型系统的基本组成单元，商业航天企业自身的特点，决定了它有着区别于传统航天的系统工程方法论。

传统航天工程采用"两线并行、两总模式"管理结构，即技术一条线、行政一条线，由总设计师负责技术工作，总指挥负责管理工作，研发队伍是从各个部门临时抽调来的人员，组织关系依然在原部门。这一模式的优点是可以确保型号计划、设计、经费、质量相对独立，但也日渐暴露出一系列问题，例如重大技术问题处理、重大进度问题协调、质量问题管控等不及时、不准确、不高效，对参与人员的考核评价难以客观公正等。这也是近年来很多新的航天产品型号开始实施"两总合一"（即总指挥与总设计师由同一人担任）的重要原因。

相对于传统航天工程，商业航天企业更需要建立一种扁平化的组织架构，减少人员数量，让管理回归简单。从第一性原理出发，商业航天企业首先需要开发出满足客户多元化需求，且具有足够市场竞争力的产品，以确保商业逻辑的成立。这就要求企业尽可能降低成本、缩短研制周期、抢跑竞争对手，最终形成规模化盈利，追求最大化的投资回报率。

其次，商业航天企业需要在追求市场效益的过程中，不断巩固提高自己的能力，快速完成产品迭代，建立一种可持续发展的模式。因此，商业航天企业的供应链保障和技术环节创新需要更多借助外力，从开放的市场中选择和培育供应商，以确保能够聚焦核心能力，并形成面向市场竞争的快速反应能力。

这样做的好处是，众多初创期的商业航天企业由于没有历史包袱，可以轻装上阵，从零开始定义和搭建这一系统，并在过程中大量借助数字化管理工具，引进吸收先进管理理念，以实现组织流程的优化和研发生产效率的提高。

传统航天时代，由于任务都是由国家下达，各单位在设计好的体系里各司其职，这一时期的系统工程更加强调"执行"，每位科学家、工程师都是大系统的一颗螺丝钉，盯牢自己眼前的一摊事，确保工作按时保质完成是最重要的任务。而随着航天活动的底层逻辑和组织模式发生变化，新时期的系统工程更加强调"创造"，不仅要求系统内的团队和个人通过借助先进工具等手段来提高执行效率，也需要这些个体成为一个个创新单元，通过各种方式来为系统创造增量效益。

随着科学技术发展日新月异，大数据技术、自动化技术、智能技术、模拟仿真技术等众多先进技术在系统工程领域得到了广泛应用，极大提升了系统的质量和效能。与此同时，由于各种新需求、新技术、新要素、新变数的加入，航天系统的复杂程度也远胜从前，如何平衡好这些因素，在继承前人经验的基础上推动系统工程与时俱进、创新发展，不仅是留给广大航天人的重要思考题，也是需要整个中国科技界共同探索的时代命题。

二、从"航天事业"到"航天产业"

中国航天事业自 20 世纪 50 年代创建以来，经历了艰苦创业、配套发展、改革振兴和走向世界等几个重要时期，迄今已达到了相当规模和水平。中国航天人用一个又一个坚实的脚印把梦想化作现实，推进航天事业不断超越，交出了一份又一份令国人振奋、世界赞叹的精彩答卷。

当前，随着航天系统全面深化改革取得重要成果，民营商业航天新势力加速发展，一场壮阔而深刻的变革正在悄然发生。从改革开放的中国经验和历史启示来看，科技领域的每一场变革都是回应时代的需要，每一次挑战都是新一轮改革的动力。如今，在航天领域掀起的这场变革，正在成为推动军民融合深度发展、多元化主体协同创新的"破冰利剑"，并成为影响和支撑新一轮科技革命与产业变革的重要力量。

这场深刻变革给我们带来的，不仅是一个新兴的战略性产业，也包括一片崭新的产业生态。随着变革深入进行，各创新主体之间的互动方式和协作关系也在发生潜在变化，这就要求我们必须同时探索与之适配的游戏规则，推动建立产业发展的新秩序。

从"航天事业"到"航天产业"，本质上是发展模式的转变。只有在市场经济的大环境下，让航天发展顺应时代潮流，与科技创新方方面面的资源要素融合，并在国家合理有序引导和有效监管下健康发展，才能走出一条长期可持续的发展道路，更好地服务于国民经济与国家重大战略任务。

融合创新的"破冰利剑"

作为国防科技工业的重要组成部分，航天历来是牵引众多战略性前沿技术突破的龙头，军民融合发展的天然载体。习近平总书记在不同场合多次强调，要把太空等领域"作为军民协同的重点突出出来"，抓住契机，"向军民融合发展重点领域聚焦用力"。[1]

---

[1] 习近平总书记在 2017 年中央军民融合发展委员会第一次全体会议、第二次全体会议，2024 年第十四届全国人大二次会议解放军和武警部队代表团全体会议等场合的重要讲话，来源于新华网、人民网、求是网、《解放军报》等公开报道。

在航天等国防科技工业领域，以前的技术创新大多是自上而下发起，通过"命题作文"式的指令性科研计划推动。即使存在商业形式的竞争，也大多在"计划"好的赛道之上开展。而商业航天是以市场经济为原则运行、按市场化方式配置要素的航天活动。市场化的航天企业，尤其是民营企业参与航天活动，创新行为更多来源于市场端的需求驱动，企业经营、配套采购也基本按照市场化方式进行。这些企业的技术和人才大量来源于传统航天体系，又在市场化的环境中进行二次创新，形成的技术能力可以反哺原有体系，必然给传统航天体系的开放合作、融合创新带来深刻影响。

国家支持发展商业航天，有利于从价值链顶层破冰，打破长期以来的军民二元化结构。传统航天科研任务基本上是在封闭的国防科技工业体系中开展，承担系统级产品研制任务的基本都是国有航天院所，民营企业一般只能参与层级较低的配套任务。航天商业化将从采购方式、协作配套等方面深刻改变原来的科研生产模式，以系统集成创新为牵引，统筹调配与使用多维资源和力量，从价值链顶层发力，打破长期以来军民"自成体系、独立运行"的二元分离结构，最大限度促进两大系统之间的全要素交流融合。

同时，发展商业航天有利于实现资源配置效益最大化，带来规模经济效益和专业分工效率，推动先进技术向更广泛领域转化。商业航天鼓励多元化主体同时创新，并在相对开放的市场环境中开展竞争合作，有利于推动各类技术、人才、知识、资本、设施、信息等资源的军民交融渗透和一体共用，构建统一的产业基础、科技基础、设施基础、人才基础和信息基础。大量封闭在原体制内的先进技术可以通过市场化、产业化的方式向民用领域扩散转化，带动各领域技术的持续创新和产业结构转型升级；国民工业体系中丰富强大的创新资源也可以通过商业航天这条纽带，反哺传统航天，为国家航天事业整体突破提供有力支撑，实现一份投入多份产出，最终形成一体化战略体系和能力。

近年来在商业航天发展过程中，也折射出推进军民融合深度发展的诸多深层次问题，这些具体问题的暴露，将成为下一步持续深化改革的重要发力方向：

首先，"玻璃门""弹簧门""旋转门"仍然是民营企业参与公平市场竞争的三重阻碍。虽然国家在商业航天领域出台了鼓励民营企业和社会资本参与的新政策，并出台了支持民营经济和民营企业发展壮大的若干举措，但是长期以来封闭军工体制形成的行业壁垒和利益默契仍然存在，社会资源参与航天活动的公平竞争生态尚未形成。例如，相关资质审批程序过繁、周期过长；央企科研院所获取公共资源的成本和门槛仍然远低于民营企业；项目招标表面上看起来对各类所有制企业一视同仁，但评标时的一些条款又把民营企业挡在门外。

其次，军、政、企之间长期存在的目标分化问题，也在一定程度上影响了商业航天的发展效率。一次完整的航天活动往往离不开军方、政府主管部门的多方监管和协调，也往往涉及跨部门、跨军地、跨主体多方协作。长期以来，由于不同主体的角色站位和利益诉求存在较大差异，权益目标分化导致监管和服务效率低下，"大利大干、小利小干、无利不干"的价值取向本位主义一定程度存在；有的单位对商业航天发展存在认识、理解不够，导致监管职能的缺位错位。一些资源管理单位通过下属机构将公共资源变现创收，也无形中给公平竞争环境造成一定负面影响。

此外，少数社会资本和地方政府盲目追随"风口"，也容易出现急功近利等问题。商业航天的发展壮大离不开社会资本和地方政府的支持，在近年来商业航天崛起的过程中，也涌现出一批兼具情怀、魄力和专业眼光的产业资本，以及一些敢于担当、超前布局的地方政府。但是盲目追随"风口"，也带来了一些不良风气和一定程度的行业泡沫，一些社会资本以"赌一把"的心态进入，希望短期从企业身上套利，实则绑架企业，违背行业发展规律；一些城市盲目"求新"，不考虑是否符合本地发展的实际情况，借商业航天概念招商引资，建设各类产业园、科技园，组建相关产业基金，借机圈钱圈地，也容易导致功利性投入和重复建设问题。

打破传统航天发展的瓶颈限制，建立符合中国实际的商业航天发展与社会经济融合新模式，需要用系统思维来解决各类问题。从国家层面来看，需要进一步厘清各监管主体权责利需，拆除制约发展的各种"隐性壁垒"，营造各种所有制经济依法平等使用生产要素、公平参与竞争、受到法律同等保护的产业发展环境。从地方层面来看，需要加强科学分析与论证，因地制宜发展新质生产力，避免脱离当地产业发展"一哄而上"。从社会层面来看，需要通过宣传推广和舆论引导等方式，加强行业对产业规律的认知，建立公众对产业发展的信任感。

"丛林生态"：重塑价值链

在我国传统航天的生态体系中，航天集团作为定点承制单位承接国家指令性任务，从院到所基本可以独立承担从总体到配套、再到运营的所有环节，逐渐形成了"大而全、小而全"的金字塔形组织模式。这种模式有利于最大限度集中资源，保障任务进度和成功率，但不利于各专业领域向更深、更精细化方向发展，各单位也容易形成价值取向的本位主义，一定程度上限制了产业链的提升。

传统航天配套具有批量小、单价贵的特点，对于从事配套的企业，除了有资质要求等显性门槛外，还有高标准、高投资、长周期等隐形门槛。很多民营企业由于前期没有国家拨款的科研经费支撑，需要自行投入研发和开展生产能力建设，因此从经济账方面认为并不划算。在国家全面实施军民融合发展战略之前，民营企业只占到传统航天供应商大约7%的比例。

相比于"大树底下难长草"的传统模式，商业航天正在推动形成一片高度商业化、专业化的"丛林生态"，一种"人人皆可作为、人人皆得分享"的新型协作模式正在建立，一张全新的价值网络正在取代传统价值链，成为创新发育的肥沃土壤。

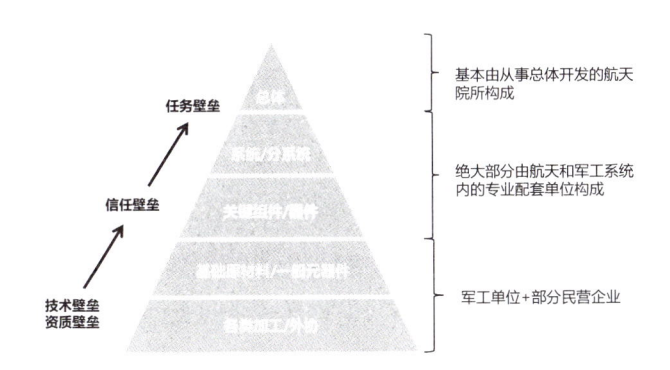

图 7-1 传统航天体系金字塔式组织模式

首先，商业航天通过将航天技术平民化、推广应用到各行各业，极大扩展了航天产业的市场容量，支撑起了对配套产品更大体量的需求规模。开发新型可重复使用火箭、建设低轨互联网卫星星座等，需要大量的新材料、新部件、新软件作为支撑，承担总体研制的企业从开放市场中采购配件和服务，产业链上下游企业以市场化的方式向总体企业提供配套或服务，由于合作和竞争都在相对更开放、公平的市场化环境中开展，商业航天带动的参与面也远远大于传统航天。

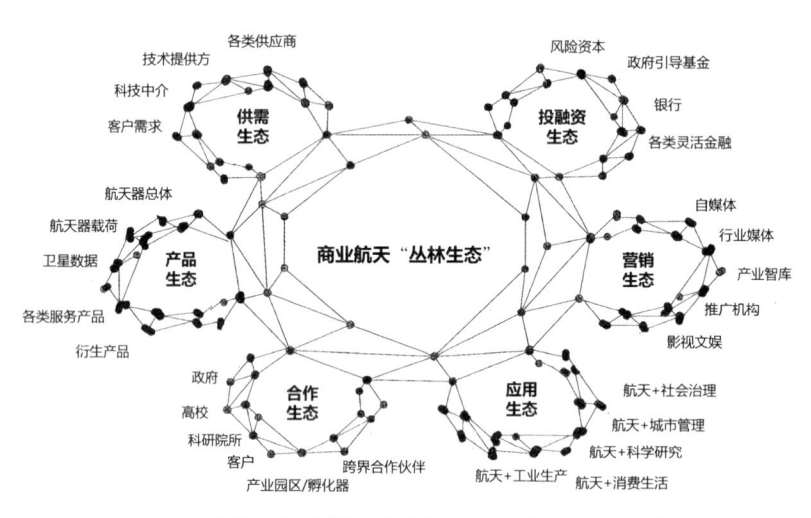

图 7-2 商业航天通过"丛林生态"重塑产业链，形成新型价值网络

其次，生产要素的产业内流动带来了更高效的分工合作，促进了更加精细和专业化的行业分工。商业航天对产品开发速度、迭代效率、成本控制提出了更高的要求，且企业的采购模式也更加灵活。为了赢得竞争、实现投资回报最大化，供应链上的企业必须让自己的产品或服务做到更专、更精、更新。随着近年来下游总体企业的快速崛起，围绕着新型航天器总体研制，一批精密制造、光学加工、传感器技术、新材料开发、信息技术企业随之成长起来，商业航天"丛林"式的产业生态结构正在加速完善。

商业航天形成的"丛林生态"，不仅可以保障各个子系统的专业性，还节约了各个子单元的运行成本，是复杂制造系统实现降本增效、集约化管理的有效解决方案，让从事航天器总体开发的企业可以轻装上阵，专注于核心能力建设和系统集成创新。

这个新生态下，受益的不仅是民营航天新势力，也包括传统航天总体单位。例如由航天科技集团一院抓总研制的捷龙一号（SD-1）商业运载火箭，脱胎于长征十一号，也被认为是长征十一号的商业化版本。在以往的火箭研制过程中，总体单位基本都是与体制内的成熟配套单位合作，捷龙一号则打破了原有的配套关系，通过竞争，选择性价比最优的配套单位。与此同时，捷龙一号的研制经费并非来源于国家经费，而是面向社会资本融资，通过大胆采用新技术、新产品、新流程、新配套，火箭研发成本大幅降低，捷龙一号目标成本基本可以达到3万美元/千克，是当时世界上单位载荷入轨成本最低的火箭之一。[1] 而最新的捷龙三号，同样通过模式创新，采用商业化运营和管理手段打造，单位载荷的发射成本降低至1万美元/千克。[2]

"丛林生态"不仅重塑了航天产业链，也有利于让传统航天配套体系与国民工业的其他领域深度融合，形成一片更大规模的创新"森林"。在传统的金字塔形组织结构里，开发某项新技术，通常是将任务分派给系统内的专业院所，或在相关院所里设置一个专业处室，组织一支学科团队并购置一批专业设备，而这些投入资源和形成的开发成果基本只是为航天系统服务。"丛林生态"的模式下，总体单位需要攻关某项技术，例如卫星上的热控技术、电池板技术，可以从市场上寻找从事该类技术研发的成熟企业，双方围绕目标需求开展联合攻关。这些企业可能并不只服务于航天领域，形成的相

---

[1] 王宇鹏：《"捷龙一号"首飞成功 "国家队"开启商业航天新篇章》，人民网客户端，2019年8月19日。

[2] 肖欢欢：《捷龙三号火箭转入工程研制阶段，目标2022年首飞》，《广州日报》新花城客户端，2021年8月6日。

关技术成果，可以同时应用于汽车、能源、船舶、消费电子等众多行业。

在"丛林生态"里，企业与客户、供应商、商业合作伙伴、同盟者之间构成一张商业网络，通过关系和角色的重构实现价值的创造，并由此形成从价值链到价值网络的质变，进而赋能更多创新单元，帮助更多创新型企业实现向上跃迁。

从"科学家竞赛"到"产业家角逐"

传统航天时代，大国之间围绕太空领域展开的科技竞赛，后方是综合国力的较量，前线是人才和科学家的竞争。从20世纪中叶至今，无数优秀的科学家用报效祖国的赤胆忠心和满腔热血的奉献精神，托举起了中国人的飞天梦，让中国航天在世界舞台上牢牢占据着一席之地。

大航天时代，随着商业航天在全球范围内渐成趋势，竞争的内涵也在悄悄发生改变。在众多商业化的航天场景中，竞争主体从国家之间逐渐转向企业之间，这就要求我们不仅需要一批继承前辈精神、勇于开拓创新的新时代科学家，也需要一批具备企业家精神、全球化思维、复合型能力的新时代"产业家"。

从第一性原理来看，商业航天的本质在"商业"，商业航天企业最终要形成规模化盈利，追求最大化的投资回报率。因此，企业之间的竞争不在于谁拥有更尖端的技术、更大胆的创新，而在于成熟商业化产品和服务的交付能力。交付能力不仅是赢得客户的关键，也是影响企业创新效率的重要能力，以SpaceX的可重复使用火箭为例，之所以能容忍反复试验和多次失败，正是因为SpaceX拥有极强的产品交付能力，可以在短时间内快速完成下一枚火箭的总装交付。

产品和服务交付能力要求企业建立系统性的保障能力，并以此为基础开展持续的技术创新，这样才能不断拓宽竞争护城河。在"服务采购"成为大趋势的背景下，商业航天企业唯有结合自身优势和产品定位，围绕产品研制、生产交付、运营服务形成一系列保障能力，才能同时满足低成本、高可靠、高弹性、高效率等各方面用户需求，实现产品的快速迭代。仍然以 SpaceX 为例，每一次试飞都可以针对问题有效反馈，并在短时间内作出大量技术修订和改进，以确保下一次试飞能够离成功更近一步，主要还是因为 SpaceX 在系统保障能力的基础上，建立了一套针对问题解决和技术改进的扁平化决策管理机制。

除了技术、产品、过程、组织方面的创新，商业模式创新也是未来商业航天企业获得竞争优势、提高效率和创造独特价值的重要路径方式。商业模式创新通过对整个商业闭环的重构，来改变企业价值创造的底层逻辑。SpaceX 通过建立类似汽车工业的流水线、规模化、智能化卫星生产工厂，可以在短期内以低成本、高效率的方式批量化生产和交付卫星。并且，大量零部件、生产设备和特斯拉汽车工厂联合采购或研发，使之议价能力大幅提升。同时，SpaceX 采用垂直整合的商业模式，用自家火箭发射自家卫星，极大提高了组网速度和灵活性、降低了组网成本，形成了全产业链服务闭环，成为 SpaceX 在全球低轨星座竞争中一骑绝尘的关键密码。

成功的企业不仅要增加自身价值，还要创造新的价值。埃隆·马斯克等一批国际商业航天的先行者，为中国商业航天创业者们提供了很好的创新范例。随着中国商业航天迈入发展快车道，一批具备未来行业领军者潜质的优秀企业和优秀企业家也逐渐崭露头角。

商业航天赛道同时具有高技术、高投入、高风险和长周期的特点，并且与国家安全紧密相关，决定了商业航天企业的掌舵者除了要具有敢于冒险和不畏困难的企业家精神之外，还需要同时兼具产品和技术的思维、与资本和政府打交道的能力，以及卓越的战略眼光和杰出的管理能力。

除了领军人物之外，商业航天企业还需要一大批具备丰富工程化、产业化经验的一线技术和管理人才。由于商业航天更注重技术的产业化和应用化，相比于科研院所，对这类人才的需求更加迫切。而这类人才的培养，需要经过知识储备、经验积累、市场锤炼等一系列过程，不能单纯依靠高校、科研院所或企业某个主体独立完成，需要产学研各方形成一种紧密且高效互动的机制，才能源源不断为行业输送优质人才，有效填补当前行业存在的人才缺口。

此外，商业航天行业的高质量发展，还离不开一批专业的服务机构和金融资本，其中同样需要一批具有产业思维、专业能力的高水平从业人员。相比于企业更加聚焦技术产品，这些从事专业服务和投资的机构人才，应当具有更宽阔的视野和跨行业眼光，只有这样才能源源不断为行业带来更多的新思维、新理念，成为企业发展的专业陪跑者。

从"科学家竞赛"到"产业家角逐"，不仅仅是行业竞争的整体升级，也是一场思维方式的全面革新。大航天时代，企业之间的发展和竞争不是零和博弈关系，赛道之上的创业者们，不仅要深耕所在专业领域，注重自身积累，还要主动寻找共生和互补的合作伙伴，共谋发展。而纵观全球范围和其他行业，那些被公认为卓越的企业家，无一不深谙其道。

新航天，新秩序

和欧美国家相比，中国商业航天尚处起步阶段，但已初现星火燎原之势。参考其他战略性新兴产业的过往发展经验，越是发展迅速，越要有底线思维，越要规范有序。商业航天在对传统航天思维和组织秩序形成冲击的同时，也需要行业建立一套新秩序，来适应未来发展的需要。

在过去近十年里，国内商业航天蓬勃发展，航天集团改革深入推进，航天新势力数量快速增长。从总体来看，中国新航天发展的大版图上，国家队担当主力、民营企业作为补充的局面短期内仍不会改变。但是在一些开放程度较高的领域，民营企业有望与国家队在同一起跑线上展开竞争。

从企业竞争力来看，中国商业航天企业起步虽晚于SpaceX，整体技术水平仍然存在相当差距，但随着国内产业链的日益成熟和企业的创新突破，这些差距正在不断缩小，个别技术领域已经实现与全球先进水平同步甚至局部赶超。基于目前行业发展情况判断，从长期来看国有企业仍将是中国商业航天最有实力的竞争者，民营企业中，未来也有极大概率出现一家或数家中国特色的民营商业航天领军者。

随着各方面改革的持续深入推进，中国新航天能力版图也日渐清晰。当前，以"党管资本、放权业务"为主要思路的国企改革顶层方案已经深入推行，国家对扩大军工开放、优化国防科技工业科研生产体系也已形成较为清晰和明确的思路，即核心能力国家主导；重要能力发挥国家主导和市场机制的双向作用，促进竞争，择优扶强；一般能力完全放开、充分竞争。在这样的大逻辑下，各大军工集团的混合所有制改革也在逐步有序推进，传统军工集团之间的整合乃至合并已成趋势。航天作为国防科技工业体系的重要组成部分，可以预见的是，直接涉及国家秘密和战略安全的航天技术仍然将由国家队掌握，而具有经济价值的重要和一般能力将有序放开，鼓励市场竞争，并通过择优扶强和优胜劣汰，最终实现整体健康发展。

航天商业化过程中，专业化、市场化的股份制企业将成为最重要的创新主体，在市场经济的指挥棒下，各种所有制的商业航天企业都需要创新机制体制，以适应全新的市场竞争环境。一方面，国有体制的商业航天企业需要主动融入市场经济的大环境，按照市场经济规则生存和发展，混合所有制改革是大势所趋；另一方面，民营商业航天企业的股权融资过程中，也有大量国有金融资本参与其中，并在企业发展过程中发挥重要作用。

可以预见的是，未来的中国商业航天发展过程中，所有制的界限将会日渐模糊，各类企业将凭实力生存和赢得市场；商业航天赛道在经历多轮淘汰和整并之后，有望诞生全新形态的综合性科技企业。而各种所有制的商业航天企业未来都将殊途同归，成为代表中国航天的新型"国家企业"。

大航天时代，中国的新航天事业正在换挡提速，新航天产业正在扬帆起航。新航天具有商业化、市场化的部分，但不是完全的市场经济，单纯依靠政府计划或者市场自发调节，都无法实现行业有序健康发展。新秩序的建立，需要统筹市场和政府两者的关系，善用"两只手"的力量，推动有效市场和有为政府更好结合：一方面，坚持市场在资源配置中的基础性作用，最大限度减少政府对微观经济活动的直接干预；另一方面，发挥新型举国体制优势，统筹市场需求、发展规划、重大项目、政策标准，健全法律法规，着力营造公平竞争环境和群体创新生态。

此外，由于航天技术的特殊性，发展商业航天更需要牢固树立红线意识和底线思维。例如运载火箭与导弹在动力、制导、发射等技术方面存在共通性，掌握相关技术也相当于具备了一定的导弹武器研发基础，一旦技术外泄被不法分子获取，可能造成难以估量的后果。在技术研发、设施建设、装备配套等领域，越来越多的民营企业与涉密单位开展合作，接触涉密信息，如果安全保密技防能力不达标、保密管理存在漏洞，则容易形成失泄密风险。这就需要国家健全相关法律法规，有关部门开展科学有效的监管，以确保企业行为和技术研究在国家可控范围内有序开展。

2019年以来，国家对商业航天领域的政策引导进入规范有序的阶段。从优化航天布局、推进新时代航天体系建设的全局来看，规范有序的内涵，不仅包括政策有序、监管有序，还包括投资有序、建设有序、布局有序、发展有序、竞争有序等。这个目标的实现，既需要基于商业航天监管和从业各方的持续探索和长期博弈，也要靠军、政、产、学、研、金、介、用"八位一体"的新型国家创新体系作为支撑。

08

八位一体：新时代的国家创新体系

一、欧美国家是如何给好马套上"缰绳"的？

航天对于大国科技发展的重要性和特殊性，决定了我们研究商业航天这个样本的意义。商业航天不仅是航天事业发展到新阶段、新时代的必然选择，也是国家创新体系持续、深刻变革的一个生动缩影。将商业航天作为典型样本研究，不仅可以从多个维度还原这一变革过程，也可以为其他科技领域的深化改革和创新发展提供借鉴参考。

从全球主要国家的探索实践来看，商业航天的兴起，与各国航天体系改革都是一个并蒂而生、相互依存的过程。无论国家制度如何，航天体系都经历了从计划经济到市场经济的转轨过程，也是一个不断被改革、反复被"折腾"的领域。各国的改革过程经常处于"计划多一些"还是"市场多一些"的阶段性纠结之中，这种纠结和摇摆，往往又成为导致企业不坚定、投资者没信心的重要因素。中国作为实行社会主义市场经济体制的国家，航天领域也经历了类似的转变过程。由于航天和国家战略利益的紧密联系，航天技术也具有军民两用的天然属性，在航天体系持续改革和商业航天进一步发展的过程中，也有很多人表达了不同程度的担心：

一方面，政企分开、政资分开已经是国企改革坚持多年的基本原则，推进航天科研院所转制和国有航天企业混改、拥抱资本市场也渐成趋势。但是随着产权多元化和国有股份的摊薄，如何确保这些混合所有制的企业既要听党指挥，让政府监管部门放心，又要同时按市场经济规则开展经营，保持创新活力？

另一方面，随着一部分民营商业航天企业逐渐做大做强，政府部门如何对这些企业开展有效监管，又不会因为束缚过度而挫伤这些民营企业的积极性，以确保其长期发展和持续创新的信心？同时让社会资本也愿意投资、敢于投资这些民营企业？

事实上，不仅是航天、航空等涉及国防军工的敏感领域，在众多关系国家安全和国民经济命脉的战略性新兴产业，例如新能源、高端装备、节能环保、新一代信息技术、低空经济、船舶与海洋工程装备等，随着行业发展和市场关系的变化，都有可能出现类似问题。而这两个问题在本质上其实是同一个问题：如何既让马儿跑得好，又让马儿听指挥？

在回答这个问题之前，我们针对性地选取了美国、欧洲、俄罗斯等国家和经济体的一些历史案例和做法进行分析，从中寻找一些对我国有益的启示。

"胡萝卜"与"指挥棒"

无论在全世界哪个国家，航空航天这类带有战略色彩的高技术产业兴起，往往都离不开来自政府的有形支持和无形支持。其中，有形支持主要是政府给予企业的项目订单和资金补助，无形支持则主要是各种来自官方的许可、认证和背书。

在 SpaceX 等新势力崛起之前，美国航空航天项目的承包商基本都是由洛克希德·马丁、波音公司等传统军工巨头垄断。这些军工巨头的订单和业务几乎全部依靠 NASA、五角大楼等政府和军方部门，虽然政府没有直接参股企业，但是给予的订单，相当于国家对这些企业的变相投资。而政府之所以愿意在采购中默认让企业赚取丰厚利润，从某种角度来看，也是为了给予企业持续研发的充足资金。

虽然这些企业之间也号称以市场化的方式开展竞争，但这个市场的主要买家只有一个。来自政府的大额订单，既是给这些企业的最诱人的"胡萝卜"，也是对这些军工巨头最直接的约束。

20 世纪 90 年代初的海湾战争，对第二次世界大战以来形成的传统战争观念带来了强烈的冲击。战后，美国军方积极推进新军事变革，迫切需要军工企业由以前单一武器装备供应商，转变为作战能力与作战体系提供商。1993 年，美国国防部时任副部长威廉·J. 佩里在一次由国防工业主管参加的晚宴上发表演说，公开鼓励合并。这次著名的晚宴被西方军工行业称为"最后的晚餐"。

随后美国掀起了军工企业合并浪潮，五角大楼正是以订单作为指挥棒，来操控这场规模空前的军工企业大洗牌。通过近十年的并购和重组，美国原来一些涉足军工领域的重要企业，如通用电气、IBM、福特汽车公司、劳拉公司、西屋电气公司等，通过把军工业务部门出售给顶层的竞争者而退出了相关市场。而顶层的军工企业通过并购重组，迅速成长为产业巨头，美国主要军工供应商从 20 世纪 80 年代的约 50 家急剧减少到 2002 年的 5 家，军工产业至此进入"五大巨头时代"①。

决定需求的人,从来都是这个市场最大的庄家。企业为政府卖命,根本动力还是有利可图。但对于操盘的庄家来说,从来不会让闲家无休止地赢钱。

2016年,刚刚当选总统的特朗普在自己的推特账号上批评,"波音公司正在为未来美国总统建造新型的747空军一号,但是成本已经失控,超过了40亿美元。取消订单吧!"此话一出,波音公司股价一度跌逾1%,公司市值一夜之间蒸发十几亿美元。而在这条推特发布的更早时候,特朗普就曾经对媒体表态:"我们想要波音公司赚钱,但不是赚那么多钱!"

除了订单的"紧箍咒"外,美国政府掌控这些没有直接产权关系的产业巨头,还有完善的法律与强大的行政干预。诞生于130多年前,曾经在石油、电信、计算机等领域大杀四方,让产业巨头们闻之色变的《反垄断法案》,便是其中的一张王牌。

1997年,洛克希德·马丁公司申请与诺斯罗普·格鲁曼公司合并,以提升在全球市场的竞争力。虽然正值合并浪潮的高峰,但美国政府考虑到该合并完成后,将打破刚刚形成的洛克希德·马丁和波音公司两强竞争平衡,加上波音公司出手极力阻止,美国司法部出于反垄断考虑未予批准。

以自由竞争为基石,以国家利益为最高准则,这是美国政府的基本态度。环境因时变化,只要符合"国家意志",政府的"干预之手"也可以帮助产业巨头扫清障碍。

2002年,诺斯罗普·格鲁曼公司收购卫星部件和军事设备制

---

① 这一时期的美国五大军工巨头分别是洛克希德·马丁公司、波音公司、诺斯罗普·格鲁曼公司、通用动力公司、雷神公司。

造商 TRW 公司，此举遭到行业"老大"洛克希德·马丁公司的强烈阻止。但美国司法部还是批准了该合并案，因为这将打破洛克希德·马丁和波音公司在航空航天领域垄断多年的局面，形成新的三强竞争格局，政府采购部门也乐见其成。

除了《反垄断法案》之外，所有涉及外资对美国企业的并购、合资合作等商业行为，都必须通过美国外国投资委员会（CFIUS）的安全审查，以确保在这些涉外交易活动中，都不损害美国的国家安全和利益。尤其是近年来，CFIUS 屡屡针对中国企业出手，众多中资国有企业和民营企业都因为遭遇审查而投资失利。由于 CFIUS 有着非常严格的保密条款，从来不对涉案企业以及相关案例的审查过程公开发表看法，也被大批媒体和学者称为"美国最不透明机构之一""完全贯彻白宫意图的办事员"。

虽然政府部门拥有强大的干预力，但基本都是有法可依，美国完备的法律体系，给政府"出手"提供了合法性保障。若是企业对裁判结果存有质疑，至少可以通过两种途径申诉：向国会政府问责办公室投诉；或向联邦索赔法院起诉。这样至少从程序上保证了竞争的公平。

来自政府部门的订单 + 完善的法律保障 + 监管机构审查干预，是美国政府掌控这些重要企业的主要手段，让这些事关国家安全的高技术企业可以在政府的指挥棒下运转。即使在商业航天发展过程中，来自政府方面的项目订单和官方背书，也为 SpaceX 等新兴企业的快速成长提供了巨大助力。

随着 SpaceX 做大做强，马斯克似乎是在有意避免走上传统军工巨头的老路。一方面，SpaceX 力图摆脱高度依赖政府订单的局面，更多瞄准民用领域的增量市场，并且着力构建自成闭环的商业模式。

在 SpaceX 成立后相当长的一段时间里，马斯克都尽量撇清自己和军方项目的关系。另一方面，马斯克也担心反垄断的大棒挥舞到自己头上。到 2023 年，SpaceX 已经事实上占据了美国发射市场和卫星互联网星座的半壁江山，此时的马斯克也站出来向媒体表示，说自己不搞垄断，开放特斯拉和 SpaceX 的所有专利，让其他企业可以免费使用。

但是，作为一家已经在全球拥有巨大影响力的企业，美国政府不可能对 SpaceX 在商业航天领域的一家独大视而不见。政府和军方部门不断向 SpaceX 抛出大额订单的同时，也在用各种方式"招安"这家企业。在这些诱人的"胡萝卜"面前，号称"不做军火商"的 SpaceX 和五角大楼的关系也越来越紧密。2022 年 12 月 2 日，SpaceX 宣布成立了一个名为"星盾"的新业务部门，相比于之前与五角大楼合作时的遮遮掩掩，"星盾"计划几乎完全公开地瞄准美国军方需求，旨在开发新一代"军用版星链"，服务于美国国家安全机构和五角大楼。

华尔街的"政商旋转门"

无论订单、法律制度还是行政干预，背后都是国家意志的直接体现，美国政府即使不直接与企业发生产权关系，也能通过这三大法宝，给产业链上的关键企业戴上"紧箍咒"。除了这三大法宝之外，其实白宫手中还牢牢攥着一条隐形的"缰绳"——资本。

如今的美国五大军工巨头，大多历经上百年的发展演变史。从 20 世纪初的私人小作坊，成长为叱咤风云的巨无霸，其间经历无数次资本市场的洗牌、政府救市、兼并重组……股权结构和创办初期相比，早已面目全非。但幕后真正主导这些产业巨头发展壮大的，一直是华尔街的金融寡头。

在 2024 年年初洛克希德·马丁公司最新的股东名单中，最大股东是美国道富集团（State Street Corporation），持股 15.51%；次之是先锋领航集团（Vanguard Group Inc.），持股 9.23%；排名第三的是贝莱德集团（Blackrock Inc.），持股 6.96%。

这些赫赫有名的投资机构，也同时出现在波音、诺斯罗普·格鲁曼等航空航天巨头，以及微软、苹果、亚马逊、谷歌等新兴科技企业的股东名单上。虽然看似股权分散，但主要的几家股东，却通过一致行动等条款，掌握着这些高科技产业巨头的核心权力。而深扒这些机构投资人和共同基金的上层股东，又大多来自华尔街的超级财团和富豪们。这些隐藏在股东名册背后的财阀，并不直接参与企业经营，却间接左右企业的重大决策，并通过暗藏在华尔街深处的一道道"政商旋转门"，影响着美国的政策制定，甚至总统选举。

大权在握的政府要员，很多原本出身于华尔街。而大量卸任的政府高层，又再次进入华尔街，或者被各大财团和金融机构聘用任职。多年来，这道在白宫和华尔街之间无缝切换的"政商旋转门"，虽然被无数人诟病，但越转越快，成为美国政坛的一大特色。在洛克希德·马丁公司的标志上，赫然印着他们的企业口号："我们永远不会忘了为谁工作。"这个为国家兢兢业业服务一百多年的航空航天巨头，在白宫乃至全球政商界积累了深厚的人脉关系，也赚取了丰厚的利润。

近年来，随着一批硅谷高科技企业成长为新的产业巨头，并开始逐步参与金融领域，硅谷的新生代科技富豪们也纷纷成为白宫的座上宾。白宫—华尔街—硅谷之间的相互联系越来越紧密，相互渗透越来越明显，"硅谷版华尔街"已经隐隐浮出水面。

作为硅谷的新旗手，马斯克也堪称一位政商关系大师，不仅邀请了包括 NASA 前局长迈克尔·格里芬在内的一众高级官员担任顾问，这位新晋全球首富，还豪掷 440 亿美元收购社交媒体推特，力图通过控制舆论的方式，深度介入美国政治。

收购媒体，是美国超级富豪影响政坛的另外一项常见操作。例如马斯克的老对手贝佐斯，曾经于 2013 年收购了《华盛顿邮报》，还投资了知名商业媒体 Business Insider。乔布斯的遗孀，创立了艾默生基金会（Emerson Collective）的劳伦·鲍威尔·乔布斯，于 2017 年买下了《大西洋》杂志。

另外值得一提的是，马斯克在资本运作方面也是一位罕见的高手。为了避免过早被财团资本控制，马斯克在旗下 SpaceX、特斯拉等企业每一轮融资的时候，都小心翼翼地稀释着股权。至今，马斯克仍然牢牢掌握着这些公司的绝对控制权，并且 SpaceX 到今天仍未上市，也为其实现更大的"野心"打下了基础。

"政商旋转门"已经成为当前美国典型的政治生态，这种生态并不会因为某个党派或者某位总统的上台而发生改变。2016 年，特朗普在首次竞选总统时曾经痛斥华尔街，并誓言要"抽干华盛顿的沼泽"[①]，却在当选后组建了美国历史上"最富有的内阁"，并第一时间邀请高盛集团总裁格雷·科恩出任美国国家经济委员会主席，也让他的"3G"内阁——"高盛、将军和亿万富翁（Goldman, Generals and Gazillionaires）"称号更加名副其实。

事实上，华尔街对政坛的影响力早就不局限于美国国内，已经跨越大西洋，将触角延伸到了欧洲。对于白宫来说，抓住了华尔街

---

① "抽干沼泽（Drain the swamp）"是特朗普在 2016 年美国大选时喊出的竞选口号，意在彻底改变华盛顿的政治生态，他许诺"要建立一项长达五年的禁令，防止一切行政部门官员在离职后对政府决定的干预和游说"。

的富豪，也就相当于抓住了整个资本主义世界的经济命脉。不管历任总统在竞选时如何抨击华尔街，我们姑且都可以当作笑话来听。

2011年，三位均具有高盛背景的要帅——欧洲央行前行长马里奥·德拉吉、意大利前总理蒙蒂、希腊前总理卢卡斯·帕帕季莫斯上位的时候，英国《独立报》曾作过一篇题为《高盛：欧洲新主人》的专题报道。报道中惊呼："整个欧元区成了一个高盛集团的项目。当一般人还在烦恼紧缩和就业的时候，高盛系已经在欧元区的权力层进行一场天翻地覆的变革。"

与高盛系"入主"欧洲经济几乎同一时期，欧洲两大航空航天巨头——欧洲宇航防务集团（EADS）和英国宇航公司（BAE）的合并案宣布告吹。除了英、法、德三国政府的股权分歧外，导致这件旷世合并案被迫搁浅的幕后之手，正是美国。

欧洲的分歧和裂痕

2012年9月12日，柏林航展上，EADS和BAE高兴地对外宣称："双方正在洽谈合并重组事宜，并已进入高级别阶段。"这一声明立刻在全球舆论界掀起轩然大波，随后的一个月内，满怀期待的媒体纷纷聚焦欧洲，铺天盖地的新闻争先恐后报道这一焦点事件。由法、德两国主要控股的EADS和英国控股的BAE，在短短28天内展开了高潮迭起的谈判。作为此次谈判桌上的最大主角，英、法、德三国政府使尽浑身解数，派出了最精悍的谈判团队，为世人展示了一场惊心动魄的三方博弈。

这场欧洲史上最大的航空航天合并案如果得以完成，将一举超越波音公司，诞生新的全球第一大航空航天企业，EADS和BAE双方市场和技术优势将形成完美互补，而间接给三个国家带来的就业、经济、国防和国家利益等方面的影响，更是难以估量。

然而，拉锯谈判 28 天后，媒体却收到来自三国的联合声明，宣布谈判最终破裂，全球舆论界一片哗然。此后，英、法、德各自国内媒体流出的报道则是众说纷纭，均分别指责另外两国政府的态度是导致谈判告吹的最大原因。从谈判过程来看，导致合并案搁浅的最直接分歧，在于三国政府对于日后新公司股权结构的划分，以及权力大小无法达成一致，而造成这些问题复杂且敏感的根源，在于英、法、德三国政府对于航空航天这类带有战略色彩的高技术产业，一直采取不同的产权制度和管控方式。

从更深的层面来看，之所以英、法、德三国会在上述方面存在难以弥合的差异，是由各国的传统文化和历史思维所决定的：

其中，英国政府受美国私有化情结影响较大，更倾向于美国方式，即政府不在企业中占股，但设计了特殊的"金股"制度，通过"金股"，政府在某些关键问题上拥有一票否决权。

法国作为大陆国家，长期以来对民族利益和国家主权更为看重，政府国有情结更浓。在事关国家安全和国民经济命脉的重要行业中，政府往往以持大股的方式，直接控制企业。

德国则采取另外一种财团控制的模式。这个欧洲大陆最早出现垄断组织的国家，经历第一次世界大战、第二次世界大战和冷战分裂的洗礼，形成和发展了以大银行为中心和以工业垄断组织为主的两类财团。其中的代表包括法本、蒂森、弗利克、西门子、克虏伯、曼奈斯曼、三大银行（德意志银行、德累斯顿银行和德国商业银行）等，他们控制着国家经济命脉，操纵着国内政治生活。对于航空航天这一类事关国家安全的重要企业，德国政府通过另外一种模式控制，即不直接在企业中持股，但通过"根正苗红""政治过硬"的大企业或者银行财团等持股军工企业[1]，间接施加影响。

以此作为背景，就不难理解 EADS 和 BAE 合并案告吹的真实原因。法国政府要求继续在新公司中持有较多股权，并继续增持股份直到超过 10%，同时新公司总部设在法国的图卢兹。而德国则并不强调直接占股，但要求影响力方面与法国平衡，并将新公司总部设在德国的慕尼黑。

最终按下否决键的是英国，为这场价值观存在分歧的谈判率先画上了句号。但英国叫停合并案的背后，股权分歧只是次要原因，主要原因却是美国的幕后干预。

BAE 公司的最大客户之一是美国军方。对于英国来说，整合只是手段，市场订单才是最直接的发展动能。而论及合并，英国就不得不顾忌美国的态度。BAE 公司的代表从谈判一开始就表示，若美国政府不同意这项交易，就不会继续谈下去。很显然，受合并威胁最大的就是美国的波音公司。一旦合并成功，不仅波音公司进入欧洲市场会受到极大阻碍，甚至连美国本土的市场份额都有可能被挤压。而前文中提到，这家曾于 1997 年出手阻止洛克希德·马丁和诺斯罗普·格鲁曼合并的美国巨头，不会对此事坐视不管。

2012 年 9 月 19 日，在 EADS 和 BAE 宣布合并谈判的一周后，波音公司防务业务首席执行官丹尼斯·穆伦伯格即向媒体表示："我们认为这笔交易应该接受所有一般监管审查，而交易中的国家安全问题、行业问题等都需要解决。"行业老大哥一发话，还没等到美国政府表态，BAE 自己就怯场了。深知其中利害的英国人，及时叫停了合并案的谈判。

---

[1] 奔驰汽车的母公司戴姆勒集团，最多曾持有 EADS22.5% 左右的股份，后于 2013 年全部出清。

这场政府搭台、企业唱戏的谈判，最终草草收场。表面上看来是欧洲各国政府之间的利益分配导致了谈判的破裂，实质上是美国在幕后施加无形的影响导致的。美国的国家战略中有一条重要的方针——千方百计阻挠欧洲各国的联合与统一。若是放在这个大背景下来反观这次事件，与欧盟、欧元区各种争吵多年却仍然无果的谈判相比，两家企业的合并，实在算不了什么大事。

通过回顾分析十多年前的这场航空航天合并案，我们也就不难理解，为什么在当前全球商业航天发展如火如荼之时，在航天商业化方面甚至比美国先行一步的欧洲，却很难复制当年在民航领域打造出空中客车公司（以下简称"空客公司"）那样的成功案例，再次培育出一家类似于 SpaceX 的商业航天领军企业。

从产业特点来看，商业航天和民用航空有诸多类似之处。首先，两个市场都具有不完全竞争的特点，需要统一的大市场来支撑企业发展，必要的时候还需要依靠强有力的政府支持。其次，航天和航空产品都具有高技术、高复杂度的特点，需要通过大分工、大协作、大联动来完成研发和生产。

20 世纪六七十年代，正是欧洲一体化战略刚刚开始且加快推进的时期，西欧各国此时都是热血沸腾、齐心协力。尤其是欧洲经济共同体的成立，全面提升了欧洲主要国家共同为空客公司提供技术保障与市场支持的能力，这是空客公司可以在民用航空市场上，克服后发劣势、实现逆势崛起的根本原因。而此时的美国正陷入和苏联冷战的胶着状态，亟须拉拢西欧盟友，自然也没有打压欧洲企业的动力。

然而近年来，随着英、法、德等主要国家矛盾不断，美国也在其中频繁挑事儿，阻挠欧洲一体化进程，导致原本就分散在各国的技术资源如今更难整合，原本就不统一的市场如今更加碎片化。再加上如今欧盟经济复苏步履维艰，欧洲各国在商业航天领域，能否复现20世纪民航领域空客公司、航天领域阿里安火箭那样的辉煌，只能交给时间来验证。

普京的"铁鞭驭马"

在欧洲两大航空航天企业合并案告吹的同一年，另一个能在航空航天领域与美国掰一掰手腕的传统强国俄罗斯，正徘徊在又一个十字路口。

2012年8月31日，在俄罗斯联邦安全会议扩大会议上，俄罗斯总统普京要求负责军事工业的副总理罗戈津和俄罗斯联邦航天局局长波波夫金草拟一份重构国家航天工业的建议。在过去的18个月里，俄罗斯共计7次航天发射失败，导致直接损失了7颗卫星。普京认为，俄罗斯近来遭遇的一系列航天挫折，问题主要出在国内航天工业结构的不完善。在这次会议上，普京还建议完善军工行业的公私合作机制，打破军工由国家垄断的传统思维，简化私人资本创办新型企业和参与军工生产的程序，吸引私营企业完成该领域的国家订单任务。

普京对俄罗斯航天工业的"洗牌"，大致是按照"先公后私"的步骤进行。首先集中国内的存量资源，组建国有控股的大型科研生产联合体，确保核心能力被牢牢掌握在国家手中；其次鼓励私营企业参与，希望通过扶持一些有能力的新型私营企业，对国有企业形成补充，"用市场的手段解决市场的问题"。

2013年，罗戈津宣布对俄罗斯航天工业实行全面国有化，整合国内几乎所有的33家企业、设计局与科研单位，成立一家名为"联合火箭航天公司"的国有控股公司。2016年1月1日，联合火箭航天公司与主管航天工业的行政机构——俄罗斯联邦航天局进行了进一步合并，组建成为新的俄罗斯国家航天集团公司（Roscosmos）。

普京对俄罗斯航天工业的改革思路，和更早时候的航空工业改革有着众多相似之处。在此之前，苏联解体之后国内掀起的私有化运动，导致大量苏联遗留的工业资产被私人寡头瓜分，俄罗斯航空工业和航天工业也未能幸免，原本完整的体系被搞得四分五裂。在2007—2012年的总统和总理任期内，普京亲力亲为完成了对航空工业的所有制调整，实现了国家对航空工业的再控制。普京的强硬手段，在对俄罗斯航空工业的"洗牌"过程中可见一斑。

2001年，具有资深财务背景的尤里·拉斯妥奇金在俄罗斯左派"改革者"们的支持下，相继完成了对雷宾斯克航空发动机制造公司和留里卡-土星设计局的兼并。这意味着俄罗斯军用大推力涡扇发动机和大功率燃气轮机领域最重要的科研单位落入了私人的掌控。在掌控了雷宾斯克-留里卡-土星生产联合公司后，尤里·拉斯妥奇金（简称"小尤里"）把新的并购目标瞄准了当时俄罗斯最大的航空发动机生产企业——莫斯科礼炮机械制造生产公司。此举遭到了该公司总经理尤里·叶里谢耶夫（简称"老尤里"）的强烈抵制。

代表"改革派"势力的金融高手小尤里，与代表"保守派"势力的技术专家老尤里，围绕收购与反收购，展开了一场"礼炮对土星"的世纪对决。双方使尽浑身解数，动用了一切能动用的政府关系。在小尤里的穷追猛打下，礼炮公司几乎断水断粮。最终，老尤里凭借一笔俄罗斯国家进出口银行的资金，成功化解了礼炮公司的危机，赢得了这场战争。而这笔神奇的资金，据坊间传说来自一个

"东方国家"。[①]

在这场世纪大战进行得如火如荼之时，彼时刚刚上任的新总统普京，已经在密切关注事态的发展，并且悄悄谋划着一盘更大的棋局。时隔6年后，已经大权在握的普京总统终于亲自登场，并且出手就是狠招儿。2007年4月，普京签署总统令，要求先成立2—3家控股公司，最后整合成一家发动机制造企业，以此来整合俄罗斯全国的发动机企业。此举在其余公司推进顺利，唯独遭到了小尤里的强烈抵制。

双方围绕股份"收归国有"的问题，展开了激烈的斗争，在小尤里的煽动下，土星公司和其关联企业乌法厂的管理层，联合抵制国有资金的收购。就在法院仲裁无果、双方僵持不下的时候，全球金融危机的爆发，让事态出现了戏剧性的转折。原先财大气粗的土星公司，此刻也面临着资金链断裂的危机。由于屡屡对抗政府收购，土星公司在试图找俄罗斯国有银行贷款，和中央金融债券发行机构增发债券时，"顺理成章"地遭到了拒绝。

全球性金融危机帮了普京的大忙，终于到了收网的时候。2008年12月8日，转任俄罗斯总理的普京亲自出马，参加了土星公司的会议。会后宣布，国防工业股份公司将按照市场价格收购土星公司58%的私人股份，收购乌法厂49%的股份以及土星公司持有的乌法厂19%的股份。同时宣布，俄罗斯国家对外贸易银行将给予土星公司100亿卢布的贷款，并同意其增发30亿卢布的股票。经过一年多的互掰手腕，最后一个硬茬儿终于被"收归国有"，俄罗斯航空发动机的研发和制造，重新回到了政府的掌控之中。

---

① 吴献东：《军工企业与资本市场和政府的关系》，航空工业出版社2013年版。

在驯服了航空工业的寡头们之后，2012 年，普京又将"铁鞭"挥向了航天工业。此时，俄罗斯航天体系已经被私有化折腾得百病缠身，经费短缺、设备陈旧、寡头控制、腐败丛生等问题已非常严重。在这样的背景下，普京一边强力推行国有化改革，试图提升国有企业竞争力，一边加大内部整肃力度，重拳反腐。

时隔十多年后，再来盘点俄罗斯航空航天领域的改革成效，虽然与苏联时期的全面国营相比，已经形成了相对更加灵活的管理机制，但是仍然在"计划"与"市场"之间徘徊踟蹰。国有企业仍然被效率低下和腐败严重等问题困扰，私营企业大多数处于发育不良的状态。之所以陷入此种困局，主要有以下几方面的原因：

首先，没有良好的市场经济土壤作为生态基础，以及健全的法律制度作保障，容易衍生出畸形的市场经济。不伦不类的国家管控，最终让"法治"变为"人治"，常常出现顾首不顾尾的窘境，一不小心就陷入"一放就乱、一管就死"的怪圈。这是目前俄罗斯航空航天和众多工业领域改革面临的最根本问题。

其次，苏联解体之后，俄罗斯的国民经济一蹶不振，国防预算、民用航天预算大幅度缩水，且从 2014 年以来，因为乌克兰问题屡屡遭到西方制裁，在国际市场上的开拓也频频受挫。没有充足的市场订单滋养，单靠人为意志设计的体制也无法健全成长。

再次，普京的本意并不是全盘国有化，而是要将国内本就捉襟见肘的资源集中在少数国有企业身上，支持其具备国际竞争力。普京同样鼓励私营企业发展，但是由于俄罗斯国内从市场支持到资金支持都十分有限，只能优先照顾重要的一方，结果就是国有企业垄断了绝大部分市场和生产资源，问题仍然不少；私营企业得不到充足养分，长期发育不良。

回顾普京执政的 20 多年，这位克格勃特工出身的铁血硬汉，几乎凭借一己之力推动着全国上下的改革。事无巨细的普京，更像是俄罗斯经济的"总建筑师"，而非"总设计师"。但是在一片市场发育不够充分、市场体系不够健全的环境中，这种由强人意志刀砍斧凿形成的体制，仍然无法让俄罗斯的航空航天产业走出混沌。

相比于"强人政治"下的俄罗斯，中国在航空航天等重点领域的改革，半个多世纪以来一直延续着一种循序渐进、"摸着石头过河"的推进方式。在这种方式下虽然也走了不少弯路，或者被一些人认为推进不够快，却恰恰避免了因为领导者个人意志强势主导的"用力过猛"，并且从某种程度上倒逼着改革对象先行探索，自主适应市场环境变化，进而自下向上地推动制度变革。

二、使命共同体：勇攀高峰的中国科技工业

在复盘过美国、欧洲和俄罗斯的一系列历史案例和做法之后，我们将视线转回中国，再来回答前文提到的"如何既让马儿跑得好？又要让马儿听指挥？"这个问题。

这个问题从表面上看是如何处理好政府、企业、资本之间的关系，但如果我们用更大的格局来思考，这个问题是要如何在尊重各类创新主体经济利益的前提下，自下向上建立一套有效运行的"利益共同体"机制，以实现不同层级政府部门、不同所有制企业主体、不同类型资本之间的认知统筹、目标统筹、步调统筹、效益统筹，最终形成持续而坚实的"使命共同体"。

从各国的经验做法来看，通过"利益共同体+使命共同体"机制，发挥战略性科技力量的领跑带动作用，是最终实现国家创新与

企业创新之间统筹一致、推动本国科技工业不断进步的不二选择。但是由于各国的历史文化、国家制度、经济基础、创新条件等存在差异，在形成这个"共同体"机制的过程中，又分别走出了各不相同的道路，且众多决策和制度的出炉往往是因时而异、因环境变化而异。

中国和欧美国家的政治制度和国情不同，决定了我们在借鉴欧美经验时必须有所取舍，同时也要吸取各国在实践过程中的教训，充分发挥中国特色社会主义的独特优势，建立一套符合中国实际情况的"利益共同体+使命共同体"机制，以提升国家创新体系的整体效能，吸引更多创新要素聚集，催生更加强大的发展新动能。

两个时期的"举国体制"

集中力量办大事，一直是中国科技工业不断突破封锁、勇攀高峰的优良传统和重要法宝，尤其在一些需要大分工、大协作、大联动的重大战略工程和重大建设项目上，发挥了极为重要的作用。习近平总书记指出："我们最大的优势是我国社会主义制度能够集中力量办大事。这是我们成就事业的重要法宝。"[1]

新中国成立至今，集中力量办大事的举国体制，在我国不同发展阶段呈现不同的形式，承担不同的历史使命，发挥不同的历史作用。社会主义革命和建设时期，在国内百废待兴、经济困难、技术基础薄弱以及帝国主义围追堵截的情况下，以毛泽东同志为核心的党中央坚持独立自主、自力更生，率先探索举国体制，通过坚持党的领导、国家战略计划牵引、举国组织动员有机结合，凝聚起全国上下团结奋斗的力量，完成了国家工业化的原始积累，为我国从落

---

[1] 摘自2016年5月30日习近平总书记在全国科技创新大会、两院院士大会、中国科协第九次全国代表大会上的讲话。

后农业国转变为现代工业国打下了坚实基础。

改革开放以来，集中力量办大事的显著优势得到进一步发挥，推动了一系列关系国计民生和国家安全的重大工业项目建设，锻造了一批国之重器。2011年7月，科技部制定的《国家"十二五"科学和技术发展规划》提出"建立和完善社会主义市场经济条件下政产学研用相结合的新型举国体制"，这是我国政府部门首次在官方文件里提出"新型举国体制"这个词。

随着中国特色社会主义进入新时代，集中力量办大事的体制机制不断完善和发展，推动党和国家事业取得历史性成就、发生历史性变革。尤其是在美对华掀起科技封锁，企图在芯片等重点高科技领域卡死中国"脖子"之后，健全和实施新型举国体制，更加成为中国在科技封锁中破局突围的关键所在。2019年10月，党的十九届四中全会审议通过的《中共中央关于坚持和完善中国特色社会主义制度、推进国家治理体系和治理能力现代化若干重大问题的决定》，将完善包括新型举国体制在内的科技创新体制机制工作纳入社会主义基本经济制度框架。2022年10月，党的二十大报告对"完善科技创新体系"作出重要部署，强调要"完善党中央对科技工作统一领导的体制，健全新型举国体制"，并对强化国家战略科技力量、优化配置创新资源、加快实现高水平科技自立自强等提出一系列要求。至此，新型举国体制被正式确立为我国科技领域关键核心技术攻关的一项根本性的制度设计。

与计划经济时代的传统举国体制相比，新型举国体制有着全新的时代特征和发展逻辑，是在新形势下对历史经验的继承、发展和创新，主要体现在六大方面：

一是强调市场作为资源配置的决定性力量。新型举国体制更加注重将有效市场和有为政府相结合，认为政府与市场不是非此即彼的对立关系，而是相互依存、互为补充，政府作用需要在市场决定资源配置的基础上才能更好发挥。

二是科技创新和核心技术攻关成为主战场。如果说新中国成立初期的传统举国体制主要解决"有没有"的问题，甚至可以为此不惜代价、不计成本，新型举国体制则侧重解决"好不好"的问题，通过推动一批与国家安全、工业经济等密切相关的科技创新和核心技术攻关，助力产业升级和经济高质量发展。

三是强化企业在科技创新中的主体地位。企业是最具市场活力和发展动力的创新主体，也是链接技术与市场的枢纽。新型举国体制力求发挥市场机制的重要作用，推动创新要素向产业链上具有更高生产率的企业主体流动，强化关键研发成果的转化应用，形成技术攻关与产业发展的紧密关系。

四是参与者更广泛并形成新的组织形式。新型举国体制在市场化环境下动员政府、企业、资本、社会等各方力量，众多民营企业、多元化社会资本、新型研发机构、中介服务机构等在"共同利益＋共同使命"的驱动下加入重大科技创新和重大项目建设，并成为其中的重要变量，也使创新协作呈现出新的组织形式。

五是政府角色从管理者向服务者转变。相比于计划经济时代的全能型政府，新型举国体制要求政府职能逐步从管理向服务方向发展，重点在营造环境、维护公平、规划引导、加强服务等方面和市场失灵环节主动作为，通过体系化的制度设计来推动整体性创新。

六是更加注重全球化视野和开放创新。经济全球化是不可阻挡的大趋势，新型举国体制要求创新过程不能闭门造车，不仅要重视国内市场，也要重视国际市场；不仅要重视自主创新，也要重视开放创新，从而更好地实现国内国际市场的融合，以及自主创新和开放创新的协同。

新中国成立 70 多年来，举国体制一直在实践中不断完善发展，逐步建立了中国特色的运行机制。作为关乎国家科技实力和综合竞争力的战略性力量，中国航天无论是过去还是现在，都是体现举国体制优势的成功范例。在新的时代背景、国际环境和发展使命下，新型举国体制对发展商业航天同样具有极为重要的现实意义。

一方面，当前民营商业航天与传统国家航天之间的隔阂仍然存在，"两张皮"现象仍然明显。通过发挥新型举国体制作用，加强政府统筹规划和积极引导，可以有效整合底层资源，避免低水平重复建设，克服当前我国商业航天发展过程中出现的同质化竞争"打乱仗"等现象，帮助生态链上"散、小、独、弱"的企业向"专、精、特、新"发展。

另一方面，当前我国航天技术相比于美国等发达国家，还存在不少短板有待加强，一些关键技术被"卡脖子"的现象仍然存在。在新型举国体制的框架下，通过"企业出题、政府选题、能者解题、市场阅卷"的创新联合体模式，可以有效集合企业、科研院所、高校、新型研发机构等各方力量，聚焦关键技术突破，实现我国商业航天的整体突破。

解题新思路

不论是传统举国体制还是新型举国体制，都是推动稀缺人才、有限资源向重大项目和技术攻关任务聚集，实现资源精准配置的制度安排与组织方式。简单来说，传统举国体制的"底盘"是单一公有制和计划经济体制，主要依靠党政命令来组织动员各个单位，而非通过市场购买。新型举国体制的"底盘"是公有制为主体、多种所有制经济共同发展的社会主义市场经济。

20世纪五六十年代，钱学森等人之所以反对中科院力学所搞火箭，主要还是因为当时国家贫穷，财政的钱不够同时支起两个摊子。并且，在人才和资源都十分有限的条件下，如果大家都去抢着干"从1到10"的事，那么"从0到1"的工作必然就没有人干。

如今，随着时代发展和环境条件变化，这个问题也有了新的解法。2018年12月，国内首家混合所有制商业航天企业——中科宇航成立。作为力学所孵化的企业，中科宇航定位为国家重大科研项目的成果转化平台，旨在依托中科院力学所和空天飞行科技中心的科研力量和资源优势，研发集成新一代的空天飞行器，并面向商业航天市场提供航天发射服务。另外值得一提的是，中科宇航董事长杨毅强曾经担任长征十一号固体运载火箭、首型空射运载火箭的总指挥，公司核心团队中也包括多位国内航天工程领域的顶尖专家。

有了中科院科研平台和经验丰富的工程技术团队同时加持，中科宇航在成立后短时间内就交出了出色的答卷。2022年7月27日，首款产品力箭一号遥一运载火箭在酒泉卫星发射中心成功发射，采用"一箭6星"的方式，顺利将6颗卫星送入预定轨道，刷新了当时国内最大固体运载火箭的纪录。力箭一号又名"中科一号甲"，由中科院"十四五"重大项目支持，是由中科院力学所抓总、中科宇航参与研制的首型固体运载火箭。2023年6月27日，力箭一号遥二运载火箭再次发射成功，采用"一箭26星"的方式，刷新了当时国内商业火箭"一箭多星"最高纪录。

和中科宇航同样脱胎于中科院体系的长光卫星，也是类似的诞生模式，在基于长春光机所重大技术创新课题的成果上，通过成立市场化公司，来推动技术的持续完善和推广应用。由浙江大学孵化的众星志连，则是基于浙江大学微小卫星研究中心长期以来在微纳卫星方面的研究成果，通过高校、地方政府、团队三方联合推动，并引入社会资本，成立的技术成果产业化公司。

由国家出钱支持技术攻关，在高校和科研院所里完成"从0到1"的开发；再把成果拿出来，用市场化的资金和方式去推动"从1到10""从10到100"的产业化应用；成果单位成果转化获得的收益，可以再次投入新的研发活动中。这种政、产、学、研、金、用紧密结合的方式，近年来在科技创新活动中越来越流行。

安全是发展的前提，发展是安全的保障。当前，世界百年未有之大变局加速演进，逆全球化、单边主义、保护主义、局部冲突明显上升，我国发展正处于充斥不确定性和不稳定性的世界动荡变革期。在此背景下，建设一支强大的人民军队，除了可以为我们的国家安全和稳定发展保驾护航之外，军用场景和军工体系本身也可以融入一体化的创新生态中，成为新型国家创新体系的有机组成部分。

党的十八大以来，随着军民融合发展上升为国家战略，加快推动各类先进技术"军转民""民参军"也被社会各界日益重视，通过军民协同、军地协同等方式开展关键技术攻关和技术产品创新也成为新的探索方向。从全球各国以及中国实践的历史经验来看，开展军民融合协同创新，对于先进技术的孵化培育、转化应用都具有巨大促进作用：

一方面，以航天、航空、船舶、电子、核工业等为代表的军工领域历来是国家重大创新成果的集中产出地，在实施国家重大专项工程和完成装备科研生产任务过程中，形成了大批标志性科技成果，这些科技成果大多集中在尖端和前沿领域，具有较强的溢出和牵引效应。例如计算机、半导体、无线通信、自动化等我们熟悉的现代技术都是因为军工需求而诞生，日后通过在民用领域的转化创新，并吸收全球科技创新成果，孵化出一批又一批的高科技产业群。

另一方面，军用场景还是众多原创先进技术的第一试验场和磨刀石。当前，大量国产替代先进技术开发过程中遇到的关键难题，并不在于技术本身，而在于市场认可。由于军工领域往往是对国产化比例要求最高、需求最迫切的产业领域，可以成为例如工业软件、前沿新材料、新型元器件等先进技术从工程开发到成熟应用的第一块试验场。此外，由于军品体系有一套完整、严格的技术验证标准，是有一套针对小批量产品的采购和定价机制，也可以成为众多原创先进技术的最佳磨刀石。

随着新型国家创新体系底层生态的不断丰富，创新活动参与主体越来越多元化，各类科技中介机构在其中发挥的作用也日益重要。早在2002年，国家科技部就印发了《关于大力发展科技中介机构的意见》（国科发政字〔2002〕488号），针对完善科技服务体系，推进国家创新体系建设，进一步发展科技中介机构的若干问题提出了指导性意见。经过20多年的探索发展，我国已经初步建立起由众多咨询机构、培训机构、财税法事务机构、孵化器、行业协会等组成的科技中介服务体系，科技中介服务业呈现出蓬勃发展态势，在科技创新活动中发挥着重要的桥梁枢纽和润滑剂作用。

"八位一体"的新型国家创新体系

军、政、产、学、研、金、介、用多主体紧密互动，构成了"八位一体"的新型国家创新体系，在这个全新的国家创新生态系统中：

"军"指军队。军队为我们提供安全保障，让我们拥有安全和稳定的发展环境，提升我国国际话语权；同时，我们通过发展科技、壮大综合国力，也可以建设起一支更加强大的人民军队。

"政"指政府。政府是基础设施的建设者、制度资源的提供者、公平竞争的维护者、各方利益的协调者；同时也是产业升级、经济发展的规划者和设计者，还能在重大项目和基础性研究中发挥兜底作用。

"产"指企业。企业是产业主体、市场主体和创新主体，也是国民经济发展的基本细胞，企业具有离市场最近的天然优势，可以有效凝聚知识、技术、人才、资金、设备等各方面资源，创造出新质态的产品并投入市场。

"学"指高校。高校是原始创新成果的重要来源，是知识生产、传播扩散和转化应用的重要载体，也是培育人才的摇篮，随着知识密集型产业在经济发展中的地位日益凸显，高校在新型国家创新体系建设中也将扮演更加重要的角色。

"研"指科研机构。科研院所是科学研究和技术开发的基地，通过充分发挥我国的制度优势，将科技资源在各类国家实验室、事业单位科研院所、新型研发机构之间优化配置与使用，可以集中有限资源干大事，确保重要科技项目尤其是战略性国家重大科技攻关任务的完成。

"金"指金融资本。金融资本为创新活动提供资金支持、分担创新风险，并在企业跨越式发展中发挥杠杆作用。积极且正确地支持引导资本市场发育，可以让金融资本更加有效地发挥资源撮合和调度作用，为创新主体提供更灵活的资金支持。

"介"指科技中介。各类提供技术服务、知识服务、信息服务、资源服务的中介服务机构，可以有效消除因创新网络庞大复杂而形成的信息差，降低各主体协同过程中的交易成本，为创新者打开"边界"并更高效地获取外部技术、知识、信息、资源，提高整个体系的协同效率。

"用"指用户。用户需求形成有效市场,并引领整个创新活动,在畅通经济"双循环"、构建新发展格局的大视野下,企业不仅需要立足国内大市场,也要积极开拓海外市场。

简单概括,新型国家创新体系是一个以安全稳定为发展前提、以政府为规则维护者、以企业为创新主体、以高校为创新源泉、以科研机构为支撑、以金融资本为杠杆、以中介为促进、以市场为导向的新型协同创新体系。

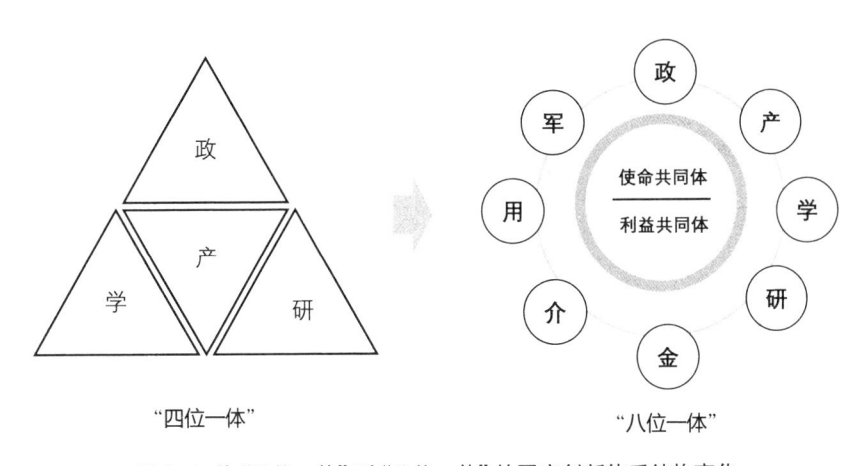

图 8-1 从"四位一体"到"八位一体"的国家创新体系结构变化

在政、产、学、研"四位一体"的传统国家创新体系中,有效市场需求长期缺位,导致创新原动力存在不足;市场化的中介服务机构数量稀少,导致创新链条的润滑度不够;多层次的金融资本市场不够完善,导致创新主体的粮草弹药得不到灵活补充、企业行动机械僵化;国防建设长期让位于经济建设,导致我们长期被国外反华势力掣肘,在国际舞台上的话语权不够。而"八位一体"的新型国家创新体系，恰恰通过引入军、金、介、用四类新型创新主体，可以有效弥合原有主体之间出现的协作断裂，丰沛创新力量，消除创新原动力不足等症结。

新主体加入也带来了变量增加。在"八位一体"的新型国家创新体系框架下，各个关键参与主体之间本质上是一个动态的有机联系机制，围绕技术创新突破的共同目标，在协同创新体系中进行交互式学习和协助，共同解决问题。只有理顺军、政、产、学、研、金、介、用八个关键参与主体之间的互动关系，通过"市场＋法治"手段来消除链接之间的不稳定性，才能降低因为变量波动而给各主体带来损失的风险，让新型国家创新体系在社会主义市场经济条件下更好地发挥作用。

从具体实践来看，由于突破关键核心技术的类型不同，国家创新体系的主体之间互动模式也不同。浙江大学社会科学学部主任、创新管理与持续竞争力研究中心主任吴晓波教授在其著作《超越追赶——中国创新之路》中认为，各个关键参与主体之间主要有两种典型的互动关系模式：

一是基于科学前沿的"撒手锏"技术突破的互动关系。在这类创新活动中，核心通常是高等院校和科研机构，创新型领军企业和政府则围绕这个核心发挥各自的作用。由于这类技术具有前瞻性强、技术壁垒高、风险性高的特点，研发过程中不仅需要考虑内生技术要素，还需要外部体制的引导和环境的包容。

二是基于商业赶超的"卡脖子"技术突破的互动关系。在这类创新活动中，企业是核心，企业根据市场状态和技术发展趋势向其他参与主体提出创新需求。基于商业赶超的互动模式需要高度融合市场需求，建立需求导向和应用导向，以集中科研优势，精准解决关键领域的"卡脖子"问题。

在这两种关系模式的基础上，吴晓波教授团队还就如何建立新型国家创新体系的协同运行机制进行了深入思考，从创新链条、参与主体、技术特征出发，遵循基于生态协同的"能力提升+资源配置+激励治理"逻辑，提出了建立"四个方面机制"的建议，即突破关键核心技术的能力提升机制，突破关键核心技术的资源分配机制，突破关键核心技术的激励治理机制，促进关键核心技术突破的生态协同机制。①

吴晓波教授团队提炼和总结的"两种关系"和"四个方面机制"，深入阐释了中国特色国家创新体系的内在机理，基本覆盖了重大科技创新活动的关键参与主体，凸显了新型国家创新体系作为"使命共同体"和"利益共同体"的双重属性，对于当前各级政府强化顶层设计、完善政策举措具有重要的参考价值和借鉴意义。

共同利益、共同使命、共同命运

如今，我国改革开放已经走过40多年，在社会主义市场经济蓬勃发展，利益主体及诉求越来越多元化的客观环境下，更需要通过"利益共同体+使命共同体"的新理念来引领新型举国体制建设，驱动构建军、政、产、学、研、金、介、用"八位一体"的新型国家创新体系，从而塑造我国社会主义市场经济在新阶段的新格局。

"利益共同体"是指各方利益相互依赖、共赢共损的群体。由于在社会主义市场经济体制下，各类新型创新主体、多种所有制的企业分别有着不同的利益诉求和自主权利，在结成"使命共同体"的过程中会有不同的损益绩效，需要在互相理解、互相尊重的前提下，

---

① "两种关系""四个方面机制"由吴晓波和方刚在其合著作品《超越追赶——中国创新之路》第八章"七位一体的国家创新系统"中总结提出。

首先形成自下向上的"利益共同体",方能形成持续而坚实的"使命共同体"[①]。"利益共同体+使命共同体",本质上是基于一种互利、共赢的协作关系,进而形成共享、共建、共创的创新局面,最终成为共生、共荣的"命运共同体"。

从"共同利益"到"共同使命"再到"共同命运",重点在于如何在中国环境下营造一种新型协同生态,推动在各个关键参与主体之间实现前文提到的四个统筹,即认知统筹、目标统筹、步调统筹、效益统筹。难点在于如何在这个改造过程中,同时给予各个关键参与主体,尤其是企业、资本、科技中介等灵活主体坚守创新、长期发展的坚定信心。

我们基于本书对商业航天这个典型样本的分析总结,结合多年来调研和服务企业、支撑各级政府部门开展规划研究的一些实际经验,在吴晓波教授团队提出的建立"四个方面机制"建议基础上,继续探讨一些具体的实施举措,可以简单概括为夯实"四个方面基础"和推动"四个方面供给":

一是夯实共同思想基础,推动高水平的智力供给。"利益共同体+使命共同体"形成的前提是各主体之间有着共同目标,而共同目标通常又是建立在共同认知的基础上。随着创新活动越来越复杂,高水平智力支撑在其中的作用也日益凸显。在党和国家的号召下,近年来各级政府都越来越重视调查研究这项基本工作。从政府到高校,从科研院所到企业,从金融资本到各类服务机构,都在不约而同地组建高水平智库或者研究部门,以提高对经济形势和产业发展的前瞻预判能力、前沿交叉研究能力、系统分析能力和综合决策能

[①] 吴晓波、付亚男:《用好新型举国体制促进我国制造业创新发展》,《中国社会经济论坛》2021年第4期,第12—16页。

力。由于这些智库和研究部门更多的是服务不同的主体对象，代表各不相同的立场和利益诉求，运行过程中难免出现专业水平参差不齐、"声音大盖过声音小"、各类智库难以形成合力等问题。

推动高水平的智力供给，不仅要重视打造一批专业化的新型智库，更需要完善中国特色的智库体系建设。一方面，将完整、准确、全面贯彻新发展理念作为夯实共同思想基础的重要方法论，贯穿于整个体系建设之中；通过建立智库之间的协同创新机制、完善问题解决导向的考核评价机制等方式，提升智力供给的质量水平。另一方面，随着当前数字经济快速发展，数据驱动、"循数增智"正逐渐成为各类智库发展的新趋势，通过推动数据开放共享，打造统一的数据中台，也可以成为消除信息差，提升高水平智力供给能力，完善中国特色智库体系的坚实保障。

二是夯实资源配置基础，推动集约型的要素供给。所有经济活动最根本的问题，就是如何更有效地配置资源。党的十一届三中全会以来，我国在资源配置方式上基本实现了由国家计划配置为主向市场配置为主的转变，从党的十四大提出要使市场对资源配置起基础性作用，到党的十八届三中全会提出要使市场在资源配置中起决定性作用。从"基础"到"决定"虽然只有两字之差，却深刻反映了在全面深化改革的进程中，市场的作用与力量正在进一步得到释放。然而从经济学的基本原理来看，市场并不是万能的，在全球各主要经济体的实践过程中，市场失灵政府补、政府失灵市场补，二者历来是相辅相成的关系。这就要求我们在当前经济体制改革过程中，必须时刻处理好政府和市场的关系这一核心问题，更好地发挥政府作用，夯实资源配置的基础底座，推动形成集约型的要素供给模式。

从中国的实践经验看，处理好政府与市场关系、推动集约型的要素供给需要有中国特色的创新。一方面，推动建设面向科技创新的要素资源市场，在全国各地因地制宜建设政府引导、市场主导的要素资源市场，推动资源配置依据市场规则、市场价格、市场竞争，实现效益最大化和效率最优化；另一方面，在政府统筹的重大科技创新项目中，建立"能者上、庸者下、优者奖、劣者汰"的公平竞争机制，确保创新资源向"能者"聚集，奖励和补助向"优者"倾斜。

三是夯实金融市场基础，推动精准型的资本供给。金融资本在企业之间结成"利益共同体"的过程中，可以发挥天然的"黏合剂"作用。金融资本对企业的投资选择和退出方式，间接影响着企业发展的阶段性目标设定。由国家和地方政府主导设立的产业引导基金，既是政府约束企业的一根"隐形缰绳"，也是引导进一步形成"使命共同体"的重要纽带。当前，以政企分开、政资分开为原则，以"管资本"为主要思路的国企改革顶层设计方案已经全面推开。从"管企业"到"管资本"，不仅有利于激活国有企业的创新活力，也有利于打破所有制隔阂，营造各类所有制企业之间公平竞争的环境。随着资本市场服务实体经济的广度、深度明显拓展，我国金融与实体经济的良性循环正在逐步形成，目前需要思考的重点是，如何持续优化金融结构，培育和壮大"耐心资本"，引导金融资源更加精准地支持发展的重点领域和薄弱环节。

提升金融供给与实体经济的匹配性，需要在加大金融支持力度的同时，更加关注金融服务效能。一方面，通过不断完善多层次的金融资本市场，突出各板块、各市场的功能特色，持续丰富金融供给，同时进一步解决投融资信息不对称问题，引导合适的钱投向合适的企业；另一方面，通过建立支持"长钱长投"的政策体系并完善适配制度，培育适宜"耐心资本"发展的生态环境，提升资本长期投资的信心，构建长期资金、资本市场与实体经济协同发展的良性机制。

四是夯实法治保障基础，推动高质量的政策供给。社会主义市场经济本质上是法治经济，在形成"利益共同体+使命共同体"的过程中，公平和正义需要靠完备的法律体系、普遍的法律遵守来维护实现，政府权力与责任的边界需要法定化。近年来，各地在拼经济、抢资源过程中出现的诸多问题和乱象，根源都在于法治不健全；政策制定不科学、措施出台不合理的相当一部分原因也是脱离实际、于法无据而出现"拍脑袋"现象，或者没有及时把权力关进法律的笼子里，而造成政府干预的"手伸得过长"。在推动构建"八位一体"的新型国家创新体系过程中，更需要我们加强建设法治政府、创新政府、廉洁政府和服务型政府，全面履行好政府职责。

深入推进依法行政，全面提高行政效能，关键是要让政府的政策制定做到遵循规律、广聚共识、于法有据，进而推动高质量的政策供给。一方面，加强国家层面立法研究，及时清理、修改、废止不合时宜的法律法规，用法治给行政权力定规矩、划界限，通过依法"治权"来建立法治型的政府权力清单，通过依法"限权"来确保更大范围的"放权"，通过完善公众监督机制、行政问责机制来建立阳光型、责任型的权力清单；另一方面，将问题导向的调查研究工作进一步制度化，建立随时随地"发现问题、聚焦问题、研究问题、解决问题"的工作常态长效机制，以科学提出解决各种矛盾和问题的举措和方法，推动精准有效的措施出台和高质量的政策制定。

结语

高质量发展需要"硬科技",也需要"软制造"

在全书即将完稿之际,我们也在同时思考另一个问题:除了加快科技创新、不断突破关键技术之外,助力当下中国产业升级,推动经济高质量发展,还需要做些什么?

"硬科技"这个词在中国已经流行了十多年,最早由中科创星创始合伙人米磊博士于2010年左右提出。在2008年国际金融危机的阴霾还未完全散去,中国经济发展面临人口红利消失等问题的背景下,米磊博士认为中国亟须改变以往"重"商业模式创新而"轻"技术创新的现状,通过引导人们关注那些真正能够推动经济发展、需要长期研发投入和持续积累的关键核心原创技术,来推动新时期中国经济增长从要素驱动、投资驱动转向创新驱动。

但是,通过研究商业航天,我们发现了一个"反向而行"的样本。航天商业化之所以能带来新的经济业态、新的增量市场,进而成为拉动经济增长的新引擎,反而是通过另外一种"规模化+柔性化+服务化"的工业管理思维,推动众多昂贵的先进技术走下殿堂,变成普通人也用得起的产品。基于此现象,我们比较研究了近些年来在全球化制造和战略管理中的一些相关概念和模式，例如发展了近半个世纪的"柔性制造"、德国的"工业4.0"、IBM倡导的"软性制造"，以及国内一些学者提出的"服务型制造"等，并结合当下中国正在发生的真实变化，将其提炼汇总成一个新词——"软制造"。

其中，"软制造"的"软"，主要体现在以下六个方面：

一是企业开发的产品变"软"。在新技术和新产品供应相对稀缺、尚未形成规模化市场的阶段，定义产品的权力主要掌握在供给侧，而随着技术不断成熟和扩散，同类竞品纷纷出现，用户逐渐掌握决定产品的权力，此时的企业必须放下身段，通过更加敏捷、精准、柔性的产品开发和推广方式，将销售产品的思维转变为提供服务的思维，来为用户创造增量价值，满足用户更加多元化的需求。

二是企业的生产模式变"软"。为了应对用户需求多元化带来的大规模、定制化生产要求，企业需要积极借助自动化、信息化、数字化、智能化等技术工具，建立一种更加灵活、柔性的生产能力，包括新技术的吸收植入能力、生产线的柔性反应能力、产品的持续迭代能力等，以针对市场端的动态变化第一时间作出反应。

三是企业的供应链条变"软"。随着上游新技术不断涌现，创新主体日渐增多，同一产品实现技术目标的路径也越来越多，供应商的选择面也更广，下游企业供应链从原来"履带式"的供应链条，逐渐演变为一张"渔网式"的供应网络，对上游供应商的管理从侧重于"控制"，逐渐转变为侧重于"捕捉"和"筛选"。

四是企业的资金链条变"软"。在多层次的资本市场尚未完善之前，企业的融资渠道十分有限，为了满足资金的回报要求，企业往往需要按照投资者设定的节奏完成投入、创造利润，也间接导致企业的行动方式机械单一，资金链时常处于僵硬转动状态。随着各类市场化的资本越来越活跃，融资方式也变得丰富，企业可以根据自身所处的行业特点和发展计划选择融资方案，不仅极大增强了资金链弹性，也使得企业经营发展拥有更大的回旋余地。

五是企业的组织架构变"软"。在上述几方面变化相继发生之时，企业需要同时完成组织管理方面的适配，将传统的"刚性"管理模式，改造升级成为更具灵活性、柔韧性的"弹性"管理模式，通过建立一种更加开放包容的组织架构，来激活更多管理层和一线员工的创造力，推动企业摆脱传统成长路径依赖，实现从追赶到超越追赶的创新升级。

六是要素供应的管道变"软"。从计划经济的"金字塔结构"到市场经济的"丛林生态"，随着各类树种蓬勃生长，供应资源要素的"水系"也越来越丰富，创新要素的流动性越来越强，资源配置方式也越来越灵活，各种新型协作方式、分布式开发方式、联合生产方式纷纷出现；在这个过程中，各类创新资源要素从原来"定向输送式"的管道供应方式，逐渐演变为"互动流通式"的生态水系供应方式。

从上述六个方面的变化可以看出，"软制造"不仅仅是企业内部的模式革新，也是整体产业生态的变化跃迁。需要说明的是，"软制造"和"硬科技"并不是相悖的概念，而是一个动态联系的整体。如果说"硬科技"侧重关注科技创新"从0到1"的技术突破阶段，"软制造"则侧重关注技术成果"从1到10""从10到100"的工程化、产业化阶段。而我们认为，当前推动我国构建现代化产业体系既需要"硬科技"，也需要"软制造"，二者相辅相成，缺一不可。

以高水平制造业为代表的实体经济，是当下中国构建现代化产业体系的主要支撑，无论如何强调其重要性都不为过。在全球经济形势向好时，实体经济就好像一面风帆，可以帮助中国经济这条大船乘风破浪、持续远航；在全球经济形势严峻时，实体经济就如同一把巨伞，让中国经济在复杂多变的国际环境下能够有效抵御外部风险，为国民经济遮风挡雨。

从产业升级的宏观角度来看，"硬科技"如同这把巨伞的骨架，唯有将伞骨锻铸得更加坚固，才能撑开中国制造业转型升级的庞大体量。"软制造"则是这把巨伞的伞面，唯有将伞面织造得更具韧性，才能确保整个产业体系既不笨重，还能足够抗冲击。

从企业发展的微观来看，"硬科技"侧重于壮骨强筋，可以帮助企业强健体魄，提升企业的市场竞争力。"软制造"侧重于补气养神，可以让企业精神面貌、管理方式焕然一新，提高企业在复杂环境下的生存能力，通过"穿越周期"实现"超越追赶"。

古人云："刚者易折，柔则长存。"近年来，随着国际形势风云变幻，逆全球化思潮甚嚣尘上，美国等西方国家加快对我国实施"脱钩断链"；国内竞争越来越激烈，企业出海之路屡遇颠簸。但是我们也欣慰地看到，各类企业的自我进化正在悄悄发生，各行各业的超越追赶正在跑出"中国速度"。正是因为中国人自强不息、百折不挠的精神传承，才培育出一大批具备强大适应能力的中国企业，凝聚起推动中华民族伟大复兴号巨轮乘风破浪、扬帆远航的磅礴力量。

后记　航天精神的新时代价值

在本书的酝酿和写作过程中，有多位科技界、航天界的老前辈曾经给予过笔者特殊帮助，并成为本书最终得以完稿的巨大精神激励。

第一位是中国科学院科技战略咨询研究院的退休研究员顾淑林老师。顾老师是我国当代杰出思想家顾准先生的长女，也曾经担任"两弹一星"元勋郭永怀烈士的助手，后来转向科技政策研究，是中国科技政策与创新理论研究领域极具影响力的专家。

顾淑林老师是促使我下定决心写完这本书的最直接动力之一。2019年年初，由于我常常出差北京，一次和另外几位在京友人在顾老师家中闲聊时，听到她提起"钱杨之争"这段往事，这时候我提出想要多了解一点细节，原本只是想当成一段历史逸事来挖掘。可是顾老师却表现出了一贯以来的"极为较真儿"，"逼着"我们深入思考其中一些问题，包括科学与技术的关系、我们需要建设什么样的国家创新体系等。在我离京之后，顾老师还多次跑去一些相关单位游说，希望可以得到这些专业单位的支持，使之立项成为正式课题。其间也有不少人力劝她放弃，说这个题目太大，光调研和搜集资料就需要耗费极大精力，实则是担心老人家当时已年近八旬，身体吃不消。但顾老师却对这个题目表现出了异乎寻常的执着，甚至在新冠疫情防控期间，经常一个人顶着北京的严寒和酷暑，冒着"黄码"风险，挤公交去联络各方资源。而那段时间我主要居住在深圳，因为健康宝"弹窗"问题进京困难，还会经常被顾老师打电话过来"督促"学习和研究。随着顾老师的"满腔热血"被多次泼冷水，我也一直通过各种办法试图安慰老人家，跟她许诺即使得不到专业单位支持，也会用"民科"的方式把这个课题做下去，来完成她的这个"心愿"。恰好我当时正在关注航天领域的商业化改革，随着调研和思考越来越深入，我发现之前顾老师提出的问题与商业航天形成与发展之间有着密不可分的联系，于是便"自作主张"，将两个题目合二为一。

2021年年初，我算是初步完成了一个阶段性的小成果，写了一份7万多字的报告《再问苍穹：变革浪潮下的中国商业航天》，并给顾老师邮寄了几本。后来再去北京看望她时，我发现顾老师正在册子上逐字逐句地批注并作笔记，很多地方的笔记字数比我的正文都多。这本现在看起来略显粗糙的册子，顾老师为了帮我"宣传"，不仅到处推荐送人，还专门在中科院帮我安排了一场研讨会。同时，顾老师还积极帮我联络出版社，力促我把这份报告扩编成书出版。

第二位是中国科学院力学研究所的退休研究员谈庆明老师。谈庆明老师是力学所的老专家，曾经和郑哲敏院士共同主编过《钱学森手稿》，是为数不多的几位经历过"钱杨之争"健在的老人。2020年7月，谈庆明老师得知我们希望了解一些"两弹一星"的早期故事时，在位于北京海淀黄庄小区中科院宿舍楼的家里热情接待了我们。见面当天早上我才知道，为了给我们准备访谈资料，谈庆明老师直到前一天深夜还在家中整理几十年前的期刊和文献，用老式打印机一张张打印电脑里保存的资料。访谈过程中，尽管我们已经努力控制时间，但是年逾八旬的谈老师仍然不顾腰上有伤，半倚在老式木板床上，和我们畅谈了近6小时，非常认真地回忆着每一个历史细节。

第三位是已经故去的国家最高科学技术奖获得者、爆炸力学的奠基人郑哲敏院士。郑院士不仅是中国力学学科建设与发展的组织者和领导者之一，也是一位和钱学森一样拥有宏大视野的战略科学家。2020年7月，96岁高龄的郑哲敏院士因病住院，当从前来探望的顾老师处"意外"得知有几个"不知天高地厚"的年轻人，想要做一个关于国家科技创新体系题目的时候，郑院士立刻表现出小孩子一样的兴奋和热情，不仅亲自设计问题、罗列专家名单，甚至多次表示"等我出院，要亲自来抓总"。郑院士在病情发展到后期，身体状况已经十分不好的情况下，还在保持与顾老师定期通话，关心课题情况。2021年8月25日，郑哲敏院士驾鹤西去，我怀着无比沉痛的心情在网上翻看几篇追忆郑院士的长文之时才知道，这位将毕生精力都奉献给国家和人民的科学家，直到生命的最后时刻都没有停止工作。

郑院士、顾老师、谈老师，他们都是从"两弹一星"时代一路走来的新中国第一代航天人和科技工作者。作为一名从来没有在航天系统和体制内工作过的晚辈，我在向他们请教和与之接触的过程中，仿佛亲身走进了那个只有从小时候课本和报纸上才能找到描述的精神世界。那种一生为国、无私奉献、追求真理、对待工作近乎"轴"的执着和认真，放在如今的很多场合都是让人难以想象的。

除了上述三位老前辈之外，在本书的撰写过程中，我们还拜访了国防科工局、航天科技集团、航天科工集团、中国星网集团等单位的多位离退休领导和专家。他们是改革开放后，中国航天事业快速发展和持续变革的推动者、亲历者。在请教与咨询的过程中，他们不仅帮我们认真回忆历史细节、仔细核对技术问题、反复推敲文字表述，还从各个方面给予我们无私的帮助和支持。从这些航天系统的老领导和专家们身上，我感受到了一种备受鼓舞的精神气质——对历史的负责、对细节的严谨、对事业的热爱，以及对创新的包容。

另一方面，我们在走访调研众多科研院所和商业航天创业公司时，遇到的大多数是与我年龄相仿的技术工程师和创业者。在这群人的身上，我感受到了另外一种力量：激情澎湃，信心满满，却有在理性驱动下的冲劲儿和干劲儿，和一种时不我待、只争朝夕的强烈使命感。

2024年年初，东方空间引力一号遥一火箭发射成功之后，我和东方空间联合创始人、首席运营官魏凯约了一次访谈。在聊到东方空间这支年轻的团队时，他替我总结了四句话："一群志同道合之人，回头有一路的故事，低头有坚定的步伐，抬头有清晰的远方。"我认为，这四句话不仅是对他东方空间团队特点的概括，也是对所有投身于中国商业航天和诸多科技创新领域的创业团队的生动画像。

在写作这本书的时候，我的脑海里常常浮现一个问题——从"热爱祖国、无私奉献、自力更生、艰苦奋斗、大力协同、勇于登攀"的"两弹一星"精神，到"特别能吃苦、特别能战斗、特别能攻关、特别能奉献"的载人航天精神；从"追逐梦想、勇于探索、协同攻坚、合作共赢"的探月精神，到"自主创新、开放融合、万众一心、追求卓越"的新时代北斗精神，随着中国航天的精神谱系不断丰富发展，我们如何才能把这些宝贵的精神财富在新时代继续传承和发扬下去，并用于指导我们的现实工作？

随着接触的创业者越来越多，我从与他们的每一次交谈中，从他们每一天的工作安排表上，从他们厚厚一摞的高铁票、登机牌中，以及从他们写得密密麻麻的笔记本上，逐渐找到了问题的答案。我相信，他们中的绝大部分人，已经像老一辈航天人和科学家们一样，准备好了用一生的时间来回答这个问题。

在新时代新征程上，通过大力弘扬航天精神，不仅可以持续激发中华民族的自信心和自豪感，还可以不断增强我们的民族凝聚力和意志力。虽然我在书中一直强调"利益共同体"的重要性，但是从这群将航天精神薪火相传、将使命重任勇扛在肩的中国航天人身上，我也隐约看到了另一种希望，即通过精神凝聚来引领商业探索，形成一种更加高级的"使命共同体 + 利益共同体"驱动模式。

写作本书，意在给砥砺奋进、改革前行的中国航天留下一点小小的文字印记，也希望通过此书，把航天的故事讲给更多关注中国科技创新的读者。错漏之处在所难免，唯愿批判者推陈出新。

刘畅

2024 年 5 月，杭州

参考文献

导言

[1] 郑哲敏:《从钱学森的技术学科思想谈起》,《学习时报》,2017年12月27日。

[2] 郑哲敏:《20—21世纪的力学》,《世界科技研究与发展》,1995年第1期,第11—14页。

[3] 钱学森:《论技术科学》,《科学通报》,1957年第4期,第97—104页。

[4] 钱学森:《我们的目标(发刊词)》,《力学学报》,1957年第1期,第1—2版。

[5] 钱学森:《近代力学的内容和任务》,《人民日报》,1961年11月10日,第5版。

[6] 熊卫民、王丽娜、李欣欣:《早期的中国科学院力学研究所——谈庆明研究员访谈录》,《中国科技史杂志》,2013年第1期,第78—93页。

[7] 郭永怀:《研究工作与工程技术工作如何衔接》,1959年撰写。

[8]"钱学森系统工程思想及其当代价值研究"课题组:《钱学森系统工程思想及其当代价值研究》,《钱学森研究》,2021年第1期,第63—72页。

[9]《1956—1967年科学技术发展远景规划》,中华人民共和国中央人民政府于1956年制定。

[10]熊卫民:《1958年中国科学家的选择与遭遇》,《社会科学论坛》,2010年第12期,第136—147页。

[11]彭学诗主编:《钱学森在中央党校的报告》,上海交通大学出版社,2015年。

[12]于景元:《系统科学和系统工程的发展与应用》,《科学决策》,2017年第12期,第1—18页。

[13]顾淑林:《回望和反思中国科技体制改革》,在中国科学院科学技术史大讲堂的报告,2018年6月26日。

[14]郑哲敏:《关于技术科学与技术科学思想的几点思考》,《中国科学院院刊》,2001年第2期,第132—133页。

[15]庄逢甘、郑哲敏主编:《钱学森技术科学思想与力学》,国防工业出版社,2001年。

[16]谈庆明:《钱学森对近代力学的发展所做的贡献》,《力学进展》,2001年第4期,第500—508页。

[17]刘爱国:《钱学森的"遗憾":从一次鲜为人知的内部争议说起》,钛禾智库公众号,2022年4月24日。

01

[1]晓雨:《NASA 40年历史的回顾》,《中国航天》,1999年第3期,第5—9页。

［2］Kimberly AmaDeo: *NASA Budget, Current Funding, History, and Economic Impact,* 2020.

［3］NASA: *Commercial Orbital Transportation Service,* 2014.

［4］Robert M. Kelso: *Commercial Space Development: What's the Next?,* 2007.

［5］Roger D. Launius: *Imprisoned in a Tesseract: NASA's Human: Spaceflight Effort and the Prestige Trap,* 2012.

［6］美国国家航空航天局（NASA）官网：https://www.nasa.gov/，2024。

［7］Roger D. Launius: *NASA Spaceflight: A History of Innovation,* Palgrave Macmillan, 2017.10.

［8］［美］皮尔斯·比佐尼：《NASA太空简史》，张智慧译，人民邮电出版社，2023年。

［9］陈求发主编：《世界航天器大全》，中国宇航出版社，2012年。

［10］Ann Beardsley: *Historical Guide to NASA and the Space Program,* Rowman&Littlefield, 2016.

［11］NASA: *JSC Oral History,* 2020.

［12］Boyle R.A: *Red Moon over the Mall: The Sputnik Panic and Domestic America, Journal of American Culture,* 2008, volume 31, pages 373-382.

［13］STPI: *Assessment of the Utility of a Government Strategic Investment Fund for Space,* 2019.

［14］Andrew Chambers, Dan Rasky: *NASA+SpaceX Work Together,* 2010.

［15］NASA: *Commercial Orbital Transportation Services (COTS)*

Program Lessons Learned, 2013.

［16］James D.Baker, Frank Eichstadt: *Commercial cargo transport service for ISS, Acta astronautica,* 2004, volume 57, pp. 257–265.

［17］Tim Fernholz: *What it Took For Elon Musk's SpaceX to Disrupt Boeing, Leapfrog NASA, and Become a Serious Space Company,* 2014.

［18］［美］克莱顿·克里斯坦森:《创新者的窘境》，胡建桥译，中信出版集团 2010 年。

［19］聂海涛、桑建华:《臭鼬工厂传奇》，航空工业出版社，2011 年。

［20］刘爱国:《走出体制的臭鼬工厂》，钛禾智库公众号，2018 年 11 月 12 日。

［21］刘爱国、熊文明、任友善:《从 NASA 到 SpaceX：美国商业航天的隐秘往事》，钛禾智库公众号，2020 年 12 月 6 日。

［22］刘爱国、熊文明、任友善:《马斯克是如何从 NASA 取到真经的？》，钛禾智库公众号，2021 年 8 月 15 日。

02

［1］罗开元、蒋宇平:《国外航天工业军、民、商综合发展的分析研究（中）》，《军民两用技术与产品》，2000 年第 2 期，第 20—22 页。

［2］徐永煊:《四种方式游太空》，《大自然探索》，2007 年第 6 期，第 15—17 页。

［3］孙广勃:《俄罗斯航天计划的基本情况》，《中国航天》，1994 年第 6 期，20—23 页。

［4］蒂姆·费恩霍尔茨:《新太空竞赛》，杨依译，中信出版集

团，2020年。

［5］Space Foundation Editorial Team: *The Space Report 2020 Q2*, 2020.

［6］UCS全球卫星数据库，https://www.ucsusa.org/resources/satellite-database/，2020。

［7］欧洲航天局（ESA）官网：http://www.esa.int/，2019-2024。

［8］*Europe's Reaction to the "Augustine Report"*, 2009.

［9］孙红俊：《欧空局部长级会议强调"4.0时代"的欧洲航天一体化》，《中国航天》，2017年第3期，第21—23页。

［10］Daniil Galahov: *Коммерческая космонавтика — мифы и реальность*, 2020.

［11］Valery Shiryaev: *Первым шагом упразднил бы монополию Роскосмоса» Заочный круглый стол ведущих российских экспертов в области космонавтики*, 2020.

［12］Corey S. Powell: *First private space probe on the moon could bring new era of space exploration*, 2019.

［13］Vitaly Egorov: *Commercial Alternatives: The Issues and Challenges of the Russian Space Industry – Part III*, 2018.

［14］Livia Peres Milani: *Brazil's Space Program: Finally Taking Off?*, 2019.

［15］Michele Melo: *High hopes for Brazil's space ambitions*, 2020.

［16］LPG World group: *India To Open Up Space To The Private Sector*, 2020.

［17］PWC: *Preparing to scale new heights: Enhancing private participation in India's commercial space sector*, 2020.

[18] 刘爱国、熊文明、任友善：《太空新经济：各国如何拥抱商业航天？》，钛禾智库公众号，2021年1月14日。

03

[1] 中国运载火箭技术研究院新闻中心：《20多年前长二捆火箭发射"澳星"：签合同时火箭还在图纸上》，2015年8月26日，http://www.calt.com/n488/n754/c4237/content.html。

[2] 刘竹生：《光荣与梦想：中国航天腾飞之路》，北京理工大学出版社，北京航空航天大学出版社，2004年。

[3] 中国航天报：《共和国航天往事》，中国宇航出版社，2020年。

[4] 李选清、柳刚：《问天之路——中国航天发展纪实》，2018年4月版。

[5]《中巴地球资源卫星成为南南合作的典范》，新华社北京2009年12月10日电。

[6] 王金锋：《天外回音：中国成功发射系列通信卫星》，吉林出版集团，2010年。

[7] 陈宜元：《中巴地球资源卫星与应用》，《航天返回与遥感》，2021年第1期，第8—12页。

[8] 许燕：《卫星整星出口和服务在东盟延伸》，《太空探索》，2010年第4期。

[9] 马兴瑞：《牢记"322"坚持质量第一》，《航天标准化》，2001年第2期，第3页。

[10] 张庆伟：《积极探索多元化航天国际合作之路》，《中国航天》，2003年第7期，第11—15页。

[11] 杨冰：《追梦征途：北斗星通公司二十年发展历程纪实》，

金城出版社，2022年。

［12］张保庆、吴勤、张梦湉等：《航天发展新动力——商业航天》，中国宇航出版社，2017年。

［13］孙为钢：《致知商业航天》，中国宇航出版社，2018年。

［14］黄志澄：《新航天：创新驱动的商业航天》，电子工业出版社，2017年。

［15］刘爱国：《现实照耀航天梦》，钛禾智库公众号，2019年7月31日。

［16］刘爱国、熊文明：《1985—2015：初探商业化的中国航天》，钛禾智库公众号，2021年8月15日。

［17］刘爱国：《迈向新轨道：蓄势待发的中国卫星互联网》，钛禾智库公众号，2021年10月13日。

04

［1］郭超凯：《5年10发51颗星：数说"快响利箭"长征十一号运载火箭》，中国新闻网客户端，2020年9月15日。

［2］中国航天报：《长征十一号固体运载火箭研制历程——继承，但不守旧》，中国航天科技集团公司官网，2015年9月25日。https://zhuanti.spacechina.com/n1038285/c1039953/content.html/

［3］郝杰：《到太空去》，经济日报出版社，2021年。

［4］崔霞、李宁：《运载能力提升至7吨！长征八号运载火箭新构型来了》，央视新闻客户端，2024年4月25日。

［5］付毅飞、王旭、陈新勇：《"快舟"创造我国航天发射最快纪录》，《科技日报》，2019年11月24日。

［6］赵磊：《"一箭三连、最快记录"，快舟火箭实现批量组网发

射》，中国日报网，2024年1月9日。

［7］黄心怡：《垣信卫星：千帆星座计划至25年底实现648颗星提供区域网络覆盖》，财联社，2024年5月18日。

［8］郑莹莹、马帅莎：《从三次首飞看长征六号系列火箭的数、速、术》，中国新闻网客户端，2024年5月7日。

［9］关颖：《西安动力助推天龙二号首飞成功》，《西安晚报》，2023年4月7日，第3版。

［10］李宁、陶嘉树：《中国航天发布三款商业液体火箭发动机》，央视新闻客户端，2023年4月22日。

［11］苑桂萍、胡冬冬：《近二十年来美军高超声速领域科研投入分析》，《飞航导弹》，2019年第8期，第77—83页。

［12］赵宏宇、黄德刚、章卫国：《临近空间高动态飞行器控制技术研究综述》，《飞航导弹》，2018年第3期，第28—32页。

［13］乐龙豪、李平岐、秦旭东等：《我国航天运输系统60年发展回顾》，《宇航总体技术》，2018年第2期，第1—6页。

［14］蒋建科：《我国发布未来航天运输系统路线图》，《人民日报》，2017年11月17日，第1版。

［15］范唯唯：《中国发布〈2017—2045年航天运输系统发展路线图〉》，《空间科学学报》，2018年第1期，第6页。

［16］刘爱国：《一家民营火箭公司的"破"与"立"》，钛禾智库公众号，2021年8月25日。

［17］刘爱国：《一小时全球抵达：中国科技的空天竞速》，钛禾智库公众号，2022年1月18日。

［18］Jenkins, Dennis R.: *Space Shuttle: The History of the NationalSpace Transportation System: The First 100 Missions (3rd ed.)*,

Stillwater, Minnesota: Voyageur Press, 2001.

［19］Tregaskis, Richard: *X-15 Diary: The Story of America's First SpaceShip,* Lincoln, Nebraska: iUniverse, 2000.

［20］刘畅:《空天竞速：中国局部领先》,《法人》,2022年第6期,第52—54页。

05

［1］齐真:《2016年全球地球静止轨道商业通信卫星市场综述》,《国际太空》,2017年第3期,第16—21页。

［2］韩慧鹏、刘波、佟金成:《国外地球静止轨道通信卫星2011—2015年发展概况及启示》,《国际太空》,2016年第6期,第56—64页。

［3］吴勤:《美国F6计划概况》,《国际太空》,2008年第5期,第1—5页。

［4］中科院软件所:《Telesat、One Web 及Space X 三个全球宽带低轨卫星星座系统的技术对比》,《卫星与网络》,2019年第7期,第48—61页。

［5］赵荣:《俄罗斯球体星座：一波三折仍努力推进》,《太空探索》,2023年第11期,第48—53页。

［6］黄心怡:《垣信卫星：千帆星座计划至25年底实现648颗星提供区域网络覆盖》,财联社,2024年5月18日。

［7］郑艺、金舰、廉长亮等:《卫星互联网行业发展情况研究》,《通信世界》2023年第4期,第31—34页。

［8］侯倩、王健、王守信等:《推动卫星互联网发展的践行与思考》,《中国航天》,2023年第3期,第43—48页。

［9］许文嘉、王一旭、彭木根：《卫星遥感与6G通信遥感一体化》，《电信科学》，2023年第4期，第60—70页。

［10］王莉、费爱国、张平等：《智能应急指挥通信网络新框架与关键技术研究》，《通信学报》，2023年第6期，第1—11页。

［11］张平、陈岩、吴超楠：《6G：新一代移动通信技术发展态势及展望》，《中国工程科学》，2023年第6期，第1—8页。

［12］张平、许文俊、王凤玉等：《智简空天地一体化网络》，《无线电通信技术》，2022年第3期，第381—384页。

［13］邹崇尧、厉芳婷、赵鹏等：《多源北斗位置服务动态监控系统的实现与应用》，《地理空间信息》，2023年第1期，第127—130页。

［14］邓中亮、张森杰、焦继超等：《基于高精度室内位置感知的大数据研究与应用》，《计算机应用》，2016年第2期，第295—300页。

［15］刘斐：《马兴瑞：建设"北斗"为中国经济社会发展服务》，《军工文化》，2013年第2期，第16—18页。

［16］本刊编辑部：《提升卫星遥感应用能力　助力应急管理事业发展》，《中国减灾》，2023年第5期，第10—11页。

［17］宋忠航、王剑、马红波等：《基于高分遥感卫星的三江源国家公园空间基准建设及生态环保应用》，《卫星应用》2021年第3期，第29—32页。

［18］彭珺：《通导遥一体化卫星技术在应急管理领域的应用》，《卫星应用》，2023年第2期，第29—33页。

［19］赵菲、吕韫哲、孙浩等：《基于卫星通导遥融合的实时信息服务研究》，《航天返回与遥感》，2023年第4期，第1—10页。

［20］袁家军:《坚持以科学发展观推进卫星应用跨越式发展》,《卫星与网络》,2006年第1期,第25页。

［21］刘玉书、武音璇:《美国星链对发展我国民营卫星互联网的启示》,《卫星应用》2023年第8期,第25—32页。

［22］季鹏飞、张煜晨、华松逸等:《"星链"卫星低成本建设因素及方法研究》,《科技创新与生产力》,2023年第10期,第36—39页。

06

［1］宋永生、邵旭东、李铎等:《固体运载火箭海上发射需求及应用前景分析》,《中国航天》2019年第6期,第13—16页。

［2］王娇妮:《东方航天港已成功组织保障9次海上发射任务》,中国新闻网,2024年1月11日。https://www.chinanews.com.cn/gn/2024/01-11/10144629.shtml/

［3］刘梦晓:《文昌国际航天城围绕火箭链、卫星链和数据链构建航天城产业链加快推进航天城"跑"起来"飞"起来》,《海南日报》,2023年6月16日,第6版。

［4］杨诗瑞:《"编织"中国航天测控网》,《太空探索》,2020年第9期,第22—27页。

［5］周华、姜明文、王坤:《我国航天保险发展研究》,《中国航天》,2017年第6期,第46—48页。

［6］王强、桂文东:《航天保险对促进我国航天强国建设的思考》,《中国航天》,2020年第9期,第46—48页。

［7］贾钊、任延昕、王鹏宇:《在戈壁深处拥抱星辰——中国西北打造航天主题文旅产业链》,新华社新媒体,2024年1月29日。

［8］袁胜华、宋海丰、任民等：《关于体系效能型军工能力建设的探索和思考》，《航天工业管理》，2020年第2期，第19—23页。

［9］田建团、班莹、李森：《新时代加快体系效能型军工能力建设的思考》，《航天工业管理》，2023年第2期，第59—62页。

［10］徐耀云、张奎彬、陈孝骏等：《航天军工核心能力统筹建设的思考与实践》，《航天工业管理》，2023年第4期，第54—57页。

［11］申晓佳：《国内首个空天信息产业共同体和千亿基金群在渝诞生 首批15项重庆空天信息应用场景发布》，《重庆日报》，2023年11月23日，第1版。

［12］谭邦治：《对航天军转民军民结合的回顾与思考（上）》，《航天技术与民品》，2000年第3期，第1—3页。

［13］本刊编辑部：《为国民经济建设服务是新时期国防工业的主要任务——国防科工委谢光副主任谈军转民问题》，《船艇》，1986年第6期，第1—2页。

［14］张翼飞、彭芳：《科研生产联合体军民结合管理模式：我国航天军民结合的发展和管理演变》，《军民两用技术与产品》，2011年第7期，第8—12页。

［15］林念修主编：《全国双创示范基地创新创业百佳案例》，社会科学文献出版社，2019年。

07

［1］中国航天报：《中国空间事业发展的"六个成功密码"》，2023年2月22日，第4版。

［2］张国航：《中国航天体制的建构路径研究》，中国宇航出版社，2020年。

［3］刘小姣、刘先桥:《现行军品定价体制弊端分析及改进建议》,《经济研究导刊》,2019年第18期,第101—102页。

［4］赵春华:《军品定价向现代化企业管理方式转变的必要性分析》,《内燃机与配件》,2018年第13期,第194—195页。

［5］李美清:《关于军品定价策略的博弈分析》,《航天工业管理》,2009年第5期,第9—11页。

［6］张航:《新一代运载火箭"长八"首飞成功　填补了我国太阳同步轨道3吨至4.5吨运载能力空白》,《北京晚报》,2020年12月23日,第16版。

［7］王宇鹏:《"捷龙一号"首飞成功"国家队"开启商业航天新篇章》,人民网客户端,2019年8月19日。

［8］肖欢欢:《捷龙三号火箭转入工程研制阶段,目标2022年首飞》,广州日报新花城客户端,2021年8月6日。

［9］欧立雄、袁家军、王卫东:《神舟项目管理成熟度模型》,《管理工程学报》,2005年第10期,第129—134页。

［10］孙忠绍:《对航天型号批生产工艺的认识》,《航天工业管理》,2007年第10期,第22—25页。

［11］马雪梅、李雅琼、睢冬名等:《航天强国战略驱动下的航天科研生产研制模式转型升级研究》,《航天工业管理》2023年第4期,第3—6页。

［12］王洋:《商业航天工程导论》,中国宇航出版社,2022年。

08

［1］吴献东:《军工企业与资本市场和政府的关系》,航空工业出版社,2013年。

［2］李巍、张梦琨：《空客崛起的政治基础——技术整合、市场拓展与战略性企业的成长》，《世界经济与政治》，2021年第11期，第4—38页。

［3］Geoff Jones：*EADS/BAe Sytems Merger Fails*，*Flight journal*，2013，volume 1，p.14.

［4］Bob Fischer：*EADS and BAE Systems Talk Merger*，*Air International*，2012，volume 4，p.6.

［5］田丰：《"星盾"：民用"星链"转身投军？》，《太空探索》，2023年第2期，第42—48页。

［6］王霄：《内忧外患，俄罗斯航天工业改革势在必行》，《国际太空》，2015年第9期，第1—2页。

［7］何奇松：《俄罗斯航天工业现状、困境和改革》，《中国宇航学会·中国空间法学会2015年学术年会》，2015年，第1101—1108页。

［8］王晓海、周宇昌：《俄罗斯将航空航天工业重新收归国有》，《卫星与网络》，2020年第6期，第62—69页。

［9］刘爱国：《国家科技引擎：军工巨头的权力密码》，钛禾智库公众号，2019年3月6日。

［10］郑士鹏：《毛主席以举国体制推进新中国工业化对中国式现代化有何重要启示？》，《毛泽东邓小平理论研究》，2022年第10期。

［11］武力：《中国"举国体制"形成演变研究（1949—2020）》，《经济导刊》，2023年7月刊。

［12］刘雨菲：《混合所有制模式：新型举国体制在商业航天发展中的逻辑演进和实践路径（之一）》，太空与网络公众号，2023年

2月22日。

［13］吴晓波、方刚:《超越追赶——中国创新之路》,中信出版集团,2023年。

［14］吴晓波、付亚男:《用好新型举国体制促进我国制造业创新发展》,《中国经济社会论坛》,2021年第4期,第12—16页。

［15］石光:《知识密集型服务业,中国经济的大短板》,《财经》,2019年第2期。

［16］高尚全:《依法治理、依宪限权——学习党的十九届四中全会决定再思考》,《中国经济周刊》,2020年第2期,第104—106页。